Drummond e a Bulgária

FUNDAÇÃO UNIVERSIDADE DE BRASÍLIA

Reitor
Timothy Martin Mulholland

Vice-Reitor
Edgar Nobuo Mamiya

Diretor
Henryk Siewierski

Diretor-Executivo
Alexandre Lima

Conselho Editorial
Beatriz de Freitas Salles
Dione Oliveira Moura
Henryk Siewierski
Jader Soares Marinho Filho
Lia Zanotta Machado
Maria José Moreira Serra da Silva
Paulo César Coelho Abrantes
Ricardo Silveira Bernardes
Suzete Venturelli

Rumen Stoyanov

Drummond e a Bulgária

Equipe editorial
Rejane de Meneses – Supervisão editorial
Sonja Cavalcanti – Acompanhamento editorial
Elizabeth Araújo – Preparação de originais
Anderson Braga Horta, Danúzia Maria Queiroz Cruz Gama e Rejane de Meneses – Revisão
Momchil Stoyanov – Capa
Raimunda Dias e Eugênio Felix Braga – Editoração eletrônica

Copyright © 2007 by Rumen Stoyanov

Impresso no Brasil

Direitos exclusivos para esta edição:
Editora Universidade de Brasília
SCS Q. 2 – Bloco C – nº 78
Ed. OK – 1º andar
70302-907 – Brasília-DF
Tel.: (61) 3035-4211
Fax: (61) 3035-4223
direcao@editora.unb.br
www.editora.unb.br
www.livrariauniversidade.unb.br

Todos os direitos reservados. Nenhuma parte desta publicação poderá ser armazenada ou reproduzida por qualquer meio sem a autorização por escrito da Editora.

Ficha catalográfica elaborada pela
Biblioteca Central da Universidade de Brasília

S893 Stoyanov, Rumen.
Drummond e a Bulgária / Rumen Stoyanov. — Brasília : Editora Universidade de Brasília, 2007.

294 p. ; 21 cm.

ISBN 978-85-230-0945-8

1. Literatura brasileira. 2. Literatura epistolar. 3. Brasil na Bulgária. 4. Poesia. 5. Literatura comparada. I. Título

CDU 821.134.3(81)

Aos meus pais

Maria Khailazova e
Dr. Borislav Stoyanov

Sumário

Em vez de nada-consta, 9

Das aparências e dos enganos, 11

Os fatos impressos, 13

Os fatos não impressos, 123

Os fatos virtuais, 127

Mais que fatos: as cartas, 131

Além de cartas, 265

A conta, por favor, 267

No país das rosas, 269

O entorno brasileiro, 275

No país do café, 281

A contrapartida, 283

Faltas que espero perdoáveis, 289

No meio do caminho, 293

Em vez de nada-consta

Num grande artista sempre há uma nova faceta. Mesmo quando tudo sobre ele está dito e redito, até o que não se devia dizer, que não valia a pena dizer. Volta e meia essas descobertas dão-se num plano tão inesperado que parecem impossíveis. Gostaria de acreditar que este seja o caso de *Drummond e a Bulgária*. Mas não me compete julgar onde fica o presente livro na tentação e na tentativa de revelar algo da vida e da obra dele, e sim agradecer. Porque um livro poucas vezes nasce apenas dos esforços do autor: alguém tem de tomar conta dos filhos, da casa, peneirar informação, enfim, sacrificar coisas próprias, pois sem isso o feto de papel abortaria. E seria injusto passar por alto os que asseguraram apoio logístico a quem escreveu.

Sem a permissão de Pedro Drummond eu não teria consultado o acervo epistolar do seu avô. Não nos conhecíamos, porém o neto confiou em mim e agradeço-lhe profundamente o gesto. Eu nem tinha minhas cartas a Drummond, estão no arquivo dele, feitas quase todas a mão, não as xerocava antes da remessa, para mim o importante eram não elas, senão as do poeta. Fico muito grato também à Fundação Casa de Rui Barbosa, que me enviou com eficiência e pontualidade tudo o que solicitei, e peço a D. Eliane Vasconcelos, chefe do Arquivo-Museu de Literatura Brasileira, que transmita estas minhas palavras a todos os seus colaboradores, começando por Rachel Valença. Meu reconhecimento vai igualmente para o Dr. Henryk Siewierski, Márcio Catunda, Sérgio Luiz Gaio, Fernando Py, Edmílson Caminha, Álvaro Castello Parucker, Trude Landau e, muito especialmente, Anderson Braga Horta, pelo empenho na revisão destas páginas. Devo mencionar alguns búlgaros, seus nomes aqui não significam nada, mas nem por isso deixaram de me ajudar: Kátia Kuzmova, Luko Zakhariev, Plamen Anakiev, Mariana Vassileva, Penka Vatova, Mariana Todorova. Todos eles, búlgaros e brasileiros, já estavam indiretamente neste livro antes de ele ir ao prelo, e primeiro a eles dirijo meu agradecido bem-vindos.

Das aparências e dos enganos

O título deste livro pareceria absurdo: um livro inteiro dedicado só ao relacionamento de Drummond com aquele país? Não será um exagero? Realmente existe tanto material, falemos com franqueza, tantas provas fidedignas, que justifiquem o título e, sobretudo, o tamanho do texto? Dezenas e dezenas de páginas em verdade têm a ver com o anunciado, *Drummond e a Bulgária*? Como é possível que haja tantos contatos entre ele e aquela realidade longínqua? Se não se trata de um blefe para chamar a atenção do leitor (comprador), em que poderiam consistir eles?

Essas dúvidas, essas suspeitas, bem naturais, serão dissipadas pelas próprias linhas da presente pesquisa. O absurdo do título será desmentido pelo próprio livro. Porque ele mostra que entre o poeta maior do Brasil e o idioma, as letras, a gente de São Cirilo e São Metódio deu-se e dá-se uma inesperada abundância de vínculos, o que permite constatar que no egrégio sentimento drummondiano do mundo a Bulgária fica muito mais perto do que a geografia estipula. Mas, como sabiamente advertiu o estripador, vamos por partes. Quer dizer, pela ordem cronológica dos fatos, com pouquíssimos desvios desejáveis em face de uma articulação mais nítida do material.

Antes, porém, quero antecipar que prefiro citar, sempre que possível, textos íntegros, por ao menos três razões. Ler todo um escrito é, sem dúvida alguma, melhor do que ler um trecho, mesmo que seja escolhido com acerto: nada substitui a visão total e pessoal. Na parte cortada pode haver informação que interesse aos leitores, e o autor não está em condições de adivinhá-lo. Uma citação fora do contexto com facilidade induziria, mesmo involuntariamente, a uma interpretação falsa. O mais importante: são, por desgraça, tão escassos em português os documentos búlgaros sobre os intercâmbios entre as letras da Bulgária e do Brasil, que, do ponto de vista da literatura comparada, constituem verdadeiras raridades bibliográficas, e nesse sentido são úteis não só para o que visa este livro.

Os fatos impressos

■ Os fatos impressos começam com um poema, e aqui vai ele, pois nem todos os que abrirem estas páginas necessariamente o conhecem ou lembram, ainda menos com exatidão:

"Anedota búlgara"

Era uma vez um czar naturalista
que caçava homens.
Quando lhe disseram que também se caçam borbole-
[tas e andorinhas
ficou muito espantado
e achou uma barbaridade.

"Anedota búlgara" é não apenas o único poema drummondiano sobre temática búlgara. A essas seis linhas pertencem várias primazias cronológicas: são o primeiro poema brasileiro, latino-americano, lusófono e até hispânico de temática búlgara nas letras cultivadas nos dois idiomas. Pelo menos eu, que levo já quarenta anos pesquisando as relações culturais do meu país com a América Ibérica e a Ibéria, não disponho de informação que contradiga a afirmação. De maneira que esses poucos versos ocupam um lugar muito especial no relacionamento literário entre a Bulgária, o Brasil, a América Latina, a lusofonia e a hispanidade. Ninguém menos que Drummond (Carlos Drummond de Andrade – CDA) iniciou a temática búlgara na poesia brasileira, latino-americana, lusófona, hispânica. O surpreendente é que esse começo não se tenha dado em Portugal ou na Espanha, muito mais próximos, no espaço e na história, da Bulgária, senão no longínquo Brasil. Surpreende igualmente que isso não tenha acontecido na Argentina, onde existe a única colônia búlgara numericamente relevante na América Latina, com jornais, revistas no idioma natal, etc., e cuja população supera a dos búlgaros nos demais países do subcontinente. Isso significa que a relação literária búlgaro-brasileira tem um peso particular nos vínculos daquele país balcânico com os de fala portuguesa e espanhola. É nesse sentido que "Anedota búlgara" merece um destaque superior ao que exige um mero dado bibliográfico. A amabilidade de Fernando Py, grande conhecedor da obra drummondiana, permite saber interessantes detalhes relativos à "Anedota". Numa carta de 17/10/2001 ele me diz:

> "Anedota búlgara" foi publicada pela primeira vez no antigo *Diário de Minas* (Belo Horizonte, 24 de março de 1928), ao final de uma crônica de CDA intitulada "Outra história" e assinada com o pseudônimo de A. Essa crônica foi escrita a propósito das declarações prestadas aos jornais pelo ex-rei deposto Fernando (ou Ferdinando) da Bulgária, o qual, tendo sido famoso por sua crueldade, confessou achar monstruoso o hábito de caçar borboletas e passarinhos. Essas informações, colhi-as no próprio jornal, que dias antes transcreve a entrevista do rei. "A" é confessadamente Drummond, segundo depoimento que me prestou à época em que eu preparava a minha *Bibliografia comentada de Carlos Drummond de Andrade* (1918-1930), publicada por José Olympio e Fundação Casa de Rui Barbosa, 1980, edição infelizmente já esgotada.

A citação evidencia a existência de textos que têm a ver com o objetivo da pesquisa, mas estão fora do meu alcance: a crônica drummondiana "Outra história" e as declarações do ex-monarca que serviram ao jovem mineiro de estímulo para escrever a "Anedota". Creio que a crônica ocupará um dia seu lugar no amplo círculo traçado pelo tema Drummond e a Bulgária.

Na carta nº XI, de 8/7/1973, reproduzida mais adiante, Drummond me diz que a "Anedota búlgara" também fora publicada na *Revista de Antropofagia* em dezembro de 1928. Uma consulta à famosa tribuna modernista permitiu checar mais detalhes. O poema apareceu no oitavo número. Está na primeira página, o que supõe destaque, na parte de cima e à direita. O título é "Anedota da Bulgária". Embaixo do texto há "(Belo Horizonte)". Ou seja, o trabalho teve essas duas diferenças com respeito a sua fixação definitiva, isto é, à forma com que ficou conhecido. Pude folhear não a edição original, senão a fac-similar (abril, 1975, São Paulo), o que me permitiu ler a introdução "Revistas Re-vistas", de Augusto de Campos, que anota:

> Mas a despeito da indefinição teórica e poética, a *Revista de Antropofagia* não deixou de contribuir, mesmo nesta primeira fase, como veículo – o mais importante da época – para a evolução da linguagem do nosso Modernismo. Não bastasse o *Manifesto* de Oswald, associado ao bico-de-pena de Tarsila (uma réplica do *Abaporu* ou *Antropófago*, um dos seus mais notáveis quadros) lá estão o fragmento inicial de *Macunaíma* (nº 2), o radical "No meio do caminho" de Drummond (nº 3), que reaparece, epigramático, com "Anedota da Bulgária" (no nº 8) [...].

Aliás, mais um escrito de Drummond entrou na *Revista*, desta vez em prosa: "Por que amamos nossos filhos", julho de 1928.

Poucos números conseguiu lançar a *Revista de Antropofagia*, e cada um dispunha, durante a primeira fase, de apenas quatro folhas. Essa escassez de espaço e, nele, de poemas dá um valor especial à "Anedota búlgara": ela vem a ser uma das pouquíssimas peças privilegiadas com a possibilidade de pregar, na prática, com versos, do mais importante fórum modernista, as idéias iconoclastas. "Anedota búlgara", ainda que sem o impacto de "No meio do caminho", também participou da renovação poética e estética alvejada e realizada pelo Modernismo brasileiro, que revolucionou a literatura nacional, fê-la a um tempo mais universal e mais pátria.

Poesia e prosa, de Drummond (Nova Aguilar, 1988), informa no seu apêndice "Composições musicais sobre poemas de CDA" que a "Anedota búlgara" foi musicada em 1964 por Widmer Ernst. Evidentemente admirador do poeta, pois é autor, até aquela altura, de dez canções sobre peças dele, nem por isso deixa de surpreender a escolha da "Anedota", à primeira vista tão pouco apropriada para virar música ao lado de numerosos textos líricos. Talvez exatamente por não caber naquilo que, de modo geral, é considerado idôneo para letra, atraiu a atenção do compositor e acabou sendo utilizada para canto (voz grave) e piano. Com o que ganhou a "Anedota" mais uma primazia, a de primeiro e talvez único poema de temática búlgara já musicado nas literaturas em português e em espanhol. Ainda em *Poesia e prosa*, no apêndice "Discografia", dá para nos inteirarmos de que "Anedota búlgara" consta no disco *Juca de Oliveira recita Drummond e Vinicius* (compacto, São Paulo, Mobile, RM – 1A, 1973). Os demais poemas de Drummond são "Resíduo", "Cidadezinha qualquer", "Poema de sete faces" e "Quarto em desordem". Dessa maneira, podemos falar em mais uma primazia da "Anedota", a de ser o primeiro e provavelmente único poema lusófono de temática búlgara colocado em disco. A musicalização em 1964 e a inclusão no disco em 1973 mostram, em separado e juntas, que a peça, mesmo sem ser das culminâncias do autor, tem um lugar nada episódico em sua obra, pois é objeto de estimações que não dependem de seu gosto pessoal.

Após aquela aparição inicial no jornal mineiro, "Anedota búlgara" figura em *Alguma poesia* (1930, Pindorama, Belo Horizonte), o primeiro poemário de Drummond, e posteriormente em numerosas outras edições, incluindo a mais recente até agora, *Poesia completa* (Nova Aguilar, Rio de Janeiro, 2002). Isso permite concluir que o poeta iniciou cedo, em 1928, seu vínculo búlgaro. À Bulgária a "Anedota" chegou quase meio século mais tarde, em 1977, como parte do *Sentimento do mundo*. Muratov e Daltchev tiveram acesso a ela graças à antologia cubana *Poemas*, de Muñoz-Unsain (1970, Casa de las Américas, Havana). Quer dizer, a "Anedota búlgara" circulou também em espanhol. O que a converte no primeiro poema brasileiro e talvez latino-americano de temática búlgara traduzido.

■ Em 1994, a Editora da Fundação Getúlio Vargas, Rio de Janeiro, lançou *Diplomacia em alto-mar*, de Vasco Leitão da Cunha. Aspásia Camargo, Zairo Cheibub e Luciana Nóbrega recolheram em entrevistas depoimentos do autor, que iniciou sua carreira em 1927 e, tendo passado por numerosos postos em embaixadas, acabou chefiando o Itamaraty. Um fragmento, nas páginas 30 e 31, comenta a segunda vinda ao Brasil do tzar Ferdinando Saxe-Coburg-Gotha, em 1928, pois o então jovem diplomata acompanhou o ex-soberano búlgaro, e o que narrou ajuda a obter uma idéia mais exata do ambiente em que nasceu a "Anedota búlgara", porque o texto se refere precisamente à paixão naturalista do aristocrata ornitólogo e sua estada no Brasil. O fragmento do livro, que cito na íntegra, abrange tudo o que Leitão da Cunha contou do tzar.

Com o presidente, tive um contato muito superficial. Tive muito boa impressão, era um homem de grande dignidade, correto, cortês, mas muito formalista. Uma vez ele me fez a atenção de falar comigo e de me louvar o serviço prestado ao tzar da Bulgária. Felicitou-me pelo elogio que o búlgaro tinha feito a meu respeito. Dom Ferdinando de Saxe-Coburg-Gotha. Fiquei adido à pessoa dele durante sua permanência de um mês no Brasil, em 1928. Naquela época ele já não era rei da Bulgária, tinha sido destronado pelo Tratado de Versalhes.

Por que dom Ferdinando veio ao Brasil?

Saudades. Ele tinha estado aqui 50 anos antes, no casamento do seu irmão mais velho, dom Augusto, duque de Saxe, com a filha do Imperador, irmã da princesa Isabel. Tinha uma memória impressionante. Me perguntou o que era do barão Capanema! Chegou no palácio do duque de Saxe, que depois virou a Escola de Artes e Ofícios, ali perto do Maracanã, e disse ao diretor da escola: "Quando estive aqui, há 50 anos, para o casamento do meu irmão, gravei as

iniciais dele numa árvore. Quero ver se a árvore já cresceu". O diretor disse: "Mas não é possível, Majestade!" Ele: "É possível, sim". Saíram pelo jardim, encontraram a árvore, e lá em cima estavam as iniciais gravadas a canivete! Ele ficou hospedado aqui no Rio no Copacabana Palace, e quando estava para partir me convidou para jantar no salão do hotel, quando habitualmente comia no aposento. Jantamos *mano a mano*, o tzar e eu. Ele ficou muito contente com a visita que fez ao Washington Luís e me disse: "Gostei muito da diplomacia do sr. Mangabeira. E gostei muito também da entrevista com o presidente Washington Luís, que me recebeu com grande cortesia e conversou comigo numas poltronas extremamente confortáveis. Quero dizer ao senhor que muitas soluções diplomáticas resultam de se ter poltronas confortáveis. Além do mais não havia corrente de ar — *il n'y avait pas de courant d'air*". Europeu tem mania de vento encanado...
 Participei também de um almoço para o tzar no Jockey Club presidido pelo Vítor Konder, que, sendo catarinense, falava alemão. Estavam o núncio, o abade de São Bento, o Rodrigo Otávio. Falando com o tzar, o Rodrigo Otávio disse: "Sou isso, aquilo e aquiloutro, e assinei o Tratado de Versalhes". O tzar respondeu: *"Je suis vraiment charmé de vous connaître..."* O tratado que o destronou! Rodrigo Otávio era muito boa pessoa, mas um pouco precipitado.

Essa viagem do tzar lhe deixou boas lembranças, não?

Deixou. Ele era ornitólogo, além de outras profissões e capacidades. Fomos veranear uns dias em Teresópolis, e ele gostou muito da mata de lá. Saía com uma professora alemã que trabalhava no Museu Nacional e pegava passarinhos, borboletas, várias plantas. Foi também conosco um ex-militar que tinha vindo com ele, um oficial magnífico. Ficou muito meu amigo, porque ficávamos conversando enquanto o tzar saía com a professora para caçar borboletas. Eu tinha muito prazer em acompanhá-lo, mas não ia me meter na floresta para pegar passarinhos, que eu não entendo nada disso. Mas o povinho de Teresópolis ficou encantado de saber que havia um rei

hospedado lá no hotel. Um dia, na hora em que o rei ia saindo para tomar a condução para ir à mata, surgiu um cavaleiro português, montado num daqueles cavalos grandes, como o de dom João VI na praça. Era um português muito atirado e monarquista, saltou do cavalo, pôs o joelho em terra e beijou a mão do tzar: "Vossa Majestade Real, receba os meus respeitosos cumprimentos!" O rei adorou. E o pessoal todo aplaudiu...
O tzar Ferdinando me contava coisas interessantíssimas. Ele tinha um xodó especial para mim. Era filho de uma filha de Luís Filipe, a princesa Clementina de Orléans, que era muito protetora das artes musicais, uma senhora que, como ele dizia, *"avait l'esprit plutôt caustique"*. Era cáustica... O tzar falava um francês digno de Anatole France, com quem aliás parecia, com aquela barba. Falava um alemão perfeito, falava búlgaro, russo, italiano, se entendia com todo mundo.

Não sei de ciência certa por que o tzar Ferdinando Saxe-Coburg-Gotha deixou no Brasil a imagem de um ser cruel. Sem poder consultar a imprensa nacional da época e sobretudo as matérias relativas àquele mês que passou aqui, não estou em condições de encontrar ou pelo menos vislumbrar uma razão explícita. Isso não impede perguntar: cruel segundo quem? Porque na história búlgara, tanto na escrita como na oral, ele, sem ser um rei bonzinho existem (reis assim só nos contos infantis), não tem nome de cruel. Então, de onde apareceu essa fama sua no Brasil?

A Bulgária participou da Primeira Guerra Mundial ao lado dos alemães, vale a pena relembrar, ao contrário da Inglaterra, da França, da Rússia. As tropas búlgaras em numerosas batalhas derrotaram as dessas grandes potências. Tanto que, quando na Inglaterra comemoraram os 25 anos do fim da guerra, convidaram para as solenidades um general inimigo – e esse único general inimigo, honrado com tão estranha forma de reconhecimento por parte dos vencedores, era um búlgaro, o general Vladimir Vazov, irmão de Ivan Vazov, o patriarca da literatura moderna búlgara. Com o gesto inusitado, os chefes militares ingleses testemunhavam publicamente seu respeito profissional pelo colega inimigo, cujas tropas eles não conseguiam vencer, mesmo estando elas em precárias condições logísticas. A anedota impressiona por sua nobreza, acima de tudo porque real. Os ingleses queriam ver como era o homem que com tantos esforços não podiam derrotar.

Mas ainda faltava um quarto de século para aquela homenagem tão gentil dos vencedores, eram os anos da Primeira Guerra Mundial, e as tropas inglesas e francesas não podiam avançar contra as búlgaras, apesar da supremacia na técnica e na quantidade de recursos humanos. Esse insucesso era humilhante para os aliados. Lembre-se que naquela altura a Grã-Bretanha ainda estava no topo da sua glória colonial, ela que possuíra um quarto (sic) das terras do planeta. A França também era uma poderosa métropole com numerosos domínios em vários continentes. As máquinas propagandísticas das duas potências tinham de dar à opinião pública mundial uma explicação aceitável quanto ao impasse das suas tropas na frente búlgara, que já durava anos. Como justificar a própria impotência militar diante de um país pequeno? Não lhes convinha admitir que era porque os búlgaros, que combatiam não a milhares de quilômetros da pátria, senão em terras onde viviam seus próprios irmãos, por cuja libertação nacional lutavam armados até os dentes, o faziam por amor à pátria. Porque com o Tratado de Berlim (1878), produto dos interesses unilaterais principalmente da Inglaterra e da Áustria e Hungria, as terras habitadas por búlgaros e naquele ano libertadas dum jugo turco de quinhentos anos, graças a uma guerra em que a Rússia derrotou o Império Otomano, foram cruelmente desmembradas em cinco partes e entregues a cinco Estados. À Bulgária nem sequer permitiram assistir ao monstruoso congresso, muito menos participar e discutir seu próprio destino, simplesmente foi informada sobre as decisões que as grandes potências tomaram a respeito de suas terras e de seus habitantes. A Inglaterra e a Áustria e Hungria, apoiadas por França, Itália, Alemanha e Turquia, achavam que a influência russa na Península Balcânica ficaria perigosa demais com uma Bulgária unificada e obrigaram a Rússia a aceitar a divisão da população búlgara em cinco estados. No Congresso de Berlim, ouviram-se as opiniões das vizinhas Grécia e Romênia, mas à Bulgária não se lhe deu a oportunidade de proferir uma só palavra.

O absurdo do Congresso de Berlim teve seu ápice no fato de que dois dos cinco Estados, entre os quais eram distribuídas aquelas terras que pouco antes (1876, em Constantinopla) oficialmente foram reconhecidas por essas mesmas potências como povoadas principalmente de búlgaros, eram búlgaros: o Principado da Bulgária e a Rumélia Oriental. Este último durou apenas sete anos e uniu-se ao outro. Mas o preço foi um levantamento armado e uma guerra. Esse cruel desmembramento da Bulgária obrigou-a a enfrentar cinco guerras, sempre com o desejo justo de realizar a reunificação de sua gente e de suas terras, desarticuladas contra sua vontade: a Sérvio-Búlgara (1885), na qual a Bulgária foi atacada, venceu e não recebeu, graças às grandes potências, nem um tostão de indenização pelos danos materiais, pelos feridos e pelos mortos; a Balcânica (1912-1913); a Interaliada (1913); a Primeira e a Segunda Guerra Mundial. O povo búlgaro, em todos os casos, foi motivado única e exclusivamente pela reunificação da pátria cruelmente desmembrada.

As máquinas propagandísticas e as diplomacias das grandes potências não podiam reconhecer essas legítimas aspirações dos búlgaros, porque equivaleria a reconhecer sua própria injustiça com aquele povo, aliás, apenas um dos muitos que sofriam por causa da voracidade insaciável das metrópoles. Assim surgiu a lenda do rei cruel dos búlgaros, como uma explicação do fracasso das tropas francesas e inglesas: não se pode com aqueles soldados e oficiais, não é que sejam mais valentes que nós, o diabo é que eles são cruéis, seu rei também. Quanto à crueldade de Dom Ferdinando, ele, sem ser um anjo, não foi apelidado pelos seus súditos de O Cruel. Falar em crueldade a respeito do rei dos búlgaros é o ladrão gritar pega o ladrão. Porque não somente Dom Fernando (não pretendo esconder seus erros como chefe do Estado búlgaro) foi chamado pelas máquinas propagandísticas da Inglaterra e da França de cruel, o mesmo adjetivo foi atribuído em geral aos búlgaros, como uma tentativa de explicar por que oficiais e soldados que tinham conquistado meio planeta experimentavam um vergonhoso fracasso ante os tais búlgaros. A suposta crueldade de Dom Ferdinando é parte da lenda negra que naquela altura foi tramada com o propósito de justificar os fracassos militares nos campos de combate contra os búlgaros. É sabido que uma mentira repetida mil vezes vira verdade. As notícias daquela guerra chegavam ao Brasil, naturalmente, procedentes não da Bulgária, senão da Inglaterra, da França, dos Estados Unidos. E, naturalmente, traziam a lenda negra da crueldade búlgara, incluindo seu tzar. Quem naquela altura, no Brasil, podia ter acesso à verdade, ou pelo menos à versão búlgara do que acontecia nos campos de combate na Península Balcânica? Mais ainda, a quem interessava no Brasil, aliado dos franceses e dos ingleses, a visão dos búlgaros, quer dizer, dos inimigos? Naqueles tempos ainda não se tinha inventado o conceito da outridade. Foi assim que Dom Ferdinando, quando desembarcou no Brasil, veio precedido pela fama de cruel. Nada novo debaixo do sol, como sentenciavam os antigos.

Em que consistiu a crueldade de Dom Ferdinando, onde as provas de seus atos cruéis, dos genocídios, dos massacres que ele mandou executar, a que assistiu? Mas provas para quê? A lenda é por isso lenda, para prescindir de provas. O Brasil, felizmente, estava bem longe daquela realidade, daquele sinistro desmembramento dos búlgaros, e aceitava as notícias da guerra tais como as produziam outros de acordo com seus interesses. Quem duvidar de minhas palavras e quiser ver quem foi o cruel, vá à Bulgária, lá poderá ver aldeias búlgaras divididas pela fronteira com a Sérvia com tanta crueldade que a linha divisória às vezes deixou a casa do pai num país, e a do filho, no outro. Essa separação sem precedentes na história é uma prova irrefutável da crueldade das grandes potências, as mesmas que inventaram a lenda negra da crueldade dos búlgaros e de seu soberano. A lenda negra tenta explicar, e o consegue para os que ignoram a outra visão dos acontecimentos, a búlgara, por que soldados em trapos e famintos venciam soldados de impérios coloniais; porque lutavam pela libertação do seu povo e não por tal ou qual colonialismo. É sabido, a história é escrita pelos vencedores. Os búlgaros foram perdedores e tiveram de carregar, entre coisas muito mais duras, também o peso da lenda negra de sua crueldade, incluindo o tzar Dom Ferdinando.

O bom do ruim é que graças a essa lenda negra nasceu a "Anedota búlgara" e ela, como fruto das circunstâncias da época, ocupa um lugar inquestionável nas relações literárias entre a Bulgária e o Brasil, a América Latina e a lusofonia, um lugar importante. A vida nem sempre é justa, mas por isso mesmo é a vida.

Monarcas que, sem exagero algum, subjugaram à sua cobiça insaciável continentes inteiros (África, América, Austrália) não foram chamados de cruéis, só o monarca búlgaro, que queria a unificação dos búlgaros, só a ele foi reservada a altíssima honra de ser apodado de cruel. Em que ele, concretamente, com fatos, foi mais cruel que seus bisavós, avós, tios, primos, que, governando as metrópoles, sugavam o suor de centenas de milhões de seres humanos nas colônias, acumulavam riquezas fabulosas com a exploração cruel de crianças e mandavam esmagar cruelmente as revoltas e os levantes dos pais? Quem, ele ou seus parentes nos tronos das metrópoles, provocou mais sofrimentos, desastres, extermínios, carnificinas? A Organização das Nações Unidas (ONU) denunciava como uma vergonha para a humanidade o feito pelo tzar búlgaro ou o feito pelos seus parentes que impuseram, com sangue e fogo, o infame, o monstruoso colonialismo sobre meio mundo? Para os próprios súditos de Ferdinando e seus descendentes ele não é o cruel, senão o incapaz de fazer o que realmente podia ter feito pela libertação dos búlgaros, vítimas de assimilações estas sim, cruéis.

* *Literaturen Front* (*Frente Literária*) é o jornal de letras com maior duração na Bulgária, foi fundado em 1944. Atualmente circula com o nome de *Literaturen Fórum* (*Fórum Literário*), assumido a partir das mudanças políticas operadas no país desde 1989. Mas o importante é que está na véspera dos seus sessenta anos.

O *Literaturen Front* foi o órgão semanal da União dos Escritores Búlgaros, cuja existência data de 1913, e durante o socialismo exerceu poderosa influência sobre os rumos da vida literária nacional. Ao *Front* deve-se o primeiro passo na marcha drummondiana pela língua de São Cirilo e São Metódio. O número 12 de 1962 contém uma tripla presença brasileira, na página 4: "A literatura contemporânea brasileira", um artigo de Caetano da Silva, mais dois poemas. Um é de Ribeiro Couto ("Convite para a poesia brasileira"), o outro pertence à pena de Drummond, o título é "Aurora". O tradutor dos dois é Gueorgui Mitskov. Mais tarde ele verteria para o búlgaro livros de Pessoa, Ramos Rosa, Eugênio de Andrade, quer dizer, tornar-se-ia divulgador de portugueses.

O artigo de Caetano da Silva foi escrito especialmente para o *Literaturen Front*. Julgando pelo ano e pelo texto de Couto, suponho que esse gesto se deveu à estada no Brasil da maior poetisa búlgara, Elissaveta Bagriana. Em 1960, ela veio ao Rio como participante dum Congresso do PEN Clube, depois ficou algum tempo em Belo Horizonte, hospedada na casa dum búlgaro, o pai de Dilma Rousseff, a futura ministra de Estado no governo Lula. Assim nasceram nove poemas dela que ficaram conhecidos como "O ciclo brasileiro de Bagriana". Naquela altura, em Sófia, não havia missão diplomática do Brasil e para obter o visto a poetisa teve de ir a Belgrado, onde o embaixador era Ribeiro Couto. Sucede que ele conhecia a obra dela por via do francês e tratou muito atenciosamente a Bagriana, que depois traduziu poemas do brasileiro. Mas isso é outra história! O que importa no caso é que Drummond tem uma trajetória búlgara que, até o momento, cumpre quarenta anos. Seria curioso ver quando sua poesia entrou em órbita internacional, quer dizer, começou a circular, mesmo com peças avulsas, em outros âmbitos lingüísticos, para poder estabelecer onde se situa o búlgaro do ponto de vista cronológico. Porém não disponho de tais dados, o que me tolhe de proceder a esse paralelismo. Por isso continuemos com o do *Literaturen Front*. Naquele ano, Mitskov ainda não trabalhava com o português, o que me faz acreditar que a tradução dos dois poemas passou pelo francês. Lá, quando a tradução é realizada a partir do idioma original, seu nome figura; por exemplo: "Tradução do russo". Quando é usada uma língua intermediária, geralmente não é mencionada, e assim ocorre na apresentação das duas peças. Outra coisa que me leva a supor que Mitskov se serviu do francês é que Bagriana o dominava e nele se comunicava com Ribeiro Couto, razão pela qual imagino que todos aqueles textos brasileiros foram subministrados em francês. Não há notas sobre os dois poetas. Tampouco há indícios de versos brasileiros em búlgaro anteriores àquela data. A falta não exclui a possibilidade de que existam, mas temos de basear-nos não em conjeturas, senão em certezas. E o certo é que a poesia brasileira entrou pela primeira vez em búlgaro com Drummond de Andrade e Ribeiro Couto. A escolha do segundo como representante da literatura contemporânea nacional evidentemente tem a ver com a circunstância de um contato pessoal, a viagem de Bagriana: suponho que ela pediu para ler escritos dele, como é natural, ou ele os ofereceu, como é natural. Drummond não foi beneficiado por tal relacionamento, ele foi preferido só pela sua obra. Isso não diminui o mérito de Couto, ao contrário: se não fosse Sua Excelência poeta, a penetração da poesia de Drummond e do Brasil em búlgaro ocorreria depois de 1962. Para a aproximação literária entre os dois países, e em particular para a poesia, aquele encontro casual do diplomata e do membro do PEN Clube foi uma chance bem aproveitada: graças a ela agora podemos falar em quarenta anos de presença drummondiana na Bulgária. E, outrossim, de quarenta anos de poesia brasileira em búlgaro. Drummond escreveu que é *gauche* na vida. Porém graças a ele a poesia brasileira entrou na Bulgária com o pé direito.

* Em 1968, saiu a antologia *Poesia latino-americana*, selecionada e traduzida do espanhol por Atanas Daltchev e Alexandar Muratov, Editora Narodna Cultura (Cultura Popular), Sófia. Como a maioria das publicações relacionados a Drummond estão na citada capital, doravante, para evitar repetições inúteis procederei do modo seguinte: se omito o nome da cidade na referência biográfica, é por tratar-se de Sófia, as demais indicarei concretamente. A Muratov pertence o prólogo "Por caminho próprio". Oito nomes representam o Brasil: Manuel Bandeira, Mário de Andrade, Joaquim Cardoso, Murilo Mendes, Carlos Drummond de Andrade, Cecília Meireles, Vinicius de Moraes, Ferreira Gullar, com exatamente trinta títulos. Deles, seis são de Drummond, a saber: "No meio do caminho", "O sobrevivente", "Mãos dadas", "Retrato de família", "Notícias de Espanha", "Morte no avião". Ainda há, no final do livro, "Notas biobibliográficas" de Latchezar Michev; a que nos interessa diz:

> Carlos Drummond de Andrade nasceu em 1902 em Itabira, no Estado de Minas Gerais. Formou-se em Farmácia no Brasil e na Inglaterra *(sic)*, mas se dedica às letras. Agora é funcionário no Ministério da Educação. Publicou: *Alguma poesia* (1930); *Brejo das almas* (1934); *Sentimento do mundo* (1940); *José* (1941); *A rosa do povo* (1945); *Poesia até agora* (1948); *Claro enigma* (1951); *Fazendeiro do ar* (1952-1953); *A vida passada a limpo* (1954-1958) e *Lição de coisas* (1963).

* Em *Caminhos de João Brandão* (José Olympio, 1970, Rio de Janeiro) há um texto, "O importuno", que trata duma partida futebolística entre a seleção brasileira e a búlgara. O mesmo texto acha-se também no volume *Poesia e prosa* (Nova Aguilar, 1988, Rio de Janeiro, p. 1712-1713). Mas apareceu, entrementes, ainda em quatro reedições dos *Caminhos de João Brandão*, pela Record, a última de 1987, Rio de Janeiro. Sendo "O importuno" crônica, é lógico que tivesse sido publicado na imprensa antes de entrar nos livros mencionados. De maneira que esse texto, que aqui cito na íntegra, apareceu ao menos sete vezes. A primeira será em 13/7/1966, no *Correio da Manhã*, Rio de Janeiro, último dado de que disponho.

Por que Drummond escolheu a Bulgária nessa sua gozação com a paixão nacional, o futebol? Qual teria sido a razão para essa preferência: um jogo real; o mero acaso; ter participado a Bulgária quase com regularidade nos campeonatos mundiais; algum encontro, oficial ou amistoso, entre as seleções ou as equipes de clubes dos dois países? Só o autor poderia responder por que exatamente a Bulgária figura em "O importuno", porém o fato é que temos mais uma confirmação de que houve um vínculo de Drummond com a Bulgária, desta vez na sua prosa, numa crônica. Em 1966, o Brasil realmente jogou contra a Bulgária no VIII Campeonato Mundial na Inglaterra, foi a primeira partida dos canários e ganharam por 2 a 0, com gols de Garrincha e Pelé. Imagino que a expectativa desse evento foi o motivo que originou "O importuno".

O importuno

— Que negócio é esse? Ninguém me atende?

A muito custo, atenderam; isto é, confessaram que não podiam atender, por causa do jogo com a Bulgária.

— Mas que é que eu tenho com o jogo com a Bulgária, façam-me o favor? E os senhores por acaso foram escalados para jogar?

O chefe da seção aproximou-se, apaziguador:

— Desculpe, cavalheiro. Queira voltar na quinta-feira, 14. Quinta-feira não haverá jogo, estaremos mais tranqüilos.

— Mas prometeram que meu papel ficaria pronto hoje, sem falta.

— Foi um lapso do funcionário que lhe prometeu tal coisa. Ele não se lembrou da Bulgária. O Brasil lutando com a Bulgária, o senhor quer que o nosso pessoal tenha cabeça fria para informar papéis?

— Perdão, o jogo vai ser logo mais, às 15 horas. É meio-dia, e já estão torcendo?

— Ah, meu caro senhor, não critique nossos bravos companheiros, que fizeram o sacrifício de vir à repartição trabalhar, quando podiam ficar em casa ou na rua, participando da emoção do povo...
— Se vieram trabalhar, por que não trabalham?
— Porque não podem, ouviu. Porque não podem. O senhor está ficando impertinente. Aliás, disse logo de saída que não tinha nada com o jogo com a Bulgária! O Brasil em guerra — porque é uma verdadeira guerra, como acentuam os jornais — nos campos da Europa, e o senhor, indiferente, alienado, perguntando por um vago papel, uma coisinha individual, insignificante, em face dos interesses da pátria!
— Muito bem! Muito bem! — funcionários batiam palmas.
— Mas, perdão, eu... eu...
— Já sei que vai se desculpar. O momento não é para dissensões. O momento é de união nacional, cérebros e corações uníssonos. Vamos, cavalheiro, não perturbe a preparação espiritual dos meus colegas, que estão analisando a seleção búlgara e descobrindo meios de frustrar a marcação de Pelé. O senhor acha bem o 4-2-4 ou prefere 4-3-3?
— Bem, eu...eu...
— Compreendo que não queira opinar. É muita responsabilidade. Eu, aliás, não forço opinião de ninguém. Esta algazarra que o senhor está vendo resulta da ampla liberdade de opinião com que se discute a formação do selecionado. Todos querem ajudar, por isso cada um tem sua idéia própria, que não se ajusta com a idéia do outro, mas o resultado é admirável. A unidade pela diversidade. Na hora da batalha, formamos a frente única.
— Está certo, mas será que, voltando na quinta-feira, eu encontro meu papel pronto mesmo?
— Ah, o senhor é terrível, nem numa hora dessas esquece o seu papelzinho! Eu disse quinta-feira? Sim, certamente, pois é dia de folga no campeonato. Mas espere aí, com quatro jogos na quarta-feira e com o gasto de energia que isso determina, como eu posso

garantir o seu papel para quinta-feira? Quer saber de uma coisa? Seja razoável, meu amigo, procure colaborar, procure ser bom brasileiro, volte em agosto, na segunda quinzena de agosto é melhor, depois de comemorarmos a conquista do Tri.
— E... se não conquistarmos?
— Não diga uma besteira dessas! Sai, azar! Vá-se embora, antes que eu perca a cabeça e...
Vozes indignadas:
— Fora! Fora!
O servente sobe na cadeira e comanda o coro:
— Bra-sil! Bra-sil! Bra-sil!
Está salva a honra da torcida, e o importuno retira-se precipitadamente.

■ De 1971 é uma coletânea volumosa com o título de *Mar sempre haverá*, Editora Gueorgui Bakalov, Varna. Os compiladores e tradutores Atanas Daltchev e Alexandar Muratov reuniram quase 150 poemas dos séculos XIX e XX, todos eles de temática marítima e procedentes de dezenas de países, desde a Inglaterra até o Japão. O subtítulo esclarece: "Antologia da poesia mundial marítima". De Drummond foi tomado "Privilégio do mar". A presença brasileira está reforçada por Manuel Bandeira com "Marinheiro triste". Igualmente de Daltchev e Muratov é o prólogo "Palavras introdutórias", mas sem referência aos brasileiros.

■ No *Jornal do Brasil* do dia 21/8/1972, apareceu o artigo "Brasil e Bulgária: as relações literárias", assinado por Borislav Boyanov, um dos pseudônimos de Rumen Stoyanov. Resolvi usá-lo por causa das menções do meu próprio nome, coisa inevitável no texto, dada sua natureza. Reproduzo-o sem cortes, porque contém dados úteis aos interessados nos vínculos literários e culturais do Brasil com a Bulgária e com o mundo, e quase impossíveis de conhecer aqui. Faço-o também porque deve sua vida pública a Drummond, a quem o mandei, mas disso falarei quando tratar da nossa correspondência. Há mais uma razão para não omitir nada no escrito: a íntegra permite ver, comparando o exposto nele com o relatado sobre o estado atual da interação literária dos dois países, que ela aumentou consideravelmente, ampliando seu perímetro com novos livros e autores.

Brasil e Bulgária: as relações literárias

A encenação de *Sócrates*, de Guilherme Figueiredo, pelo Teatro Popular da Juventude, em Sófia, na última temporada, constitui agradável motivo para que se faça uma primeira retrospectiva, embora fugaz, das relações entre as literaturas búlgara e brasileira. Estas relações existem, apesar da distância geográfica entre os dois países, e são um pouco mais estreitas do que a pessoa não informada possa esperar.

A tradução de livros brasileiros na Bulgária começou após a Segunda Guerra Mundial. Enquanto antes não havia sido publicada nenhuma obra, sob a nova política cultural-editorial, o interesse por essa terra desconhecida e exótica para nós cresceu e impôs — mesmo, naquela época, com a falta de conhecedores do português — que se procedesse a traduções mediante outras línguas: francês, inglês, principalmente espanhol. A relação de livros inicia-se com *Cacau*, de Jorge Amado, publicado em 1949. O maior mérito na divulgação de autores brasileiros cabe à editora da capital, especializada em literatura de tradução, Narodna Kultura (Cultura Popular), com nove títulos publicados. O escritor brasileiro mais lido é Jorge Amado, do qual são conhecidas oito edições, sendo a mais recente *Os pastores da noite*, publicada pela editora da cidade de Varna, em 1969. Outro romance dele já está em preparo.

A raposa e as uvas

Depois do romance brasileiro, é a dramaturgia que goza de maior publicidade na Bulgária. E isso, graças ao prestígio de um único representante: Guilherme Figueiredo. Já em 1957, o diretor de cena Nikolai Lutskanov encenou no Teatro Popular para a Juventude, na capital, a peça *A raposa e as uvas*, que completa 150 apresentações nesse palco, e no país inteiro um total de 500, o que constitui recorde não só para aqueles tempos. Até hoje, os conhecedores da arte dramática lembram-se com profundo respeito da imagem encantadora de Esopo, encarnado com peculiar penetração pelo inesquecível ator Konstantin Kissimov. O próprio autor da peça disse, repetidas vezes, que na encarnação do búlgaro ele viu a mais correta interpretação filosófica e artística do seu herói. O ano passado trouxe nova oportunidade para o dramaturgo Figueiredo: *A raposa e as uvas* apareceu em nova tradução, como número à parte da Biblioteca Teatro, que oferece a amadores e especialistas obras escolhidas de clássicos e contemporâneos. O epílogo é do teórico e diretor de destaque Leon Daniel. A encenação de Sócrates, tradução de Svetoslav Mitikov, búlgaro de cidadania brasileira, além de marcar um segundo encontro de Lutskanov com o dramaturgo brasileiro, significa um interesse já duradouro pela sua criação. Em função do seu caráter filosófico, essa peça foi, durante a última temporada, um dos espetáculos mais importantes na capital búlgara.

Passo importante para o conhecimento de textos valiosos da prosa brasileira foi a apresentação de Graciliano Ramos, feita por Rumen Stoyanov com a tradução de *Vidas secas* e com a nota sobre o autor que acompanha a versão. Em 1969, a Biblioteca Livros para Todos, da Editora Narodna Kultura, divulgou o romance de Ramos, recebido pela crítica búlgara com este comentário: "Uma prosa crua, saturada de pensamento". Dois anos mais tarde, a antologia *Contos sobre animais*, da mesma editora, incluiu, junto a obras-primas de Jack London, Leon Tolstoi, Maupassant, Tchekov e Cholokhov, a "História de um bode", de Graciliano Ramos, em versão do mesmo tradutor.

Poemas do mar

Mais modesta, por enquanto, é a presença da poesia, devendo-se destacar a antologia *Poesia latino-americana*, de 1968. Com seleção e tradução de Atanas Daltchev e Alexandre Muratov (prefácio deste último), a poesia brasileira é uma das mais amplamente apresentadas. Os antologistas selecionaram 30 poemas, dos quais os mais numerosos são os de Manuel Bandeira. Os outros pertencem a Carlos Drummond de Andrade, Cecília Meireles, Mário de Andrade, Murilo Mendes, Joaquim Cardoso, Vinicius de Moraes e Ferreira Gullar.

No ano passado, a Editora de Varna publicou a antologia *Mar sempre haverá*. Atanas Daltchev e Alexandar Muratov, que há muitos anos vêm traduzindo em conjunto originais dos idiomas românicos, reuniram quase 150 peças dos séculos XIX e XX, desde a Escandinávia e a Inglaterra até o Japão e a Índia. O Brasil está representado por Manuel Bandeira, do qual foi traduzido "Marinheiro triste", e Carlos Drummond de Andrade, com "Privilégio do mar". A poesia em língua portuguesa tem ainda dois representantes peninsulares: Fernando Pessoa e Manuel da Fonseca. Dito de passagem, Carlos Drummond de Andrade em *Alguma poesia* (1930) incluiu um poema que é de especial interesse para nós: "Anedota búlgara", que sairá na revista literária *Plamak (Chama)*, dentro de um ciclo de poetas latino-americanos, selecionados e traduzidos por R. Stoyanov.

Uma olhada nos projetos de tradutores e editoras da Bulgária evidencia que eles pretendem não só continuar apresentando autores brasileiros e seus novos livros, mas também passar a abranger mais panoramicamente os diferentes gêneros, o que pressupõe conhecimento mais amplo, necessário para a elaboração de antologias. Atualmente, entre os tradutores búlgaros o interesse maior dirige-se a Castro Alves e Drummond. O primeiro é conhecido mediante traduções russas, e o segundo, além das mencionadas antologias, através de versos espanhóis. É preciso acrescentar a estes prognósticos o desejo da Editora de Varna, especializada em literatura original e traduzida sobre temática marítima, de fazer um livro à parte de contos brasileiros do mar, ou pelo menos incluí-los numa coletânea comum latino-americana. Entre as perspectivas de difusão da literatura brasileira, devemos assinalar igualmente as antologias da poesia e do conto contemporâneos, em cujas seleções e prólogos trabalha R. Stoyanov, que se encontra no Brasil. Svetoslav Mitikov tem traduções inéditas de peças de Guilherme Figueiredo, que poderiam entrar também nos repertórios de teatros ou editoras.

Fascinação misteriosa

Ainda que pareça estranho, pode-se falar em motivos brasileiros nas letras búlgaras. A presença destes, na narrativa, na poesia, no jornalismo, nos livros de viagens, na crítica, testemunha o interesse de literatos e editores búlgaros pelo povo brasileiro, pela sua vida real e escrita. A própria palavra Brasil exerce um fascínio misterioso sobre o búlgaro.

Os motivos brasileiros penetraram nas letras búlgaras antes da Segunda Guerra. Ao nome de Boris Chivatchev (1902-1932) está vinculado o primeiro tratamento de destaque de tema brasileiro. O anseio de ver o mundo leva o adolescente de 18 anos à América Latina, onde ele percorre o subcontinente, convive com gente humilde, trabalha para ganhar a vida, aprende o espanhol a ponto de escrever nesse idioma e de publicar seus textos na Espanha. Fruto de vivências e atribulações na fascinante terra latino-americana, este é um dos mais belos livros de viagens na literatura búlgara — *Cartas da América do Sul*, publicado há 40 anos. Nele Chivatchev dedica páginas ao Rio de Janeiro, que o encantou, e a que chama, naturalmente, sem ser o primeiro nem o último a fazê-lo, de "cidade mais linda do mundo".

O maior mestre da sátira grotesca búlgara, Svetoslav Mitikov, cujos contos são conhecidos em muitos países, dedicou atenção especial ao Brasil, em seu livro de viagens *A outra América*, de 1939. A maior poetisa búlgara de todos os tempos, candidata ao Prêmio Nobel, Elissaveta Bagriana, não só traduziu versos brasileiros como inscreveu na sua criação pessoal um Ciclo Brasileiro, sobre as impressões de seu percurso pelo "país do café". O melhor poeta vivo da Bulgária, Atanas Daltchev, também traduz seus irmãos brasileiros.

As letras búlgaras no Brasil estão apresentadas de modo muito mais modesto. Trata-se de dois livros publicados pela Editora Leitura, em 1964 e 1965, respectivamente. O primeiro, em tradução do francês de Honório Peçanha, é o romance *Nora*, de Gueorgui Karaslavov, com prefácio de Astrogildo Pereira. O outro, traduzido do espanhol por Vânia Filizola, contém poesias de Nikola Vaptsarov, vertido para mais de 70 línguas no mundo inteiro. Aqui, num aspecto um tanto diferente, poderíamos acrescentar que alguns brasileiros naturalizados, de origem búlgara, se dedicam à atividade literária: Stefan Kintchev, no Paraná, autor do livro autobiográfico em três volumes *Estranha idéia de um moço* (o primeiro saiu em 1964); Naida Popova-Buckingam, em São Paulo, que também se dedica ao jornalismo; e Sacha Mitikov, violinista e um dos fundadores da Orquestra Sinfônica do Rio de Janeiro, personagem do livro *Aqui, Rio*, de Vanda Figueiredo.

■ A revista *Plamak* (*Chama*), fundada em 1924, pela sua longevidade e prestígio ocupa um lugar muito especial na história da imprensa literária nacional. No seu número 6 de 1973 ela abrigou seis peças de Drummond, traduzidas por Daltchev e Muratov. São parte da antologia que viria a ser publicada na Bulgária sob o título *Sentimento do mundo* e foram uma primeira antecipação dela. Pela primeira vez Drummond apareceu sozinho em búlgaro, até aquela oportunidade vinha em companhia de patrícios (Ribeiro Couto, 1962; M. Bandeira, C. Meireles, M. de Andrade, M. Mendes, J. Cardoso, F. Gullar, 1968; M. Bandeira, 1971). Os seis títulos são "Aurora", "Canção amiga", "Não se mate", "Confidência do Itabirano", "Menino chorando na noite" e "Os ombros suportam o mundo". A nota que os acompanha diz: "O maior poeta contemporâneo do Brasil. É autor de dez poemários que saem na coletânea *Reunião*. Carlos Drummond de Andrade mantém com regularidade uma coluna no diário *Jornal do Brasil*, com prosa ensaística curta e com textos irônicos atuais". Não há nome de autor, mas deve ter sido Muratov, pois Daltchev não escrevia coisas desse tipo. Do primeiro é também a nota "Carlos Drummond de Andrade e a Bulgária" (p. 94), feita por motivo de seus setenta anos. Ignoro em quantos países, fora do Brasil, se escreveu em comemoração àquele digno aniversário. Julgando pela pouca propagação no exterior de sua poesia, calculo que não seriam tantos. E sinto um pequeno orgulho com o fato de que na minha terra o magno poeta brasileiro não ficou esquecido, de que lá, bem longe, houve uma cordial homenagem: na revista literária mais longeva dos búlgaros e na língua natal de São Cirilo e São Metódio, os copadroeiros espirituais da Europa, com cuja obra começou em 855 a terceira (após as cultivadas em grego e latim) civilização escrita do Velho Continente. Drummond, com toda a razão, é chamado de "um dos maiores poetas do nosso tempo". Eis, na íntegra, a nota:

Carlos Drummond de Andrade e a Bulgária

O Brasil é oitenta vezes maior que a Bulgária e há oitenta anos é república. É o país mais rico e um dos mais atrativos da América Latina, embora um autor o chame de "império da fome". Ele é o primeiro a salvar-se do jugo colonial e já desde o início do século passado cria sua cultura e literatura. É o único país no Novo Mundo onde se fala português e não espanhol.

O longínquo Brasil, esse país com nome de árvore, deu ao mundo nomes de grandes poetas. Talvez poucos saibam que aquela é a pátria de Carlos Drummond de Andrade. Há cinco ou seis anos escrevi uma nota sobre a lírica de Carlos Drummond de Andrade e junto com meu confrade Atanas Daltchev traduzi algumas poesias dele. Fazia muito que eu conhecia o nome do autor, tinha-o encontrado numa antologia de poetas brasileiros que saíra em francês, mas meu verdadeiro encontro com a grande poesia dele deu-se mais tarde. Li todos os seus poemários, com exceção do primeiro, e logo simpatizei com ele. Por causa do seu agudo senso de atualidade e seu espírito brasileiro que não lhe impediu ser variadíssimo e universal.

Seus livros, além de obras dum sentido marcadamente político, impregnadas dum humanismo sincero e de solidariedade com todos os homens que lutam por justiça e liberdade, contêm uma série de poemas em que os temas da alienação do homem na sociedade burguesa e as fraquezas e desgraças humanas estão constantemente presentes. O poeta não só zomba dos defeitos alheios e os condena, mas igualmente não teme rir dos seus próprios erros. A linguagem popular, o tom coloquial e o critério artístico com que estão recriados fazem a sua lírica tão acessível quanto oportuna. Alguns desses poemas soam como uma acusação e denúncia dos costumes e da moral burguesa.

Mas uma verdadeira surpresa e descobrimento para mim mesmo foi a leitura de *Poemas*, obras escolhidas, livro que apareceu há dois anos em Havana. Foi nele que eu, sem ser nenhum arqueólogo, fiz um achado inesperado: um breve poema de título bem inesperado — "Anedota búlgara":

Era uma vez um czar naturalista
que caçava homens.
Quando lhe disseram que também se caçam borboletas e andorinhas,
ficou muito espantado
e achou uma barbaridade.

Suponho que a peça foi escrita em 1925. Traduzi-a porque a considero um documento artístico sobre a época. A "esta curiosa historinha búlgara" há muito que foi posto fim e de quem é o "naturalista" cada um pode se dar conta. Mas no seu tom anedótico há mais verdade amarga do que algo divertido e fabuloso. O grande poeta brasileiro Carlos Drummond de Andrade soube, dum jeito muito espontâneo, sugerir a verdade de um passado cruel e com sua zombaria mordaz tirar a máscara do "governador humanista" que fingia ser surpreendido quando lhe comunicaram que os homens caçam e matam borboletas e andorinhas.

Estamos profundamente reconhecidos e agradecidos pela compaixão fraterna e pela defesa desinteressada com que procedeu a nosso respeito Carlos Drummond de Andrade, um dos maiores poetas do nosso tempo. Recentemente ele fez setenta anos. Estamos felizes de poder cumprimentá-lo de todo o coração por essa idade madura e dizer-lhe que sua grande poesia revolucionária terá verdadeiros seguidores e admiradores no nosso país.

Passemos por alto o que há de simplista, determinado em boa medida por uma ideologização excessiva, completamente em uníssono com a época da Guerra Fria, em que abundava uma sociologização vulgar das artes, e reparemos em coisas que não perderam seu peso. O Brasil, diz o búlgaro, deu ao mundo grandes poetas. Isso supõe certo conhecimento do processo poético em que amadureceram, não são ignorados naquele país. Eles chegam lá por meio de livros em francês e espanhol, o que mostra duas das possíveis vias indiretas com respeito à Bulgária. E mais ainda: mesmo não traduzidos, são lidos. O de cinco ou seis anos atrás me leva a pensar que Muratov se refere à apresentação de Drummond em *Poesia latino-americana*. Não tenho muita certeza, pois é possível que haja uma publicação que não figure aqui. E algum dia virá à tona, aumentando o número de títulos drummondianos em búlgaro. Deixemos as especulações e prestemos atenção ao que temos na mão: o autor qualifica de "grande" a poesia de Drummond. Muratov lia em várias línguas e assim tinha uma visão realmente ampla da evolução da poesia mundial. Era um homem muito comedido, nada dado a exaltações, e num escrito curto usar três vezes a palavra "grande" dirigida a Drummond equivale a uma profunda convicção. Não sei em quantos países, já em 1973, consta: "Carlos Drummond de Andrade, um dos maiores poetas do nosso tempo". A Bulgária é um deles.

■ Outra revista literária, *Savremennik* (*Contemporâneo*), mesmo bem mais jovem em comparação com a anterior, pois existe apenas desde 1973, dedica-se, como seu título sugere, à difusão exclusiva de obras relativamente recentes, tanto búlgaras como estrangeiras. Nela, em 1975, foi publicado o antológico conto de Guimarães Rosa "A terceira margem do rio" (no número 4, em tradução de Rumen Stoyanov). Mas antes, em 1974, o número 1 da *Savremennik* ofereceu aos seus numerosos leitores oito poemas de Drummond, traduzidos por Muratov e Daltchev: "Eu também fui brasileiro", "Mundo grande", "Science fiction", "Morte do leiteiro", "Tristeza no céu", "Sentimental", "Poema que aconteceu" e "Poesia", todos do ainda inédito *Sentimento do mundo*, assim como os já saídos na *Plamak*. Mais tarde, exatamente vinte anos depois, na volumosa revista (em cada número ela inclui um ou mais romances inteiros) novamente veremos versos de Drummond.

■ Durante quase meio século a Editora Narodna Kultura (Cultura Popular) trabalhou pela divulgação em búlgaro de letras estrangeiras e possui méritos excepcionais quanto às brasileiras. Porque nenhuma outra editora de lá publicou nove livros do Brasil:

– *Os subterrâneos da liberdade*, Jorge Amado, 1955;
– *Gabriela, cravo e canela*, Jorge Amado, 1961;
– *Sol ao meio-dia*, Alina Paim, 1964;
– *Vidas secas*, Graciliano Ramos, 1969;
– *A raposa e as uvas*, Guilherme Figueiredo, 1971;
– *Dona Flor e seus dois maridos*, Jorge Amado, 1984;
– *Farda, fardão, camisola de dormir*, Jorge Amado, 1987;
– *A escrava Isaura*, Bernardo Guimarães, 1988;
– *Norte das águas*, José Sarney, 1989.

Devem-se acrescentar edições outras em que a Narodna Kultura incluiu nomes brasileiros. De 1971 data o volume *Contos sobre animais*; são obras do mundo inteiro relativas a bichos e em suas páginas está a "História de um bode", narrada por Graciliano Ramos e traduzida por Rumen Stoyanov. Manuel Bandeira entrou na coletânea *Cem obras-primas do soneto* (1978) com "A aranha". Longe da Bulgária, não estou em condições de trazer mais casos como estes, mas não seriam os únicos, se me limito aos dois é porque são traduções minhas e disponho das referências bibliográficas exatas. E para não ser injusto com a memória de um amigo tenho de dizer que "A aranha", de Bandeira, traduzi com Stoyan Bakardjiev. À referida Editora mandei de Brasília, em fins de 1974, uma carta pessoal com o objetivo de conseguir que incluísse nos seus planos Drummond. Aqui vai o texto na íntegra:

Proposta
de Rumen Stoyanov, Terceiro-Secretário
da Embaixada da República Popular da Bulgária
em Brasília

Camarada Diretor,

Proponho que a Editora Narodna Kultura edite na Biblioteca Poetas Contemporâneos um pequeno volume com versos do brasileiro Carlos Drummond de Andrade. Ele é o maior poeta lusófono vivo, há muito que se afirmou como poeta nacional do Brasil e sua influência sobre a poesia brasileira contemporânea é indiscutível. A obra dele, estreitamente relacionada com a vida, é amplamente conhecida no exterior, onde trabalhos seus estão traduzidos a muitos idiomas e seu nome é colocado junto aos de Nicolás Guillén, Pablo Neruda, Gabriela Mistral. Além da seleção e da tradução dos poemas, proponho escrever prefácio sobre a poesia de Drummond, a quem conheço pessoalmente e com quem há três anos venho mantendo contato.

A edição dum poemário de Drummond pela Editora Narodna Kultura, especializada em literatura traduzida, seria uma contribuição considerável ao desenvolvimento das relações literárias búlgaro-brasileiras e criaria oportunidades de aproveitar o grande prestígio de Drummond para a edição de poesia búlgara no Brasil.

Em anexo: nove poemas de Carlos Drummond de Andrade em tradução ao búlgaro.

2/12/1974
Brasília

Atenciosamente,
Rumen Stoyanov

Não tive resposta, o que significa que não fui aceito como tradutor de Drummond: trinta anos atrás eu não tinha suficientes créditos para competir exitosamente com a bem-merecida fama de Daltchev e Muratov. Naquela altura, minhas vantagens sobre eles eram o domínio do português, o conhecimento *in loco* do processo literário latino-americano, o diploma da Universidade de Havana, os anos de estudos e trabalhos em Cuba e no Brasil. Ainda era tradutor principalmente de prosa e, mesmo com o enorme sucesso de *Cem anos de solidão*, em matéria de poesia era antes um *taradutor*. Mas minha iniciativa não foi em vão. No ano seguinte, veio à Embaixada, via oficial, pedido de envio de livros de Drummond para a mesma editora. Como eu atendia os assuntos culturais e de imprensa, comprei, ainda triste com a recusa, três ou quatro, não lembro quais, e os mandei pela mala diplomática como um adeus à perspectiva de traduzir Drummond. Dois anos mais tarde, a Narodna Kultura lançou *Sentimento do mundo*, coletânea de versos drummondianos traduzidos por Muratov e Daltchev (mas do espanhol, eles não aproveitaram os que adquiri para eles, resolveram basear-se apenas numa antologia cubana). O que me faz pensar que minha carta, se não conseguiu por completo seu objetivo, ao menos ajudou, acelerou, com suas referências tão elogiosas, a aparição dum livro de Drummond na Bulgária. E isso reconheceu consistência na opinião dum búlgaro acerca do itabirano. Relendo agora aquelas poucas linhas minhas, posso dizer que não só não desisto da afirmação de que se trata do "maior poeta lusófono vivo" e do "poeta nacional do Brasil", senão ao contrário, estou ainda mais convencido de não ter-me equivocado na valoração quase 15 anos antes de sua morte. Agora, quando temos à mão todo o legado poético de Drummond e podemos julgar-lhe a obra definitivamente acabada, contando eu trinta anos de experiência literária a mais, sinto uma profunda satisfação, acho que os trinta anos transcorridos confirmaram o dito. A prova são as solenidades e os festejos do centenário de Drummond, que incluem um selo postal, um monumento e uma moeda comemorativa.

■ Pouco depois de ter voltado a Sófia após uma primeira estada (pois já são três) no Brasil (1972-1975), fui chamado pelo embaixador Fernando Simas Magalhães. Tinha-o conhecido em Brasília por motivo da sua designação como chefe da missão diplomática do seu país no meu. Entregou-me um exemplar do *Jornal do Brasil*, que, naquela época, era, depois do *Estado de S. Paulo*, o segundo diário nacional em importância. Havia, no número de 13/11/1975, uma crônica, "O assunto é vário", na coluna semanal que Drummond mantinha. Era um comentário a meu respeito, que aqui vai na íntegra como elemento do tema Drummond e a Bulgária:

> Já a Bulgária nos tirou Rumen Stoyanov, jovem professor universitário, adido cultural à legação de seu país em Brasília. Traduziu Graciliano Ramos (*Vidas secas*) e Guimarães Rosa (*A terceira margem do rio*) para sua língua natal. Chegando ao Brasil, em 1972, bateu-lhe o estalo poético, e Rumen começou a fazer versos, não só em búlgaro e espanhol, como em português. E então se declarou "poeta brasileiro". Porque brasileiros foram seus temas, no Planalto Central. Rumen sentiu a natureza, o homem, a vida brasileira do interior, a terra vermelha e a alma dos humildes. Um de seus poemas, de metro longo:
> "Planalto. O sem-fim é teu começo. Tua profundidade é para cima. Tua poeira vermelha é nevoeiro cinza. Teus bois brancos são veleiros lentos. Teus formigueiros vermelhos são âncoras enferrujadas. Tuas igrejas sobre colinas verdes são faróis sobre ilhas. Teus

vaqueiros navegam pelo sertão na popa das boiadas. Teu vento vermelho cheirando a cavalos é brisa azul que cheira a peixes. Teus caminhos de terra vermelha, que levam a lugarejos, são esteiros de água levando a portos. Tuas onças passando entre matagais deixam um silêncio de sereias que se afastam entre algas. Maralto". Em dado momento, "a terra vermelha virou preta. As mulatas empalideceram. Os eucaliptos cheiraram a tília. A negra em frente chamou-me com a voz de minha mãe. Os homens disseram palavras que levo tão em mim, suponho no esqueleto. Tinha-me lembrado da Bulgária".

Gostaria de ver publicados os *Poemas lentos*, que a força da terra inspirou a Stoyanov, primeiro caso de uma sensibilidade culta e distante a impregnar-se tão vivamente da atmosfera brasileira, a ponto de desencadear um processo de criação poética. Em Sófia, certamente, alguém continuará contando de nós e informando sobre nossas letras, como tradutor e amigo.

O embaixador Simas Magalhães perguntou-me se conhecia a publicação, respondi que não; quis saber dos meus contatos com Drummond e das minhas atividades literárias e culturais aqui, onde tinham saído textos e traduções minhas, e disse: "Você merece uma medalha pelo que fez nesses três anos e meio no Brasil. Vou ver se a consigo". Agradeci e insisti que não a merecia, que não queria, que não valia a pena fizesse ele uma proposta nesse sentido. Ele ficou admirado com tais palavras, mas disse "Está bom" e nunca mais tocamos no assunto. Eram os anos da Guerra Fria. Uma condecoração vinda dum governo capitalista, mais ainda, com militares anticomunistas no poder, e que perseguia a esquerda, inevitavelmente exigiria que eu desse explicações nada agradáveis sobre as razões de tanta honra por parte dum governo de direita, etc. O caso seria ainda mais suspeito porque eu não tinha a proteção que era a militância no Partido Comunista, e sem ela ficava-se muito vulnerável. Mesmo com a recusa de que se fizessem os trâmites para a condecoração, acabei recebendo a Ordem de Rio Branco. Mas exatamente um quarto de século mais tarde, tempo que Deus me cedeu magnanimamente para continuar traduzindo e escrevendo do Brasil. O episódio com o embaixador é sintomático do peso de Drummond nas relações não só literárias, mas culturais e diplomáticas entre os dois países: umas quantas linhas dele são capazes de promover uma tentativa de premiação dum estrangeiro. Em termos estritamente literários e em função do presente livro, o que importa é que pelo menos três crônicas de Drummond se relacionam à Bulgária.

■ Outra das revistas de maior importância na literatura nacional após a Segunda Guerra Mundial, *Septêmvri* (*Setembro*), fundada em 1948, tampouco ficou fora da propagação da obra drummondiana. A quíntupla prova disso vemos no seu número 1 de 1976 com "Girassol", "Procura da poesia", "O medo", "Legado", "A distribuição do tempo", traduções de Daltchev e Muratov, mais uma nota deste último sobre o brasileiro:

> Carlos Drummond de Andrade é o maior poeta do Brasil de hoje. Nascido em Itabira, província de Minas Gerais, forma-se em Farmácia. Farmacêutico, porém, ele nunca viria a ser. Foi professor, jornalista, bibliotecário. Drummond de Andrade é poeta e prosador ao mesmo tempo. A prosa e a poesia nele são como uma casa de duas entradas: não importa por qual entra você, o que vê com clareza é o brasileiro vivo.
>
> A poesia dele se distingue por um agudo sentido de contemporaneidade e justiça, pela novidade das idéias e da expressão. Freqüentemente é acompanhada de crítica e de zombaria, não teme mostrar os defeitos da sociedade burguesa e assumir a defesa do desgraçado e da vítima inocente duma ordem social amarga. Multifacetada do ponto de vista temático e formal, coloquial e confessional no seu tom, sem compromissos como seu autor e às vezes provocativa, ela penetra profundamente nos fenômenos da vida e os interpreta filosoficamente. É movida tanto pelo pensamento surpreendente e agudo como pela franqueza lírica.

O poeta há muito contou uma "Anedota búlgara"; permito-me lembrá-la aqui novamente, pois é uma ressonância poética dum passado triste da nossa terra: "Havia uma vez um czar naturalista / que caçava homens. / Quando lhe disseram que também se caçam borboletas e andorinhas, / ficou muito espantado / e achou uma barbaridade". Espero que os poemas oferecidos ampliem a idéia do nosso leitor sobre a poesia totalizadora de Carlos Drummond de Andrade.

■ O semanário *Studentska Tribuna* (*Tribuna dos Estudantes Universitários*) em 15/6/1976 publicou "Mãos dadas" e "Congresso internacional do medo", ampliando desse jeito o número de pessoas atingidas pela mensagem drummondiana. As traduções são de Rumen Stoyanov, que fez também uma nota:

> Carlos Drummond de Andrade (1902) não só personifica o orgulho nacional brasileiro na poesia, mas é conceituado junto aos mais consideráveis poetas do século no subcontinente latino-americano. Mesmo que seu nome não seja tão amplamente divulgado como os de Gabriela Mistral, César Vallejo, Pablo Neruda, Octavio Paz – em grande medida por causa do fraco conhecimento da cultura brasileira no mundo –, ele é mencionado entre os mais merecedores do Prêmio Nobel no subcontinente. Drummond tem impressos onze poemários, mas também contos, crônicas, textos jornalísticos atuais e continua criando com uma força inesgotável. A esse amigo da Bulgária devemos outrossim a notícia que o conto de Aleko Konstantinov "Sociedade de temperança" saiu no Brasil em 1915.

O jornal era comprado não apenas nos meios universitários, e os dois poemas sem dúvida terão circulado também fora dos centros de ensino superior.

■ A revista *Plamak* voltou a relacionar-se com o poeta de Itabira, dessa vez mediante um artigo de Rumen Stoyanov, no número 1 de 1977:

Conto de Aleko Konstantinov publicado no Brasil em 1915

Na atual vida poética do Brasil um nome supera os mais variados e contraditórios gostos estéticos e diferenças ideológicas para identificar o orgulho nacional de apreciadores e conhecedores de versos: Carlos Drummond de Andrade. Um relacionamento de já há uns anos com o maior poeta vivo da língua portuguesa permitiu-me saber também coisas que têm a ver diretamente com a nossa literatura. Aqui se trata do motivo para Drummond escrever sua "Anedota búlgara" e da aparição em 1915, no Brasil, da obra de Aleko Konstantinov "Sociedade de temperança".

Em uma das minhas cartas a Drummond perguntei-lhe como nasceu aquele pequeno poema, incluído em livro seu no ano de 1930, assim como em *Reunião* (primeira edição, 1971), unindo dez poemários. Uns 5 ou 6 anos atrás a Casa das Américas, em Havana, lançou um pequeno volume com poesia de Drummond e lá outra vez figura "Anedota búlgara". Em búlgaro o poema apareceu na revista *Plamak* em abril de 1973, traduzido por Daltchev e Muratov. O referido texto é uma das obras com as quais Drummond registra sua participação no modernismo, muito importante para a evolução da poesia brasileira do século vinte, e para nós tem a importância de um poeta mundialmente conhecido, mencionado entre os candidatos ao Prêmio Nobel, ter utilizado motivo búlgaro há cerca de quarenta e cinco anos. A "Anedota búlgara" é a seguinte:

Era uma vez um czar naturalista
que caçava homens.
Quando lhe disseram que também se caçam borboletas e andorinhas,
ficou muito espantado
e achou uma barbaridade.

As explicações sobre "Anedota búlgara" e "Sociedade de temperança", Drummond as deu com a precisão que o distingue e não necessitam de notas adicionais. Por isso apelarei diretamente para trechos de cartas suas:

9 de maio de 1973:

Quanto à "Anedota Búlgara", posso informar-lhe que ela me foi sugerida pela visita do ex-czar Ferdinando ao Brasil, na década de 1920. Lembro-me de que, em entrevista à imprensa do Rio, como naturalista ele reprovou a caça às borboletas. Eu tomei conhecimento da Bulgária e do seu imperador quando, ainda menino, folheava as revistas ilustradas do Brasil, e nelas via a caricatura de Fernando com os seus aliados da Alemanha, Áustria e Turquia, na 1ª Guerra Mundial (1914-1918). Uma dessas revistas, a *Careta*, costumava publicar contos de autores estrangeiros, traduzidos, e em sua edição de 17 de abril de 1915 publicou o conto "Associação de Temperança" de Aleko Ivanitzov, dizendo que o autor escreveu "uma espécie de D. Quixote búlgaro". Foi o meu primeiro contato com a literatura do seu país, prezado Stoyanov.

8 de julho de 1973:

Ainda sobre a "Anedota búlgara": verifiquei em meu arquivo que ela foi publicada na *Revista de Antropofagia*, de São Paulo, edição de dezembro de 1928. Portanto, a viagem do ex-czar Ferdinando, que a inspirou, ocorreu antes dessa data.

24 de fevereiro de 1974:

Você me pede o número da *Careta* que publicou o conto de Ivanitzov para ser oferecido ao museu do escritor. Eu o daria com o maior prazer se o exemplar não fizesse parte da coleção, que vai de 1908 a 1917. Retirá-lo importaria em danificar o volume, entende? Mas poderei tirar uma cópia xerográfica das duas páginas em que o conto foi publicado, remetendo-as a você. Espero fazer isto na próxima semana.

22 de março de 1974:

Com prazer lhe mando informações sobre a *Careta*. Era uma revista semanal, humorística, política, literária e de atualidades, que se publicou no Rio de Janeiro a partir de 6 de junho de 1908 até novembro de 1960. Fundada por Jorge Schmidt e dirigida, após o falecimento deste, pelo seu filho Roberto Schmidt, teve como diretor, na fase mais brilhante, Mário Bhering, que foi também diretor da Biblioteca Nacional do Rio de Janeiro. A *Careta* alcançou grande popularidade, principalmente por ser ilustrada pelo notável caricaturista J. Carlos, e ainda por sua atitude de oposição ao governo do Marechal Hermes da Fonseca, presidente da República de 1910 a 1914. Seu proprietário e alguns dos seus redatores chegaram a ser presos na fase final desse governo. Nessa revista, o poeta Olavo Bilac publicava os sonetos do seu livro *Tarde*, na época em que o Brasil o consagrava como o poeta mais importante de sua geração. A partir de 1911, a *Careta* começou a divulgar contos de autores franceses, e em 1915 passou a divulgar outros das mais diversas origens: Hungria, Turquia, Finlândia, Grécia, Síria, etc., provavelmente traduzidos para o português através de versões francesas, pois era sensível, e mesmo dominante, a influência da França na cultura brasileira no começo do século. Foi nesse contexto que apareceu, na edição de 17 de abril de 1915, o conto de Konstantinov, cujo nome foi grafado à maneira francesa (Konstantinoff).

Outros dados sobre a revista você encontrará na crônica que escrevi por ocasião do seu desaparecimento, e da qual lhe remeto cópia xerográfica junto a esta carta.

Além das referidas duas páginas recebi de Drummond, xerocada, igualmente, a página de título do número. Junto com o endereço, o telefone da redação e os preços do exemplar avulso e da assinatura, dá para ver o número: 356, de 17 de abril, sábado, de 1915, VIII ano. O conto ocupa uma página e meia, está situado em duas colunas. O nome do autor, A. Konstantinoff, está marcado após o título. Da comparação com o original, verifica-se que falta o último parágrafo: "Se existissem prêmios para o riso mais despreocupado, até o esquecimento, então eu e meu companheiro iríamos receber naquele momento o primeiro prêmio. Sófia, 12 de maio de 1895". Lamentavelmente, não se diz de quem é a tradução, feita com bastante liberdade, no sentido de simplificação. Uma breve nota sobre o autor e sua obra, composta com letra pequena, completa a segunda coluna da última página. Literalmente, com suas inexatidões quanto a fatos e fonética, ela diz:

> Aleko Ivanitzoff Konstantinoff, nascido em Svistovo, em 1963. Educado na Rússia, no Liceu de Nikolaev. Em 1988 publicou uma coletânea de poemas, bem recebidos pelo público. Traduziu ao búlgaro as obras-primas das letras russas. Viajou pela Europa inteira e, voltando à pátria, publicou sua obra-prima "Pae Canu dos Bálcãs", uma espécie de Dom Quixote búlgaro, tipo que virou excepcionalmente popular e que encarnou os vícios e as virtudes do povo búlgaro. Foi à América e escreveu um livro encantador, "Até Chicago, ida e volta". Ganhou fama como jornalista, atraindo com seus artigos tal ódio dos inimigos que foi assassinado na cidade de Petchera em 11 de maio de 1897.

A afirmação de que a tradução portuguesa fora feita por meio do francês, tal como imagina Drummond, é convincente. O que resta é que o fato da aparição em 1915, no Brasil, de "Sociedade de temperança", junto com o outro, que ela foi descoberta para nós, os búlgaros, pelo próprio Drummond, ocupe seu lugar nas informações sobre a divulgação da obra de Aleko no exterior e na história das relações literárias búlgaro-brasileiras, que com certeza escondem ainda outras surpresas semelhantes. Por exemplo, que o conhecido texto de Vazov "Estará vindo" também saiu no Brasil, na revista *Leitura*, com nota sobre o autor e foto dele, sendo a tradução e a nota de Nora Salome. Pelo visto a tradução é do espanhol, da *Antología búlgara*, Sófia, 1960, Editora de Livros em Línguas Estrangeiras.

■ O ano de 1977 marcou o tope da presença drummondiana em búlgaro: apareceu *Sentimento do mundo*. É uma pequena antologia composta de 44 peças selecionadas de dez poemários. São as seguintes, conforme o índice do livro, traduzidas por Atanas Daltchev e Alexandar Muratov:

Alguma poesia
"Poesia"
"Poema que aconteceu"
"Infância"
"Eu também fui brasileiro"
"Sentimental"
"No meio do caminho"
"Anedota búlgara"
"O sobrevivente"

Brejo das almas
"Aurora"
"Girassol"
"Não se mate"

Sentimento do mundo
"Sentimento do mundo"
"Confidência do itabirano"
"Retrato de família"
"Congresso internacional do medo"
"Privilégio do mar"

"Os ombros suportam o mundo"
"Mãos dadas"
"Menino chorando na noite"
"Mundo grande"

José
"José"
"Tristeza no céu"

Rosa do povo
"Procura da poesia"
"Passagem da noite"
"Os últimos dias"
"Morte do leiteiro"
"Morte no avião"
"Consolo na praia"
"O medo"
"Nova canção do exílio"
"Caso do vestido"

Novos poemas
"Canção amiga"
"Notícias de Espanha"

Claro enigma
"Legado"

Fazendeiro do ar
"A distribuição do tempo"
"Circulação do poeta"

A vida passada a limpo
"Sonetos do pássaro – I"
"Véspera"
"Inquérito"

"Destruição"
"Carta"
"O retrato Malsim"
"Remate"
"Science fiction"

Lição de coisas

Um olhar mais atento sobre o índice da antologia permite várias conclusões. Ela inclui dez livros. Por que não estão representados todos os poemários do autor já existentes naquela altura? Muratov e Daltchev trabalharam com um volume cubano, *Poemas*, prólogo, seleção e notas de Muñoz-Unsain, Casa de las Américas, 1970, Havana. Nele figuram 11 livros, os búlgaros deixaram fora só *Viola de bolso*, aliás dela há uma peça, *Inventário*. Imagino que Muratov e Daltchev não gostaram dela e, sem possibilidade de escolher entre outras, tiveram de omitir a *Viola* inteira. *Sentimento do mundo* e *Rosa do povo* estão com nove títulos cada; num segundo lugar, com oito, fica *Alguma poesia*, seguida por *Lição de coisas*, com cinco; de *Brejo das almas* e *A vida passada a limpo* foram tomados três de cada um; *José*, *Novos poemas* e *Fazendeiro do ar* têm dois cada um; *Claro enigma*, um.

O prefácio é de Muratov, intitula-se "Carlos Drummond de Andrade" e, na íntegra, é o seguinte:

Carlos Drummond de Andrade

Um observador marginal dificilmente pode determinar os limites da poesia brasileira de hoje: tão grande, complexa e marcadamente nacional ela é. Mas ele ficará logo perplexo com a existência de um outro Amazonas, poético, cuja força e frescor correm indomáveis. As primeiras características são sua atualidade e vitalidade, variedade e originalidade das idéias e das formas. Chamam-na irmã do tempo e da vida, porque sempre tem um sorriso brincalhão na cara e uma meiguice calorosa no olhar.

Não se pode falar nela sem levar em conta a poesia inovadora de Carlos Drummond de Andrade. Nascido em 1902 em Itabira, estado de Minas Gerais, forma-se em Farmácia. Farmacêutico, porém, ele não será. Inicialmente é professor e jornalista, depois bibliotecário no Ministério da Educação. Esses empregos fazem-no topar com pessoas as mais diferentes. Dão-lhe a possibilidade de observar funcionários e operários, de penetrar nas suas relações e vivências, o que depois passará ao amplo palco da sua poesia. Drummond de Andrade é um grande poeta e prosador ao mesmo tempo. Prosa e poesia nele são como uma casa de duas portas: não importa por qual você entra, com clareza verá o brasileiro vivo, espontâneo.

Ainda antes de ter publicado seu primeiro livro (1930) Carlos Drummond de Andrade manifesta seu ponto de vista literário: "Agora o escritor foge das teorias e das construções abstratas para elaborar com mãos puras a realidade". Ele nunca renuncia a isso. O caminho poético desde seu primeiro livro, *Alguma poesia*, até o último, *Lição de coisas* (1963), que temos em conta na nossa seleção, é um caminho complicado, mas fértil e exemplar. A poesia dele impõe-se rápido com seu agudo "sentimento do mundo", de modernidade e justiça, o que traz imagens originais e ousadas. Freqüentemente suas companheiras de viagem são a crítica e a sátira: ele não teme indicar a amarga ordem e os defeitos da sociedade burguesa e assumir a defesa da vítima inocente ou do infeliz. Coloquial e confessional, desinteressada como seu autor e às vezes provocativa, ela pretende penetrar mesmo na essência dos fenômenos da vida e assimilá-los filosoficamente. Ela é movida tanto pelo pensamento sagaz e surpreendente como pela franqueza lírica, mas é alheia à exaltação fácil. É como "uma pedra no meio do caminho" porque nem o leitor pode deixar de percebê-la, nem o jovem poeta que está aprendendo a segurar a pena.

Carlos Drummond de Andrade é sincero ao dizer que "o tempo é a minha matéria", em que vive com os outros e suporta os vexames da vida. A atmosfera social no Brasil, as diferenças entre ricos e pobres encontram uma ressonância peculiar nos seus livros. Ele parece de algum modo ofendido pela vida, mas a quer e acredita nela. "Estou preso à vida — escreve — e olho meus companheiros. Estão taciturnos mas nutrem grandes esperanças." Ele reconhece que "É preciso escrever um poema sobre a Bahia... Mas eu nunca fui lá". A busca de motivo real para criação e a procura de novas formas e ritmos é algo constante na sua lírica. Já no primeiro livro ele rompe com o parnasianismo e o simbolismo: seu verbo poético se torna concreto, o ritmo, vivo e inesperado. O leitor tem a impressão de que o poeta apenas enumera os fatos relativos a determinado episódio, sem uma atitude especial. Em realidade ele os seleciona, os reelabora por assim dizer, os transporta sob a agudeza da sua sátira, procura-lhes a forma mais nítida e rigorosa. E com freqüência essa antipatia com as coisas e acontecimentos transforma-se numa indignação tácita contra os defeitos da ordem social.

É grande a riqueza temática de Carlos Drummond de Andrade: recordações da infância e da solidão no campo, a alienação e a frieza da cidade, os insuportáveis dias de trabalho numa sociedade cruel, as desilusões do amor, o medo de ser honesto, as atribulações da consciência e a procissão da morte, mesmo dela tira poesia e esperança. Mas para todos esses temas acha correspondentes maneiras de expressar sua atitude perante o mundo. Sua visão objetiva nunca o deixa apático aos demais e a si mesmo. Ele se move dos temas mais íntimos até os temas cívicos mais atuais e não teme confessar que sente "calor e frio, falta de dinheiro, fome e desejo sexual", nem receia cair no circunstancial ao cantar os defensores de Stalingrado ou dizer que quer assomar ao "muro que envolve Espanha". Ao contrário, ele irrompe nos acontecimentos e no tempo, no dia-a-dia do brasileiro comum, e isso leva-o a novos e novos descobrimentos poéticos. Sua lírica traz algo seu, caraterístico da realidade brasileira, e essa peculiaridade não a priva de universalidade.

Carlos Drummond de Andrade toma poesia da vida e do tempo, aproveita até o fim as possibilidades do verso livre e clássico, dos modelos da fala popular. Ele convive muito com seus poemas antes de escrevê-los, deseja "penetrar surdamente no reino das palavras".

Em verdade o poeta tem a chave que abre a porta para a grande perfeição formal da lírica brasileira de hoje. Ele é não só ostensor da libertação da poesia de todo convencionalismo que se dá depois da Primeira Guerra Mundial no maior país latino-americano, mas ao mesmo tempo é um excelente mestre dos jovens poetas brasileiros. Carlos Drummond de Andrade é uma personalidade criadora singularíssima, poeta de enorme influência e importância social, pois sua lírica possui um equilíbrio absolutamente natural entre experiência artística e humana.

Dos 44 títulos de *Sentimento do mundo*, 27 haviam saído anteriormente, em duas coletâneas coletivas e em três revistas.

■ Varna é o principal porto marítimo da Bulgária. Em 1972 foi achado nessa cidade o tesouro de ouro mais antigo do mundo. Os japoneses checaram-no com carbono 14 e não deixaram dúvidas: 6 mil anos. Nem se sabe como era o nome do povo que elaborou o Tesouro de Varna, composto por mais de 3 mil peças, cujo peso passa de 6 quilogramas. Naquela cidade, conhecida como centro turístico, houve uma Editora Bakalov, especializada em temática marítima. Publicava o almanaque *Prostóri* (*Espaços*). No primeiro número de 1978 saíram dois trabalhos de Drummond. São "Mundo grande" e "O operário no mar". O brasileiro navega com "El barco", do chileno Pablo Neruda, e com "Los feos", do cubano Roberto Fernández Retamar, traduzidos todos por Rumen Stoyanov. A mesma Editora tem participado também da divulgação da prosa do Brasil. Refira-se a coletânea *Contos latino-americanos do mar,* na qual estão Monteiro Lobato, Dias da Costa, Miroel Silveira, Leonardo Arroio, Edilberto Coutinho, Vasconcelos Maia, traduzidos por Todor Tsenkov, mas selecionados por Rumen Stoyanov. Como o livro data de 1977, isso permite dizer que aquele ano foi bem generoso na difusão das letras brasileiras em búlgaro.

■ A Narodna Kultura editava uma série de livros com o melhor dos melhores tradutores nacionais de poesia, sob o título de *Traduções escolhidas*. Eram antologias pessoais que resumiam o labor de muitos anos. Em 1978 foi a vez de Daltchev e Muratov. E no seu volume não podia faltar Drummond: "Morte no avião", páginas 160-165. Do Brasil estão ainda Manuel Bandeira (quatro peças), Cecília Meireles (uma) e Vinicius de Moraes (uma). O número dos versos explica por que do itabirano há apenas uma.

■ Plovdiv é, em importância, a segunda cidade do país, fundada por Filipe, o pai de Alexandre Magno, razão de ter sido batizada inicialmente com o nome de Filipópolis e, bem mais tarde, com a corruptela Filibê. Essa antiga cidade, conhecida também como Pulpudeva (designação trácia) e situada na Trácia (os búlgaros de hoje provêm da fusão de três povos, trácios, bulgáricos e eslavos), tem a editora mais velha das que funcionam no território nacional, a Danov, cuja atividade remonta a 1855. Ela publicava uma prestigiosa revista literária, *Trákia* (*Trácia*). Mantinha-se nela uma secção, "Meridianos", aberta a poetas estrangeiros. Nela apareceram, no primeiro número de 1979, "Poetas brasileiros" (p. 151-155), nomeadamente, e nesta ordem: Murilo Mendes com "Choro do poeta atual", Jorge de Lima com "Onde está o mar?", Cecília Meireles com "Infância", Carlos Drummond de Andrade com "O poeta escolhe seu túmulo", Lêdo Ivo com "Pequena elegia" e Anderson Braga Horta com "Telex". As traduções e notas são de Rumen Stoyanov. A que nos interessa diz: "CARLOS DRUMMOND DE ANDRADE. O maior poeta vivo da língua portuguesa. Sua obra exerce uma sensível influência sobre a lida literária no país. A Editora Narodna Kultura apresentou-o com a coletânea *Sentimento do mundo*".

■ Das várias notas que sobre Drummond publiquei na imprensa brasileira estou em condições de citar devidamente apenas uma, as demais ficaram no meu arquivo, ao qual agora, preparando este livro em Brasília, não tenho acesso. O diário *Correio do Povo*, de Porto Alegre, no dia 3/8/1979 imprimiu o texto "Novas traduções brasileiras na Bulgária". Mandei-o, da nossa capital à gaúcha, para Antonio Hohlfeldt, escritor e crítico multifacetado que trabalhava no jornal, e ele acrescentou algo sobre minhas atividades e o publicou como matéria anônima. Eis o resultado dessa interpretação a quatro mãos:

Novas traduções brasileiras na Bulgária

O ex-adido cultural da Embaixada da Bulgária e poeta, Rumen Stoyanov, continua sua obra de divulgação da literatura brasileira e latino-americana em seu país, onde hoje leciona estas literaturas na Universidade. Stoyanov, que morou no Brasil cinco anos, acaba de publicar, no primeiro número da revista *Trácia*, uma apresentação da poesia brasileira, tendo traduzido "Choro do poeta atual", de Murilo Mendes, "Onde está o mar", de Jorge de Lima, "Infância", de Cecília Meireles, "O poeta escolhe seu túmulo", de Carlos Drummond de Andrade, "Pequena elegia", de Lêdo Ivo, e "Telex", de Anderson Braga Horta. *Trácia* é, segundo Stoyanov, hoje, uma das melhores revistas literárias da Bulgária, onde tais publicações se multiplicam.

Por outro lado, a Editora Narodna Kultura (Cultura Popular), especializada em autores traduzidos, sediada em Sófia, publicou *Traduções escolhidas*, um trabalho de Atanas Daltchev e Alexandar Muratov, escolhendo textos de Carlos Drummond de Andrade, Manuel Bandeira, Cecília Meireles e Vinicius de Moraes.

Daltchev já teve poemas seus traduzidos para o português por Stoyanov e publicados no "Caderno de Sábado", do *Correio do Povo*, em Porto Alegre, e são considerados, ele e Muratov, como dois dos melhores tradutores da Bulgária.

Jorge Amado volta a ser notícia. Nelly Stoyanov, crítica e professora de literatura, deverá escrever extenso ensaio sobre a obra do escritor brasileiro, a ser publicado logo a início do próximo ano. Assim, Amado, que é o escritor brasileiro mais vendido naquele país, terá uma análise especificamente literária, por alguém que lê português, viveu no Brasil e conhece a obra do escritor.

■ *Bibliografia comentada de Carlos Drummond de Andrade (1918-1939)*, de Fernando Py, José Olympio, 1980, Rio, é de consulta imprescindível para pesquisas como esta. Na parte primeira, "Índice cronológico", há seis verbetes, os 155, 276, 277, 281, 317 e 322, que mencionam a Bulgária:

276. OUTRA HISTÓRIA
A.
Crônica (*D. de Minas*, BH, 24-3-1928)
A propósito de declarações prestadas aos jornais pelo ex-rei (deposto) Fernando, da Bulgária, o qual, tendo sido famoso por sua crueldade, confessou achar monstruoso o hábito de caçar borboletas e passarinhos. No final da crônica, "A" transcreve versos "futuristas" de um poeta amigo: trata-se do poema ANEDOTA BÚLGARA.
V. o verbete seguinte e a segunda parte deste trabalho.

277. ANEDOTA BÚLGARA
Poema (*D. de Minas*, BH, 24-3-1928)
Repr.: *Rev. de Antropofagia*, SP, n. 8, dezembro 1928 (sob o título de ANEDOTA DA BULGÁRIA); *A*, BH, Pindorama, 1930, p. 111; *Estado de Minas*, BH, 27-6-1933; *P*, Rio, J. Olympio, 1942, p. 63; *PA*, Rio, J. Olympio, 1948, p. 32; *D. Carioca*, Rio, 24-12-1950; *F*, Rio, J. Olympio, 1955, p. 57; *PO*, Rio, J. Olympio, 1959, p. 27; *OC*, Rio, Aguilar, 1964, p. 71, e ed. seg. (1967); *R*, Rio, J. Olympio, 1969, p. 21, e eds. segs.; *PP*, Rio, Aguilar, 1973, p. 71, e ed. seg. (1977); *Rev. de Antropofagia* (ed. fac-similar), SP, Metal Leve, 1976.
Vers.: *Intercâmbio*, Rio, n. 1/2, 1953, p. 42 (vers. alemã de Tomás, sob o título de EINE BULGARISCE ANEKDOTE; publ. bilíngüe, repr. in *Intercâmbio*, n. 10/12, 1962); *Galleria*, Salvatore Sciasia Editore, Roma, ano XI, n. 3, maio/junho 1961 (vers. italiana de Anton Angelo Chiocchio sob o título de ANNEDOTTO BULGARO); *MR*, Tucson, University of Arizona Press, 1965, p. 23 (vers. inglesa de John Nist sob o título de BULGARIAN ANECDOTE; ed. bilíngüe); *AA*, B. Aires, Calicanto, 1978, p. 23 (vers.

espanhola de Estela dos Santos, com o título de ANÉCDOTA BÚLGARA; ed. bilíngüe). Mús.: Ernst Widmer. "Anedota búlgara". Canção para voz grave. O poema refere-se às declarações do ex-rei Fernando da Bulgária (v. nota ao verbete anterior e à segunda parte deste trabalho). No *Estado de Minas* o título vem grafado "Búrgara" (*sic*). Não conhecemos a composição de Ernst Widmer, dela tendo notícia apenas na bibliografia apensa ao volume *Poesia completa e prosa*, da Aguilar. Quanto à identidade de Tomás, v. o verbete 152. *Amaramargo y otros poemas* é uma edição preparada por Santiago Kovadloff e Estela dos Santos.

O verbete 152 revela que Tomás é também Hilde Kowsmann. A esses valiosos dados dever-se-ia acrescentar as três publicações em Sófia da "Anedota búlgara", já mencionadas anteriormente por mim. E para descodificar as letras que marcam os títulos das edições, é preciso ter em conta as seguintes equivalências:

A = *Alguma poesia*
P = *Poesias*
PA = *Poesia até agora*
F = *Fazendeiro do ar e poesia até agora*
PO = *Poemas*
OC = *Obras completas*
R = *Reunião*
PP = *Poesia completa e prosa*

Conclusão: "Anedota búlgara" saiu no Brasil, conforme *Bibliografia comentada*, ou seja, até 1980, em três jornais, uma revista e oito livros, descontando reedições, da revista e dos livros. Sempre de acordo com o exaustivo Fernando Py, a pequena peça até aquele ano foi vertida a quatro línguas: alemão, italiano, inglês, espanhol. O que permite dizer que, mesmo sem estar entre as mais populares poesias de Drummond, "Anedota búlgara" goza de ampla circulação.

Os quatro verbetes restantes (155, 281, 317, 322), dedicados respectivamente a "Sentimental", "Poesia", "Também já fui brasileiro" e "Poema que aconteceu", têm uma mesma indicação que nos interessa, pois os poemas apareceram juntos em búlgaro: "[...] *Savremennik* (*Contemporâneo*), Sófia (?), 1974 (?) – versão búlgara de Atanas Daltchev e Alexandar Muratov)". Sim, o número da revista é de 1974, o primeiro do ano. Esses quatro poemas, mais "Anedota búlgara", figuram na antologia búlgara *Sentimento do mundo,* o que deve caber numa nova edição da *Bibliografia,* de igual modo que "Infância", "No meio do caminho" e "O sobrevivente", também recolhidos no mesmo livro. Os dois últimos títulos encontramos ainda na *Poesia latinoamericana,* 1968, Sófia. O "Índice onomástico geral" da *Bibliografia* contém outras duas referências búlgaras, na letra D ("Daltchev, Atanas – v. 155, 281, 317, 322") e na letra M ("Muratov, A. – v. 155, 281, 317, 322"). No "Índice geral de títulos" estão mais seis referências:

"*Anécdota búlgara*" – v. 277
"Anedota búlgara" – v. 154, 276-277; pseud. 4; ed. 9
"Anedota da Bulgária" – v. 277
"*Annedotto bulgaro*" – v. 277
"Outra história" – v. 276; pseud. 4
"*Savremennik*" – v. 155, 281, 317, 322

■ Em 1980 a Editora Nauka i Izkustvo (Ciência e Arte) publicou *Poetas espanhóis e latino-americanos,* de Alexandar Muratov. O autor reuniu trabalhos que já tinham saído como prólogos, posfácios, artigos e entre eles vemos o prefácio que conhecemos em *Sentimento do mundo.* A única diferença vê-se no título, em que dessa vez aparece o ano de nascimento: "Carlos Drummond de Andrade, 1902". Com isso, mais búlgaros tiveram acesso a um comentário sobre a obra do itabirano.

Em "Margens aproximadas", já estampado na revista *Septêmvri*, número 2 de 1963, lê-se: "No ano passado o jornal *Literaturen Front* inseriu os poemas 'Convite para a poesia brasileira', de Ribeiro Couto, e 'Aurora', de Carlos Drummond de Andrade, traduzidos provavelmente de francês".
O segundo texto indica 1967 como ano de sua primeira saída e o título diz "Nota sobre Manuel Bandeira". Começa assim:

A poesia brasileira de hoje é talvez a mais interessante na América Latina, tanto pelos seus feitos como pela sua aspiração constante ao novo e ao contemporâneo. Ela tem grandes nomes: Manuel Bandeira, Carlos Drummond de Andrade, Cecília Meireles, Vinicius de Moraes e Joaquim Cardozo.

Lamentavelmente, não me foi possível estabelecer onde foi publicada inicialmente a nota. Muratov fala só de Bandeira e isto me faz supor que ela acompanhou poemas do pernambucano.

O terceiro leva por título "Anedota Búlgara" e repete tintim por tintim "Carlos Drummond de Andrade" de que tratamos a respeito no número 6 de 1973 da revista *Plamak*, porém acrescenta o seguinte, que entra após o primeiro parágrafo:

Nós, que eu saiba, tínhamos relações diplomáticas com ele (o Brasil) já em 1922. Elas foram interrompidas várias vezes, a última durante a Segunda Guerra Mundial, e restabelecidas apenas em 1961. Independentemente disso, no passado bastantes búlgaros visitaram-no: uns, embevecidos por generosas promessas e esperanças, procuraram felicidade e sorte, outros cumpriram obrigações de serviço, terceiros foram assistir a algum congresso. Agora, além dos funcionários diplomáticos, seguem visitando-o comerciantes e deportistas, pois é a terra do famigerado futebolista Pelé, de quem todo mundo sabe, mas pouquíssimos sabem que é a pátria também de Carlos Drummond de Andrade (um dos maiores poetas da atualidade); visitam-no ainda, com menos freqüência, cineastas e participantes de congressos de escritores.

Sobrevoando de volta o oceano, eles trazem apenas a mala cheia de rótulos de hotéis onde ficaram hospedados ou, no máximo, de presente, alguma gravata multicolorida. E aqueles a que foi dado permanecer lá por mais tempo ficam cientes dos preços de qualquer coisa menos do preço, por exemplo, de um livro de poesia ou uma coletânea de contos. E só. De outro modo não posso explicar-me por que certos fatos literários nos chegam com um atraso de várias décadas. E mais ainda quando nossa história é vista pelos olhos dum grande artista da palavra.

Sem a menor hesitação, sem nenhuma restrição, para Muratov Drummond é um dos maiores poetas da nossa época.

■ Em 1981 a Civilização Brasileira editou meus *Poemas no Brasil*, em convênio com o Instituto Nacional do Livro (INL). É o número 45 da Coleção Poesia Hoje. Os 63 trabalhos vêm precedidos por uma "Notícia biográfica de Rumen Stoyanov" e pelo prólogo "O pastor poeta", de Antonio Hohlfeldt; nas orelhas está a nota de Moacyr Félix "Simples como a vida". Há três referências a Drummond. Na "Notícia", falando de meu trabalho em prol da divulgação literária brasileira, lê-se:

> Desde 1969 vem lançando, em livros, revistas e jornais búlgaros, contos e poemas de autores brasileiros, entre os quais Machado de Assis, Graciliano Ramos, Guimarães Rosa, Herberto Sales, José J. Veiga, Rubem Fonseca, Sérgio Sant'Anna, Carlos Drummond de Andrade, Manuel Bandeira, Cecília Meireles, Jorge de Lima e muitos outros.

Hohlfeldt diz:

> Ao debruçar-se sobre si mesmo, e porque o poeta reconhece na vida a antecedência à poesia, a poesia de Rumen Stoyanov termina por revelar a própria vida, num processo muito pouco explorado entre nós, como se verifica, por exemplo, apenas em algum poeta maior, como Carlos Drummond de Andrade.

E ainda:

Não me surpreende, pois, que esta identificação se encontre plenamente manifestada nos versos de Rumen Stoyanov, que ainda hoje, na contínua correspondência que mantém com seus amigos brasileiros, nas traduções que continuamente produz de escritores do Brasil (de J. J. Veiga, Murilo Rubião ou Wander Piroli a Drummond, Bandeira, Lima Barreto, Machado de Assis e Moacyr Scliar), para os leitores de seu país, está a recriar nossa terra e nosso idioma.

■ Russe é o principal porto búlgaro à margem do Danúbio. Aquela cidade fluvial, que na época romana levava o nome de Sexanta Prista, também faz parte da presença drummondiana na Bulgária, mesmo com apenas um título. São quatro poetas latino-americanos: Drummond, Jorge Carrera Andrade (Equador), Miguel Barnet (Cuba), Rubén Vela (Argentina), respectivamente com "Passagem da noite", "Hombre planetario", "Fe de erratas" e "Modos de luchar", traduzidos por Rumen Stoyanov, que saíram no *Svetlostrui*, suplemento literário do jornal *Dunavska Pravda* (*Verdade Danubiana*), no dia 22/9/1981. *Svetlostrui*, palavra linda e rara, de difícil, se não impossível equivalência em português (*corrente de luz*, para tentar uma aproximação), foi um famoso jornal literário que entre 1928 e 1941 mereceu lugar de destaque na vida cultural do país; depois ele renasceu, mas já sem a mesma importância.

■ A revista *Literatura, Arte e Cultura* (*LIK*), no seu número 51, de 18/12/1981, registrou algo único no tema Drummond e a Bulgária: entrevista com ele. Fora tomada por Arnaldo Saraiva e em Sófia reproduziu-se do *Jornal de Letras* de Lisboa. O título é "Carlos Drummond de Andrade ante o espelho da vida". Acompanham-na uma nota sobre o poeta, assinada com *LIK*, e uma foto dele, a primeira que se estampou lá. A revista, semanal, editada pela BTA, a Agência Nacional de Notícias, contava com uma tiragem fora do comum, mesmo elitista era muito lida e desempenhou entre os búlgaros um papel importantíssimo como informação multifacetada sobre a cultura no mundo. Assim a palavra de Drummond chegou a dezenas de milhares de leitores.

Sem título, a nota é a seguinte:

O caminho criativo de um dos representantes mais luzidos da poesia brasileira da atualidade, Carlos Drummond de Andrade, é uma prova da função de toda poesia autêntica como uma continuação, uma correção da vida real. Nascido em 1902 em Itabira, província de Minas Gerais, gradua-se em farmácia, à qual nunca voltará... Drummond desde cedo encara os defeitos da sociedade em que vive e que deixará sua impressão na lírica variada dele. A ternura, a melancolia, a verdade impiedosa sobre as fraquezas humanas e o reconhecimento das próprias, a alienação, os sofrimentos da consciência, a dureza do dia-a-dia, todo esse amálgama de temas o poeta transmite com uma linguagem poética *sui generis*, às vezes seca e como que sem sangue, às vezes cortante e penetrante, mas sempre exata, forte e com um fundo filosófico. Alguns dos temas mencionados ele realizará num plano satírico, ou com ironia e humor, mas nem por um instante trairá o ritmo do tempo inquieto de que é testemunha. Apesar do apego a certos temas, sua obra é regida pelo signo da mudança. Dá para ver isso também pela sua aspiração "de refazer" muitas das peças. Numa delas ele, por exemplo, dirá que tem o coração enorme como o mundo, para contatar, passados apenas dez anos, com amargura: "Não, meu coração não é maior que o mundo. É muito menor. Nele não cabem nem as minhas dores". Uma das constantes na sua poesia é o aproveitamento direto das vivências, sentimentos, episódios pessoais, pelo visto momentos-chaves no processo de sua formação como poeta e personalidade. Vê-se já na sua primeira coletânea, *Alguma poesia*, no *Brejo das almas*, no *Sentimento do mundo*, no *José*. Uma de suas coletâneas mais fortes, *A rosa do povo*, na qual o poeta considera com uma agudeza particular os temas candentes do dia-a-dia brasileiro, prova que Carlos Drummond de Andrade é daqueles poetas que tomam a pena só quando têm o que nos dizer e sabem como dizê-lo. Isso é válido para toda a produção dele. O poeta não teme as palavras mais agudas e não costumeiras, os achados originais, sempre muito exatos; isso pode ser observado também no fato de que expressões e frases inteiras de textos seus passam para a linguagem coloquial, o que por sua vez mostra o sentido excepcional de contemporaneidade dele, de contato com a gente. Inseparável da vida, do trato com o dia-a-dia, a poesia de Carlos Drummond de Andrade dos últimos anos está marcada por sua preferência de considerar o viver mediante cores emocionalmente densas, matizadas por amarguras que sentiu na sua vida longa, enriquecida com a experiência adquirida.

Em certo sentido Carlos Drummond de Andrade é uma personificação do Brasil contemporâneo, pois pega os temas, as imagens de sua poesia diretamente da vida. O traço mais característico de sua imagem de poeta é o profundo sentido de contemporaneidade, mas também de futuridade, o que dá a sua criação uma ressonância universal, mesmo que o contexto seja puramente brasileiro. Sua poesia é uma fusão entre palavra e conteúdo, feita de carne e osso.

■ O Instituto de Literatura da Academia de Ciências Búlgara lançou um *Dicionário da literatura búlgara*, em três volumes, pela Editora da mesma Academia. No último, de 1982, no verbete "Savremennik", há uma referência a Drummond, na página 423. Comentando a revista homônima, o crítico Svetlozar Igov menciona Drummond entre os mais importantes estrangeiros já publicados nela.

■ O diário *Correio do Povo*, de Porto Alegre, publicou a nota "Piroli na Bulgária" no dia 11/3/1983. Pelo nível que atingiu e vem mantendo, a literatura brasileira há muito merece popularidade bem mais ampla mundo afora. Partindo dessa colocação sou de opinião que o incremento do interesse no exterior pelas letras do Brasil exige maior informação da recepção lá de seus escritores, e tenho feito numerosas notas a respeito. Um texto assim é o do referido título, mandei-o a Antonio Hohlfeldt e apareceu com poucos retoques e sem meu nome. O leitor brasileiro tem tão poucas oportunidades de saber o que sai na Bulgária das letras da pátria de Machado de Assis (a culpa é antes dos búlgaros, que dispõem dos dados e não os remetem aos brasileiros) que me permito reproduzir a nota. Não acho despiciendo nenhum testemunho do interesse e da simpatia do meu país pela vida literária brasileira.

Piroli na Bulgária

Em fins de 1982 a editora búlgara Otetchestvo ofereceu ao público duas obras do brasileiro Wander Piroli: *O menino e o pinto do menino* e *Os rios morrem de sede*.

A editora Otetchestvo é especializada, sobretudo, em literatura para crianças e adolescentes, tanto de autores búlgaros, como estrangeiros. As suas edições (algumas atingem uma tiragem de 250 000 para um país de menos de 9 000 000 de habitantes) desempenham papel importante na formação dos jovens. Os títulos publicados pela Otetchestvo são muito bem acolhidos, inclusive em outros países. Em 1980, a editora publicou um livro de contos latino-americanos — *O rei da montanha*, em que o Brasil participou com duas obras.

As obras de Wander Piroli foram traduzidas por Neli Nechkova e apareceram num livro intitulado *Os rios morrem de sede*. Piroli já era conhecido do público búlgaro pelo seu conto "Você acredita em Deus?" e por um pequeno artigo sobre sua obra, publicado há anos, em *LIK* — revista de literatura, arte e cultura. Prepara-se agora a publicação de mais um conto seu, "Seja o que Deus quiser", a ser incluído na coletânea anual mundial do conto satírico e humorístico, *Riso e dor*, que prepara a editora búlgara Danov, fundada em 1855.

Aliás, Neli Nechkova já tem traduzido obras de outros mestres do conto brasileiro, como Lima Barreto, Sérgio Sant'Anna, Moacyr Scliar e Victor Giudice. *Os rios morrem de sede* e *O menino e o pinto do menino* são os primeiros livros infantis brasileiros traduzidos para o búlgaro. Além dos nomes acima citados, na Bulgária estão traduzidos Machado de Assis, Graciliano Ramos, Jorge Amado, Herberto Helder, Murilo Rubião, Guimarães Rosa, José J. Veiga, Sérgio Faraco, Rubem Fonseca. Do leitor búlgaro são conhecidos os poemas de Carlos Drummond de Andrade, Manuel Bandeira, Jorge de Lima, Cecília Meireles, Vinicius de Moraes, Lêdo Ivo e Anderson Braga Horta. Guilherme de Figueiredo é o mais conhecido dramaturgo latino-americano. Três de suas peças, *A raposa e as uvas*, *Don Juan* e *Sócrates*, encenaram-se várias vezes. A primeira delas foi publicada em livro da Coleção Teatro pela editora, de Sófia, Narodna Kultura.

■ Agora chega a vez do elemento mexicano no tema Drummond e a Bulgária, provavelmente o mais surpreendente de todos os que integram o livro. Quando o poeta morreu eu estava na terra dos astecas, onde ensinei búlgaro durante cinco anos (1983-1988) na Universidade Nacional Autônoma do México. Naturalmente, a notícia do fim dele apareceu na mídia e assim tomei conhecimento do triste acontecimento. Resolvi escrever algo para homenagear, lamentavelmente em termos póstumos, o escritor. Na imprensa mexicana eu colaborava com mais freqüência na revista *Plural*. Fundada por Octavio Paz, o futuro e mais que merecido Prêmio Nobel, naquela altura ela representava um importantíssimo foco da vida literária e cultural mexicana e era lida em toda a hispanidade (incluindo as Filipinas e os Estados Unidos, aonde iam muitos exemplares) e fora dela. Como estou falando de coisas brasileiras, gostaria de entrar numa digressão e deixar constância de algo que, se eu o omitir em nome da modéstia, ninguém o dirá e as relações entre o Brasil, o México e a Bulgária no campo literário perderão um fato único.

A *Plural* promovia anualmente um concurso para conto, poesia, ensaio, teatro, em espanhol. Sugeri a Lazslo Moussong, narrador e crítico de artes plásticas, segundo no comando da revista, que o concurso se podia fazer, em aras da integração latino-americana, também em português. Ele gostou da idéia e levou-a à direção, onde foi discutida e aceita. Assim o concurso literário da *Plural* começou a admitir também trabalhos em português. Lazslo, que logo concordara com meus argumentos, perguntou-me quem comporia o júri. Pois, por incrível que pareça, naquela cidade, que agora tem 30 milhões de habitantes, era um problema conseguir pessoas que conhecessem suficientemente português e pudessem funcionar como júri dum concurso internacional. Mais ainda porque todos os gêneros competiam juntos e era preciso entender ao mesmo tempo de poesia, conto, ensaio. Por isso durante os dois primeiros anos, 1985 e 1986, fui membro do júri que lia e julgava as obras enviadas do Brasil. Na primeira ocasião, demos o prêmio ao brasiliense José Maria Leitão, a quem comuniquei o fato pelo telefone. Depois traduzi o conto dele ao castelhano e foi publicado na *Plural*. Desse modo, o México, o Brasil e a Bulgária uniram-se num caso único de fraternidade literária. Sinto satisfação ao pensar que um búlgaro foi coadjuvante num esforço de aproximação entre as letras do Brasil e do México.

Mantendo contatos tão estreitos com o pessoal da *Plural*, foi fácil admitirem minha proposta de escrever algo sobre Drummond por motivo de sua morte. Assim apareceu, na Cidade do México, em 1987, no número 192 daquela revista, uma nota minha, intitulada "Drummond, com 'D' de Dignidade Maiúscula", que ofereço na íntegra. O texto, para não esgotar com ele a homenagem, foi acompanhado de vários poemas do falecido, tradução de Rodolfo Alonso. Mas o realmente importante é que versos de Drummond e uma homenagem a ele foram lidos por milhares de pessoas em todos os continentes.

Drummond, com "D" de Dignidad Mayúscula

Entre lo mucho que nos dejó Carlos Drummond de Andrade, a mí, no menos que su obra, me importa su ejemplo de estar comprometido. En una época en la que los grandes igual que los no suficientemente grandes escritores tienen tal acceso a premios, títulos, congresos, festivales, homenajes, becas, fundaciones, condecoraciones, televisiones, prebendas, honores, viajes pagados, recitales, mesas redondas o casi, publicidad, festejos, etcétera, etcétera, cosa que pocos decenios atrás hubiera parecido una locura, Drummond supo cumplir con su deber de humano, brasileño, latinoamericano y poeta manteniéndose lejos de todo ello. No escribía entre las masas, pero ellas leían sus palabras sobrias; en sus crónicas, redactadas dentro de un gabinete lleno de libros, vivía el carioca común y corriente con sus fracasos y esperanzas comunes y corrientes; no cultivaba el noble arte de las amistades con varones de Estado, pero ellos estuvieron callados en su sepelio; no iba por el mundo, no iba ni siquiera por su Brasil, pero se las había arreglado de tal manera que el mundo y su Brasil iban a él, entraban en su modesto apartamento, para buscar su pluma, digo, su corazón. En una época de conscientes o inconscientes estrellatos poéticos, Drummond evitó entrevistas, resistió a las irresistibles tentaciones televisivas y el pueblo no veía en la pantalla al poeta en vivo, pero sabía que aquel hombre alto, pensativo y, sobre todo, digno, estaba con él, igual que uno no ve el aire pero siente que está junto a uno. No fue lo que llaman un bardo o un tribuno, pero la gente multicolor del Brasil cantó las tristezas y alegrías de sus versos hechos sambas. No tuvo momentos de dignidad, sino que ella fue su constante a lo largo y a lo ancho de casi ochenta y cinco años de existencia.

No quiero decir que el camino de Drummond fue el mejor; sí digo que fue el del Itabirano y que lo recorrió con honestidad, sin ostentación, inmune a la baratería del populismo y a la carestía del elitismo y arribó a la muerte límpido como pocos intelectuales.

Quizá el mayor reconocimiento a él sería que algún día la teoría literaria — y sobre todo la práctica — se enriqueciera con el término "dignidad drummondiana".

"Había una piedra en medio del camino", reza el famoso verso de Drummond. La piedra ya no está, nos queda su magna huella para indicarnos, siempre, uno de los caminos poéticos más altos para transitar en Latinoamérica.

■ Margarito Cuéllar (1956), poeta e tradutor de versos brasileiros, admirador de Drummond, sabedor de que estive em contato

Drummond e a Bulgária

com o autor de *Boitempo*, insistiu que escrevesse algo sobre ele. Fiz "Desagravio a Carlos Drummond de Andrade", Margarito generosamente o publicou em *Momento*, revista de letras (o número é de agosto de 1988), na cidade de Monterrey, ao norte, perto da fronteira com os Estados Unidos. Desse jeito, duas edições periódicas mexicanas registraram a morte de Drummond graças a um búlgaro. Acho que tenho fundamento para colocar os dois fatos no presente livro, pois seu título é *Drummond e a Bulgária*, e o autor dos dois textos é búlgaro, o que para mim lhes assegura mais do que suficiente cabimento nas presentes páginas. *Plural* tinha penetração no Brasil, mas não sei se isso bastaria para que o texto que publiquei em suas páginas entrasse na bibliografia sobre Drummond. Quanto a *Momento*, duvido que isso tivesse acontecido e imagino que o "Desagravio" é completamente ignorado como parte da bibliografia drummondiana. Inclino-me a crer que ele não é acessível no Brasil e não há de contar para os interessados e os estudiosos nos vínculos literários entre os dois países latino-americanos.

■ Três anos mais tarde, em 1991, temos mais uma prova mexicana de respeito pela obra do poeta itabirano. Margarito Cuéllar voltou a publicar "Desagravio a Carlos Drummond de Andrade", dessa vez na revista *Ofício*, número 14, também em Monterrey, com o que esse curioso "desvio" do tema Drummond e a Bulgária acaba, mas não antes de se tornar múltiplo.

Desagravio a Carlos Drummond de Andrade

Un dicho búlgaro reza: a los cuervos ciegos Dios les hace los nidos. Aplicado a mi caso, esto significa que por no ser coleccionador de conocimientos con celebridades, el destino me concedió la oportunidad de tratar a más de una, incluyendo a Carlos Drummond de Andrade.

En marzo del 72 llegué al Brasil, donde iba a vivir tres años y medio. Llevaba un ejemplar de la antología Mar siempre habrá *que reunía poetas del mundo entero, entre ellos Drummond, presentes con trabajos sobre el mar, de los siglos XIX y XX. Yo sabía que los autores,* seleccionados en tales ediciones colectivas, muchas veces ni se enteraban de ello y suponía que lo mismo sucedería con el único brasileño en aquel voluminoso libro búlgaro.

En 1972, yo era en el Brasil más que un don nadie: mis "méritos" hacia la cultura del gigante sudamericano se agotaban con la traducción y el posfacio de la novela Vidas secas (Graciliano Ramos), de manera que, al pisar el sensual suelo del Río de Janeiro, contaba para mi futura estancia con un portugués antes brasileño que portugués o africano y, sobre todo, con demasiada curiosidad y entusiasmo ante aquella inmensidad misteriosa.

Naturalmente, no procuré a Drummond para entregarle el tomo. Ni siquiera intenté conseguir su domicilio para asegurarme de que lo recibiría, me sugirieron que lo enviara al Jornal do Brasil, donde Drummond redactaba su columna de crónicas. Ahí le mandé el libro con unas líneas explicativas. Y aconteció lo poco probable y muy deseado por mí: me llegó una carta del poeta, en que agradecía el ejemplar y se sorprendía de que alguien se hubiera dado el trabajo de traducir versos suyos al búlgaro.

Así comenzó una correspondencia que, a lo largo de doce años, me trajo al menos veinte cartas de Drummond. Estas cartas, desde luego, que hay que publicarlas, en orden cronológico y acompañadas de un comentario, pero mientras esto suceda, hablaré aquí de otra cosa, digamos algo como un recuerdo prematuro sobre el gran poeta. Sí prematuro, pues Drummond fue para mí uno de aquellos seres por quienes creemos que la fuerza del afecto que les tenemos los conserva a salvo de la muerte. Pese a sus casi ochenta y cinco años, su deceso me tomó de sorpresa y me dejó un remordimiento que espero poder quitarme de encima a través del exorcismo de la palabra impresa.

Empecé a escribir poemas cuando trabajaba en el Brasil. Lógicamente, empecé en búlgaro. No estaba nada seguro si aquellos ejercicios (debidos en parte a la lejanía de Bulgaria, la soledad y el impacto de todo lo que percebía del "país tropical") valían la pena o era preferible despilfarrar mi tiempo con lo que ya podía, mal que bien, hacer: traducciones, textos sobre las letras de expresión española y portuguesa, o, mejor aún, entregarme al irresistible Brasil, en último caso a *las brasileñas. Necesitaba que alguien leyera mis poemas y me salvara de las dudas. Era difícil topar en aquellas latitudes con algún búlgaroparlante y versado en poesía. Creo que ahora la situación debe de andar al revés: lo difícil sería topar con algún versado en poesía y búlgaroparlante. Como es sabido, el tiempo apremia, más todavía cuando a uno (entiéndase yo) le ha dado por iniciarse en el arte de la versificación teniendo más de treinta años. Y cuando, para el colmo de las confusiones, hay que elegir entre los poemetos y las brasileñas. Con el propósito de salir de aquella terrible dicotomía, decidí en vez de verter al portugués mis titubeos poetiformes, escribirlos directamente en el idioma de Camões, así alguien podría leerlos y yo entendería más claro si optara por ellos o por ellas. Con el* Pequeño diccionario brasileño de la lengua portuguesa *a mano, la empresa no se me figuraba imposible. Más tarde me di cuenta que si uno tiene sensibilidad y voluntad para poesía, no necesita poseer un dominio exhaustivo de tal o cual léxico: un poema se construye con un puñado de palavras comunes y corrientes; que si uno tiene algo que decir en poesía, lo conseguirá incluso en un idioma que no es el suyo de nacimiento, aunque con pérdidas inevitables. Se me ocurrió (me había establecido en Brasilia y aquella ciudad de doce años reforzó mi soledad y me empujó hacia la poesía) mandar a Drummond algo de lo que más digno me parecía de mi incipiente producción. Nunca sabré por qué Drummond me escribió tantas veces. Las razones más aceptables serían que quizá él pertenecía a una especie humana en vías de extinción que considera que las cartas hay que contestarlas, que no responderlas es como taparse los oídos ante quien te está platicando; quizá a causa de su proverbial timidez necesitaba comunicarse mediante las misivas; quizá sentía algún placer en el vínculo epistolar; quizá se divertía un poco; quizá su educación lo obligaba a cumplir hasta con los que como yo se le dirigían por tal o cual motivo; quizá experimentaba alguna curiosidad hacia un ser tan raro en el Brasil como lo era un búlgaro; quizá porque yo le mandaba los recortes de las notas que publicaba sobre las apariciones de títulos suyos en Bulgaria. Quizá.*

Estas conjeturas aparentan bastante validez y lo más probable es que formasen un conjunto de causas. Pero con todo, un Drummond escribiendo cartas, disculpándose por su atraso (y varias manuscritas o con dibujitos de su puño y letra, a diferentes colores) a un búlgaro que además andaba por la edad de un virtual nieto suyo? Esto no lo comprendía, no lo comprendo, para mí la única explicación sería que aquello pasaba en el Brasil, perdóneseme el pleonasmo, en un país surrealista. Y me conformo con los hechos: el cartero me daba los sobres, yo los abría y hallaba buenas palabras acerca de mis modestos poemas, que no dejara de escribirlos, etc. Qué mejor estímulo para un extranjero y sus tanteos en la lengua, dominada magistralmente por Drummond? El resultado final de esta actitud de benevolencia drummondiana le costó caro a su país: habiendo regresado yo a Bulgaria, el Instituto Nacional del Libro recomendó y apoyó la publicación de mis Poemas no Brasil, *lo cual, realizado por la editora* Civilización Brasileira, *ecológicamente calculando, provocó el sacrificio de quién sabe cuántos árboles, sin contar los que ya habían sido asesinados para que vieran la luz en revistas, suplementos, periódicos.*

No sé si yo hubiera continuado escribiendo poesía, no sólo en portugués y más tarde en búlgaro y español, sin aquellas generosas cartas de Drummond. Sé que la única vez que lo vi me mostré, sin percatarme en el momento, ingrato y quiero narrarlo.

Desde Brasilia fui al carnaval de Río. Se sobreentiende que lo que vi recompensó con creces los 1 200 quilómetros del viaje por carretera, el calor letalmente húmedo y el agotamiento en la capital mundial de la locura. Encontré el teléfono de Drummond en la guía telefónica del hotel y marqué el número. Dije que estaba en Río y me gustaría visitarlo. La respuesta fue que sí y me indicó la hora, no recuerdo exactamente si al día siguiente, pero espero que tras tanto mete y saca papeles en caja (cosa que es de las particularmente agradables para quien muda frecuentemente de domicilio y país) los apuntes con que reconstruí la conversación estén aún en Sofía, aguardando su ocasión. Sin aquellas notas no quiero reproducir en detalles el encuentro, para no incurrir en errores que después rectificar. Drummond vestía una camisa de mangas cortas, era más alto de lo que suponía, serio y todo en él emanaba dos aspectos que ya conocía de sus cartas: lo pulcro y lo juvenil, esto último sin embargo bien distinto de lo que predominaba entre los brasileños de la época. Estábamos en plena moda melenuda y en medio de los cariocas ella había adquirido proporciones impresionantes, soltándoles los cabellos a muchísimos intelectuales, inclusive a los algo calvos y acentuando lo bohemio, sin dejar inmune a la gente de edad. Lo de Drummond era un aire juvenil sobrio.

Impulsado por el patriótico deseo de presentar algo de mi entrañable y casi inaccesible en el Brasil poesía búlgara, a partir de una pregunta de Drummond, me puse a contarle acerca del genial poeta Botev, quien cayó a los 28 años en combate contra los opresores turcos, a la cabeza de una guerrilla. Su obra, que consta de unos veinte poemas, es lo más alto que ha conquistado nuestra poesía durante los mil cien años de existencia escrita. Drummond me escuchaba atento, pero en algún momento de mi pequeña arenga en pro de la poesía apegada a la realidad, nacional y social, del poeta como uno más de la gente humilde, capaz de dar hasta su vida, se paró y antes de que aquel hombre cortés pronunciara cualquier sonido, yo entendí: la visita había terminado. No me fui enseguida, pero me quedó la sospecha de que Drummond había interpretado — y no le faltaría razón, pensando en mi vehemencia, por la cual lo que menos me imaginaba era que pudiera despertar un efecto indeseable — lo dicho por mí como una torpe alusión a la actitud de los poetas brasileños bajo la dictadura militar.

No busqué otra entrevista con Drummond, tan amargado me sentí, pese a que no había puesto ni la menor intención. Como si fuera poco lo que era su magna obra y su ejemplar comportamiento cívico, él dedicó de su cada vez más corto tiempo para alentarme a perseverar en la poesía, había publicado en el Jornal do Brasil mi primer texto escrito en portugués, un artículo sobre las relaciones literarias entre Bulgaria y el Brasil. Pese a aquel torpe elogio de mi poesía natal, las cartas de Drummond venían como antes a Brasilia, después a Sofía e la última, a México, lo que me hace pensar que o bien mi culpa habría sido menos grave, o, creo, él era un hombre excesivamente magnánimo conmigo. Qué otra cosa podría pensar cuando, ya en mi tierra, leí estupefacto lo que él había puesto en su crónica semanal "Bulgaria le quitó al Brasil Rumen Stoyanov"?

Ya en su ocaso físico, Drummond dijo que por no tener religión no pediría a Dios que le prolongara la vida, que aceptaba su término definitivo. Había hecho tanto por la literatura brasileña que podía darse el lujo de prescindir de la inmortalidad de su alma.

■ Outra vez Margarito Cuéllar participa do levantamento do objeto deste livro. Uma carta sua, datada de "Santa Catarina, Nuevo León, abril 4 de 1988" e dirigida a mim, trata principalmente de Drummond. Em ordem rigorosamente cronológica, ela devia ir um pouco antes, mas prefiro pô-la aqui, como, digamos, um apoio logístico à publicação anterior:

Sobre el poema "Por Drummond de Andrade" la explicacón es sencilla. El poema, o la idea inicial del poema fue primero tu nota y tus versiones de Plural. *Cuando aparece la nota todavía corregía el texto. Es tan poca la gente — que yo conozco — que simpatiza con los poetas de lengua portuguesa que me dio un gusto inmenso tu nota y tus traducciones. Yo también le debo mucho a Drummond de Andrade y a Manuel Bandeira, así como a Eugenio de Andrade. Con la corrección y la lectura de tu nota surgió la dedicatoria. Una primera versión del poema apareció en* Sábado *de Unomásuno.*

Siguiendo con Drummond de Andrade, por estos días me fui a la Capilla Alfonsina y me encontré con dos libros: Alguma poesia *y* Brejo das almas, *dedicados a Alfonso Reyes con fecha de junio de 1934. Ni tardo ni perezoso me puse a tratar de llevarlos al español, apoyado en mi pasión por el poeta, por la poesía, y en un pequeño curso de portugués que tomé hace tiempo, que me permite, de perdido, mal leer algo en ese idioma, casi nada pronunciarlo y de vez en cuando traicionarlo — por usar un término de José Emilio Pacheco relacionado con la traducción. [...] La nota sobre Drummond me interesa más que nunca. Tengo la firme intención de dedicarle un número monográfico en los próximos meses, ya sea en el suplemento* Reloj de Arena *o en* Memorial. *[...] Ahora sólo me resta esperar tu original y tu nota sobre Drummond de Andrade. Te envío una copia de mi versión de "Anécdota búlgara", del poeta de Minas y una copia en portugés. Por supuesto se trata nada más que de una versión para mí, dado que no confío mucho en la calidad de la versión al español.*

Numa página à parte está ainda:

Carlos Drummond de Andrade

"Anécdota búlgara"

*Era una vez un zar naturalista
que cazaba hombres.
Cuando le dijeron que también se cazan mariposas y golondrinas,
él quedó muy espantado
y hecho una barbaridad.*

"Anedota búlgara"

*Era uma vez um czar naturalista
que caçava homens.
Quando lhe disseram que também se caçam borboletas e andorinhas,
ele ficou muito espantado
e achou uma barbaridade.*

(Incluído em *Alguma poesia*, Edições Pindorama, Belo Horizonte, 1930.)

Um poema intitulado "Por Drummond de Andrade" havia de atrair minha atenção e pedi ao autor algo sobre o surgimento da peça. Assim ficou possível, graças à carta de Cuéllar, saber várias coisas que não considero inútil sublinhar. A mais importante é que um poeta mexicano, cuja obra já lhe valeu numerosos prêmios, deve muito a Drummond (e a Bandeira), por quem sente tanta admiração que fala em paixão, e que pretende dedicar-lhe um número monográfico. Os dois exemplares que Drummond autografou para Alfonso Reyes, figura de destaque na literatura e na cultura do México do século XX, evidenciam que naquele remoto 1934 o modernista brasileiro procurava contato com mexicanos, que era lido cedo lá, etc. Essa pista cabe em pesquisas de tipo Drummond e o México, Drummond na América Hispânica. Já à guisa de explicações preciso dizer que a minha nota sobre Drummond que Margarito esperava é "Desagravio a Carlos Drummond de Andrade". E que meu amigo se equivoca, as versões em *Plural* são de outra pessoa. O contexto da carta mostra que houve outra(s) em que o mexicano e eu tratamos de Drummond, mas não a(s) tenho no Brasil. Porém o caso evidencia pela enésima vez que o tema Drummond e a Bulgária é bem mais amplo do que o presente livro está em condições de provar. Não quero ser hipócrita e omitir que sinto uma pequena satisfação pelo fato de ter um búlgaro provocado, mesmo involuntariamente, a aparição de um poema mexicano dedicado a Drummond.

■ Em 12/4/2002 chegou-me, via internet, a seguinte mensagem:

Rumen:
Me da gusto saber de ti, con gusto te envío lo solicitado. Por lo pronto el poema de Drummond y la ficha técnica:
Libros en que aparece:
Tambores para empezar la fiesta, Universidad Nacional Autónoma de México, colección El Ala del Tigre, México, 1992.
Luego apareció en: Árbol de lluvia, antología personal, 1983-1993, Consejo Nacional para la Cultura y las Artes, México, 1994.
Revisaré mi archivo para ver las otras referencias. Un abrazo:
M. Cuéllar

Por Drummond

Para Rumen Stoyanov

Sin religión, sin hijos,
sin aire para el vuelo de tu pulmón
bajaste al desnivel que te ofreció la muerte.
Nunca imploraste: "Dios

> *prolonga la flama de mi vela"*
> *En Río te despidieron*
> *profundo y transparente*
> *como el río en que tus versos*
> *remaron al amparo del sol.*
> *En México supimos de tu marcha*
> *por una nota escueta*
>   *viejo cansado*
> *ahora tu poesía no indica otro camino*
>   *que el disparo*
>   *no al aire*
>   *no a la piel*
> *más lejos, al tren de la memoria.*
> *Cuando el ruidal se una a las rocas*
> *de la montaña*
> *no estarán en el mapa nuestros nombres*
> *pero los venideros, a distancia dirán:*
> *"ésa es la rosa que ayer encendió Carlos".*

A peça de Cuéllar suscita, ao menos para mim, a pergunta: quando alguém se dará o trabalho de reunir numa coletânea as poesias dedicadas a Drummond? Material há de sobra. O poema do mexicano já foi publicado em um suplemento e dois livros.

■ De 1988 data o tomo *Poesia e prosa*, Editora Nova Aguilar, Rio de Janeiro, organizado pelo próprio Drummond. No Apêndice, mais exatamente na sua parte "I. — Obras do autor, C. Em outras línguas", página 1947, temos:

> 1977. *Iybeto ba cbeta*. Tradução búlgara de Alexandar Muratov e Atanas Daltchev. Sófia, Narodna Kultura.

Dito de passagem, há de ser corrigido *Iybeto ba cbeta*, porque não significa em búlgaro nada, nem é uma transcrição, nem uma transliteração, senão uma tentativa nada bem-sucedida de copiar com caracteres latinos signos cirílicos. O título búlgaro em letras portuguesas equivale a *Tchuvstvo za Sveta*.

■ Na cronologia búlgara de Drummond, 1989 deixa um fruto raro: o único texto seu em prosa. O jornal *Utchitelsko Delo* (*Causa dos Professores*) publicou no dia 1º de junho "Educação do ser poético", tradução de Rumen Stoyanov. Isso permite afirmar que em búlgaro o itabirano é conhecido quase exclusivamente como poeta. A que se deve tal omissão de sua vasta produção em prosa? Ao desconhecimento, como parte da falta geral de livros brasileiros na Bulgária. Lamentavelmente, ao longo dos quarenta anos de presença drummondiana na Bulgária a situação não mudou, o livro brasileiro lá continua sendo algo extremamente exótico, por não dizer inexistente. Isso não justifica minha culpa pessoal, pois quando preparava uma antologia do conto fantástico latino-americano e pedi ajuda a Drummond, ele me enviou, autografadas, os *Contos de aprendiz* e nunca traduzi nada deles. Estava tão atarefado com os hispano-americanos que, por causa da demanda por parte de editoras, revistas e jornais, deixava, confesso, os brasileiros para mais tarde. E naquele mais tarde precisava cada vez mais de tempo para meus próprios textos...

■ No desejo de publicar as cartas de Drummond, pois sempre opinei que o destino delas é serem incorporadas a seu patrimônio epistolar e que é meu dever fazê-lo possível, dirigi nesse sentido uma carta (que não posso reproduzir agora), de Sófia, à nossa Embaixada em Brasília pedindo que entrassem em contato com os herdeiros do poeta. Seu neto, Pedro Augusto Graña Drummond, respondeu à Embaixada o seguinte:

Rio de Janeiro, 11 de abril de 1989.

Embaixada da República Popular da Bulgária

Prezados Senhores:

Em resposta a vossa carta do dia 22 de março do presente, venho através desta manifestar o interesse de minha família sobre a matéria que o Senhor Rumen Stoyanov preparou a respeito de sua correspondência com meu avô Carlos Drummond de Andrade.

Portanto, ficaríamos muito gratos de poder receber o material referido para nosso estudo e para divulgá-lo entre jornais e revistas que possam publicá-lo.

Como representante de minha família quero deixar patente minha gratidão por vossa atenção e estima, esperando poder corresponder estas gentilezas contribuindo na difusão do trabalho do Senhor Rumen Stoyanov.

Sem outro particular, peço aceitem meus cordiais cumprimentos.

Atenciosamente,

Pedro Augusto Graña Drummond

■ A revista búlgara, trimestral, *Obzor* (*Panorama*), publicada em espanhol, francês, inglês e russo, era destinada à difusão das letras e das artes da Bulgária entre estrangeiros. No seu número 87/1989 da versão castelhana saiu "Inicio de una presencia" (p. 88-92), um trabalho de Rumen Stoyanov sobre a poesia de Atanas Daltchev no Brasil. Nele há várias referências ao magno poeta brasileiro que precisam ser lidas no contexto, razão pela qual me permito citá-lo na íntegra. Faço-o também porque assim se pode ter uma idéia mais clara de que os contatos literários entre os dois países, mesmo longe de serem satisfatórios, são mais intensos do que imagina quem os ignora.

■ O mesmo texto apareceu igualmente, dessa vez em búlgaro, dois anos mais tarde, em 1991, na revista *Literaturna Míssal* (*Pensamento Literário*), número 7. É uma edição do Instituto de Literatura junto à Academia de Ciências Búlgara e dedica-se exclusivamente a questões teórico-críticas.

Inicio de una presencia

En marzo de 1972 comencé a trabajar en la Embajada de Bulgaria en Brasil. Cuatro meses después, la sede de la misión diplomática fue trasladada desde la bulliciosa y despreocupada Río a la aburrida capital Brasilia, ciudad de tierra adentro. Esta ciudad artificialmente creada, morada de empleados y personal de los servicios, contaba con tres periódicos difundidos también en otros Estados vecinos del país. Dos de ellos presentaron a sus lectores la obra del poeta búlgaro Atanas Dalchev (1904-1978) hasta entonces desconocida en Brasil.

Pero remontémonos en el tiempo. En 1965, en Río de Janeiro la editorial Leitura ofreció al público la edición de Veinte poesías *de Vaptsarov, traducida del francés por Wania Filizola. Lamentablemente, a raíz del golpe de estado de derecha que había sido perpetrado meses atrás, la prensa no informó sobre el lanzamiento del libro, por lo menos las investigaciones que realicé al respecto tanto en Brasil como en Bulgaria, fueron infructuosas. Ignoro asimismo si otro poeta búlgaro además de Vaptsarov (1909-1942) haya sido traducido allá. Eso me mueve a pensar que Dalchev fuera quizá el segundo búlgaro cuyos versos vieron la luz en Brasil.*

Llevado por el deseo de presentar la poesía búlgara en Brasil me he detenido en Dalchev no sólo por la extraordinaria calidad de sus versos y por mis propias preferencias, sino porque, dadas las circunstancias, eran muy idóneos. Traduje primero "Novela". Pese a la indudable calidad de la obra, quería estar seguro que no pasaría desapercibida — cosa que exigía una previa comprobación — y enseñé mi traducción a varios poetas jóvenes. Mencionaré a dos de ellos, pues así podría completarse la idea de cómo la poesía de Dalchev fue acogida en Brasil. Se trata de Hermenegildo Bastos y Marco Antonio Guimarães. Como muchos poetas jóvenes de este país, Hermenegildo escribía sus versos bajo la sensible influencia de tendencias lingüísticas modernas, convencido de que sus logros abrían caminos nuevos y fructíferos en la poesía. Denominaba sus versos medio en serio, medio en broma "epistemológicos". Me gustaba escucharlo tocar la guitarra, prefería conversar con él sobre la literatura brasileña en lugar de reflexionar sobre la epistemología poética. "Novela" le impactó. Me preguntó sobre el autor y al enterarse de la época en que había sido escrita se quedó perplejo por las semejanzas existentes entre la objetividad de la poética de Dalchev y el modernismo, la corriente más importante de la poesía brasileña del siglo XX. Esta corriente surgida en 1922 y que dio sus mejores frutos en la poesía nada tiene que ver con lo que en Bulgaria denominamos con el mismo nombre. Dicho en términos generales, el modernismo brasileño se contrapone a los conceptos románticos y simbolistas bregando — y no sin éxito — por una estética nacional, terrenal y moderna, una estética de lo cotidiano y de la renovación a través de una expresión directa, exacta, desnuda, despojada de abstraciones, de premeditadas brumas o arteficios. Como tal, el modernismo brasileño se asemeja asombrosamente a la objetividad búlgara tanto en el tiempo como en lo que atañe a sus cometidos y alcances. Dalchev se hubiera sentido contento de saber que su objetividad tenía paralelos en el modernismo brasileño a cuyo representante — Carlos Drummond de Andrade — apreciaba mucho y cuyos versos había traducido en colaboración con Alexandar Muratov. Hermenegildo Bastos habló de "Novela" a Marco Antonio Guimarães. A éste le gustó tanto que la grabó en el casetófono y, como era compositor, le puso música.

Mientras tanto resultó que el periódico Diario de Brasilia había aceptado publicar versos búlgaros pero siempre y cuando fueran de diferentes autores. Tuve que modificar mis planes iniciales. Hice más traducciones. El 3 de mayo de 1973 el rotativo dedicó toda una página a la poesía búlgara. De este modo conmemoraba — y eso ocurría por primera vez en el Brasil — el día de Cirilo y Metodio, los creadores del alfabeto eslavo (denominado también cirílico), aunque no hacía alusión a las efemérides. Entre los materiales publicados se insertaba un artículo mío titulado "La poesía búlgara de hoy", harto reducido por la redactora Carli Batista que, gracias a ella pudo aparecer, así como once poesías, notas biográficas de los autores y tres ilustraciones. Entre los materiales gráficos ofrecidos la Redacción seleccionó las reproducciones de dos cubiertas (Antología de la poesía búlgara, tomo II y Lo mejor de

Alexandar Guerov), y una foto de Blaga Dimitrova. Los autores eran: Alexandar Guerov ("Fuerza", "Educación", "Silogismo"), Veselin Janchev ("Poeta"), Blaga Dinmitrova ("Fuente", "Ser mujer"), Bozhidar Bozhilov ("Verdad"), Dimitar Dublev ("Campesino") y Atanas Dalchev ("Novela", "Arroyo", "Lluvia"). La nota dedicada a este último decía: "Para muchos críticos Atanas Dalchev es el mayor poeta vivo de Bulgaria. Tiene cinco libros de versos (el primero apareció en 1926 cuando tenía 22 años) y uno de ensayos literarios. Terminó la carrera de filosofía y pedagogía en Sofia; ha vivido en Francia e Italia. En París hace algunos años fue publicada una colección de versos suyos. Realiza una importante labor de traducción tanto de prosa como de poesía y tiene méritos para la divulgación de la poesía brasileña en Bulgaria. En colaboración con otro poeta ha traducido las obras de Manuel Bandeira, Cecilia Meireles, Carlos Drummond de Andrade, Vinicius de Moraes, entre otros. De los versos que publicamos en esta plana le pertenecen "Lluvia" y "Arroyo". En realidad, los versos de Dalchev publicados en dicha ocasión fueron tres y no dos.

Otro periódico capitalino, el ambicioso Jornal de Brasilia, *también conmemoró el Día de la Cultura Búlgara. En su suplemento dominical* Cultura *del 27 de mayo de 1973 dedicó tres páginas de gran formato. Encabezaba la primera página una breve nota titulada "Bulgaria en una hora festiva" en que se hacía referencia a la obra de los dos grandes próceres eslavos. La nota había sido improvisada por mí a última hora dictándola a un redactor del periódico para no desaprovechar la oportunidad que se presentaba. El redactor la escribió a máquina, le echó un vistazo y la mandó a la imprenta. Con excepción de estas líneas, todo lo demás fue de Dalchev. A grandes titulares aparecía "Versos de Atanas Dalchev, traducidos del búlgaro por Rumen Stoyanov: 'Novela', 'Lluvia', 'Casa', 'Cuarto'." La página fue ilustrada con algunos dibujos. La nota, en la cual como se suele hacer en América Latina, se da mayor importancia al nombre que al apellido, decía: "Atanas es vertido por primera vez al portugués; Dalchev (1904), considerado por diferentes conocedores de la poesía búlgara como su mayor representante vivo, ha editado su primer libro aún en 1926. Es autor de la colección de ensayos* Fragmentos *publicada en 1968. En su quehacer de traductor de prosa y poesía de varios idiomas, Dalchev ha vertido al búlgaro — junto con otro traductor — versos de Manuel Bandeira, Carlos Drummond de Andrade, Cecilia Meireles y Vinicius de Moraes." Como se puede ver, la nota es igual a la anterior, sólo que los redactores cada uno a su manera, le han dado distintos toques. De los cuatro títulos que acabamos de mencionar, dos se repiten por su publicación en* Diario de Brasilia. *La "culpa" la tuvo el entonces joven poeta y periodista Valdimir Dinis, quien hizo posible la salida de estas páginas búlgaras. Le había advertido que otro periódico acababa de publicar versos de Dalchev. Pero las poesías le habían gustado tanto que en su calidad de hombre que desempeñaba un alto cargo en* Jornal de Brasilia, *insistió en que la repetición carecía de importancia. Y yo, como era lógico, consentí. Las dos páginas restantes contenían los artículos "El hombre, el país: redescubiertos" (sobre nuestra herencia tracia) y "Bajo la tierra: el secreto de un pueblo" (sobre la arqueología búlgara y los tesoros tracios, especialmente el de Panaguiriste), así como cinco fotos.*

El 17 de noviembre de 1973 Caderno de Sábado *(suplemento de literatura y crítica del periódico* Correio do Povo *de Porto Alegre, capital del Estado Río Grande do Sul) dedicó una página a la poesía de Dalchev. Fueron publicadas cinco obras suyas: "Novela", "Arroyo", "Juventud", "Casa" y "Cuarto". La nota que las acompaña fue la misma que la anterior pero ampliada. A continuación consigno lo nuevo: "Como muchos de nuestros poetas más destacados — el genial Botev, muerto en 1876 a los 28 años, adalid de un destacamento que luchó por la liberación nacional, vate que dejara una veintena de poesías todavía insuperables; el tierno Dimcho Debelianov o Nicola Vaptsarov, fusilado por los fascistas en 1942 y que posteriormente fuera traducido a más de sesenta idiomas — Dalchev mereció su lugar en el desarrollo de la poesía búlgara con un reducido número de obras [...] Es la presentación más amplia de su poesía traducida al portugués que se haya hecho hasta ahora [...] Carlos Drummond de Andrade fue uno de los primeros lectores de Dalchev en portugués y, refiriéndose a esas traducciones, declaró: "son un buen servicio prestado a todos nosotros, los descubridores del gran poeta Dalchev".*

Así durante seis meses Dalchev fue presentado tres veces al público lector brasileño con cinco obras publicadas doce veces. Hacia finales de 1975 la editorial Montaña en Sao Paulo lanzó la antología Observatorio de Liubomir Levchev. *La recopilación, la traducción y la nota introductoria fueron mías.*

Quizá en ninguna otra parte, sea en la prensa, o en colecciones, en portugués o en español, Atanas Dalchev haya sido presentado con tantos títulos como en el suplemento Caderno de Sábado. *Del hecho de que es la más amplia presentación de Dalchev en esos idiomas testimonia el final de este escrito, donde cito algunas líneas de una carta que Dalchev me envió.*

Además de haber sido presentado como poeta, se le dio a conocer también como traductor, sobre todo, como es lógico, de escritores brasileños. Sus méritos de dar a conocer en Bulgaria la poesía brasileña fueron destacados no sólo en las tres notas que acompañaban sus obras publicadas, sino también en otras publicaciones mías. La oportunidad me la ofrecieron los versos de Carlos Drummond de Andrade en traducciones de Muratov y Dalchev aparecidos en las revistas literarias búlgaras Plamak *y* Septiembre.

Empecemos por "Brasil y Bulgaria: vínculos literarios", un artículo que firmé con el seudónimo Borislav Boyanov. Este, al igual que los demás artículos a que hice referencia, fue escrito en portugués y salió en el rotativo Jornal do Brasil *el 21 de agosto de 1972 gracias a Carlos Drummond de Andrade a quien desde la ciudad de Brasilia se lo envié a Río de Janeiro. Andrade tenía a su cargo una sección permanente en el periódico. En lo que concierne a Dalchev el citado artículo señala: "Más modesta por el momento es la presencia de la poesía. Cabe destacar la antología* Poesía latinoamericana *de 1968, recopilada y traducida por Atanas Dalchev y Alexandar Muratov (autor del prefacio) donde la poesía brasileña se halla representada con mayor amplitud. Los autores de la antología han seleccionado treinta poesías siendo las más numerosas las de Manuel Bandeira. Las demás pertenecen a Carlos Drummond de Andrade, Cecilia Meireles, Mario de Andrade, Murilo*

Mendes, Joaquim Cardoso, Vinicius de Moraes y Ferreira Goulart [...] El año pasado la editorial de la ciudad de Varna publicó la antología Y siempre habrá mar. Atanas Dalchev y Alexandar Muratov, que desde hace muchos años traducen juntos obras de las lenguas romances, han reunido casi ciento cincuenta poetas de los siglos XIX y XX desde los Países Bajos e Inglaterra hasta el Japón y la India. Brasil se encuentra presente a través de Manuel Bandeira ("Marinero triste") y Carlos Drummond de Andrade ("Privilegio del mar"). La poesía en portugués tiene también dos representantes peninsulares: Fernando Pessoa y Manuel da Fonseca [...] El mayor poeta vivo de Bulgaria — Atanas Dalchev — traduce también los versos de sus hermanos brasileños."

En mi voluminosa relación epistolar con intelectuales brasileños en más de una ocasión se hace referencia a Dalchev. Aduciré a continuación algunos fragmentos que recogen interesantes opinines sobre la resonancia que su poesía ha tenido entre los círculos literarios de este país. Aún no he hecho pública mi correspondencia con Carlos Drummond de Andrade pero debo anticipar que es de particular interés para la historia de la literatura brasileña. A lo largo de veinte años, he recibido decenas de cartas de Drummond, de su puño y letra, o escritas a máquina. Las examinaremos aquí a partir de las referencias que hacen a la obra de nuestro gran poeta. Las cartas de Drummond han sido remitidas de Río de Janeiro, por eso en adelante no mencionaré el lugar de procedencia.

15 de junio de 1972:

"Usted me ha dado una agradable sorpresa con su bella carta y el libro adjunto. Yo ignoraba que en Bulgaria existiera una persona a quien se le hubiese ocurrido traducir mis versos. Por lo que veo las traducciones son varias y en su persona podemos contar con un amigo abnegado de la literatura brasileña.

Me siento sumamente agradecido por la atención que me ha dispensado al regalarme un ejemplar de la antología del mar de Atanas Dalchev y Alexander Muratov. Lamentablemente no conozco su idioma natal y me veo privado de la posibilidad de apreciar su contenido, pero ello no merma el valor del libro para mí puesto que sus autores han decidido reflejar en parte la poesía brasileña.

He anotado los datos acerca de otra antología de los mismos autores: la de poesía latinoamericana y espero con natural interés la publicación de lo que usted está preparando para dar a conocer a nuestros poetas en su país."

Estas líneas son la respuesta a mi primera carta dirigida a Drummond, junto con la cual le había enviado un ejemplar de Y siempre habrá mar *de Dalchev y Muratov, comunicándole que su obra está representada también en la antología* Poesía latinoamericana *de los mismos tradutores. A ella se refiere Drummond al precisar que ha anotado los datos.*

21 de agosto de 1972:
"Adjunto a esta carta el recorte con tu artículo publicado hoy, en Jornal do Brasil. *Creo que suscitará el interés de los lectores que están tan poco informados del hálito de simpatía que Brasil y sus letras han despertado ya en Bulgaria.*

Me gusta mucho el penetrante poema de Atanas Dalchev que me hiciste llegar con tu carta: da una buena idea sobre la fuerza del autor que expresa de una manera sencilla e inolvidable un estado existencial dramático."

El artículo es el mencionado "Brasil y Bulgaria: vínculos literarios" que Drummond insertó en Jornal do Brasil *y el poema es "Novela", primer contacto de este poeta brasileño con la obra de Dalchev.*

8 de julio de 1973:
"He aquí tu hermosa carta de junio. Estoy contento de verte no sólo incluido en la prensa literaria brasileña prestando además un buen servicio a todos nosotros: el descubrimiento del gran poeta Dalchev. Me gustaron tus traducciones en el suplemento de Jornal do Brasil.

Sigue divulgando la poesía de tu país sin dejar de hacer lo mismo en lo que respecta a lo que tú escribes en Brasilia."

Drummond se refiere a las traducciones de los versos de Dalchev en el suplemento del 27 de mayo de 1973.

En 1974 regresé a Bulgaria para pasar mis vacaciones. Visité a Dalchev y le sugerí que enviara a Drummond la edición francesa de sus versos que yo me encargaría de hacérsela llegar. Lo visité por segunda vez para recoger el libro que, al pie de una dedicatoria en francés firmó en mi presencia. Desde Brasilia se lo envié por correo a Río de Janeiro. Drummond, igual que muchos intelectuales que se formaron en los años anteriores a la Segunda Guerra Mundial, sabía el francés. He aquí el acuso de recibo de la edición francesa de los versos de Dalchev.

20 de octubre de 1974:
"Contesto con la habitual (e imperdonable) demora a tu hermosa carta de agosto. Venía acompañada del libro de poesías de Atanas Dalchev en francés, con una dedicatoria del autor gracias a tu amable intervención. Su poesía me gusta muchísimo y le escribiré para agradecerle y enviarle un ejemplar de mi libro Las impurezas de lo blanco."

Tal vez atareado por otros quehaceres, Drummond, lamentablemente, no le escribió a Dalchev. Sin embargo, el libro que llevé al Brasil fue un motivo más para que Drummond dejara constancia de la alta apreciación que daba a la obra de Dalchev. Las impurezas de lo blanco era en aquella fecha el libro más reciente de Drummond.

Un día, ya desde Sofía, escribí a Drummond comunicándole la muerte de Dalchev. En respuesta recebí las siguientes líneas — un testimonio más del reconocimiento del poeta brasileño hacia su colega y traductor búlgaro.

24 de marzo de 1978:
"Qué dolor, la muerte de Dalchev, con quien me sentía vinculado por la benévola simpatía que él demostraba hacia mis versos y de quien recibí con una generosa dedicatoria la antología de sus poemas al

francés prologada por Donchev. Lo poco que he leído de él en este libro me entusiasmó por la sencillez de los recursos expresivos y la pureza del lenguaje que confieren a su poesía una infinita precisión y algo más belo todavía: una honda sensibilidad humana. "Encuentro en la estación" *es una obra memorable. Cuando el poeta dice que prefiere la luz que llega de una ventana al brillo de todas las estrellas, de los espacios eternos, porque "en esta pequeña y pecaminosa tierra" se siente en su propia casa percibimos en él un camarada de destino, un hermano que vive la misma aventura. Sentí la muerte de Dalchev como la muerte de un amigo."

Yo no sólo publicaba traducciones de los versos de Dalchev sino que además las enviaba con mis cartas a varios escritores brasileños, lo cual se puede apreciar en mi correspondencia con Drummond. Henriqueta Lisboa, que la crítica sitúa con toda razón inmediatamente después de la mejor poetisa brasileña de todos los tiempos, Cecilia Meireles, compartió en una carta del 30 de diciembre de 1972 (Belo Horizonte): "Le agradezco mucho la carta, su artículo sobre los vínculos literarios búlgaro-brasileños y la poesía 'Novela'. Este mensaje — tan distinto — fue para mí una grata sorpresa... Este intercambio intelectual me interesa de verdad. Me interesa también conocer los poetas de su país aunque en traducciones a otros idiomas, con su halo de misterio y desafío."

Otra vez "Novela" volvió a despertar interés por la literatura búlgara y ello en una poetisa del rango de Henriqueta Lisboa.

El 13 de diciembre de 1973, Jorge Amado, desde Salvador, su ciudad preferida, con quien también mantuve correspondencia, respondió: "Gracias por su carta de 13 [...] Entre otras cosas leí con el mismo interés también los versos de Dalchev traducidos por usted."

Armindo Trevisan, ya en aquella fecha un poeta consagrado, con varios libros editados en su país y en el extranjero, con varios premios en su haber, me escribió el 5 de septiembre de 1972 desde Porto Alegre. "Otra cosa más: la poesía de Atanas Dalchev es remarcable. Qué lástima que no conozco en mayor medida la obra de este poeta. Si puede, haga otras traducciones. La literatura búlgara — y la eslava en general — me atrae poderosamente. Por qué será? Por línea materna tengo algunas gotas de sangre eslava... Por lo menos así me lo han dicho.*

Bueno, broma aparte, deseo como muchos otros penetrar en la SENSIBILIDAD de su tierra, de su patria tan desconocida para nosotros y quizá poseedora de singular encanto. Pues, que llegue a nosotros la hermosa poesía búlgara!"

Antonio Hohlfeldt, también de Porto Alegre — escritor, periodista y crítico que se desempeña en la literatura, el cine, la música, las artes plásticas, a quien debemos las primeras jornadas del cine búlgaro en esta capital, así como la publicación de "Tenets" de Radichkov y una serie de artículos propios sobre la cultura búlgara además de una página dedicada a las obras de Dalchev entre muchas otras cosas en Caderno de Sábado, me escribió el 7 de noviembre de 1973 con motivo de las traducciones que le había enviado: *"Hace dos días, recibí los versos de Atanas traducidos por ti. Ya tengo preparado todo el material que saldrá en el próximo* Caderno, *dia 17, o enseguida. Te lo agradezco. No sé tu idioma pero en lo que respecta el portugués, los versos me gustaron [...] sobre todo [...] las interpretaciones que has dado a 'Juventud' y 'Cuarto' [...] Te felicito."*

Las tres presentaciones de Dalchev en aquellas ediciones tan lejanas para nosotros me trajeron cartas de él. Citaré sólo dos fragmentos de ellas que tienen que ver con el tema de este artículo.

"Estimado compañero Stoyanov,
Recibí los dos periódicos brasileños. Le agradezco de todo corazón sus traducciones y su deseo de darme a conocer al público brasileño. Si realmente mis versos gustan como usted lo dice, e incluso a un poeta tan grande como Andrade, sería indicado editar un pequeño libro de versos míos al portugués [...]"

2 de abril de 1974:
"La carta de usted me proporcionó una gran alegría y me sacó, aunque por poco tiempo, del estado de depresión en que me encuentro desde hace algún tiempo. Tres páginas de traducciones de mis poesías en los suplementos literarios de tres importantes periódicos brasileños! Quién y cuándo ha hecho tanto por mí! En todo caso, Ud. manifiesta una actitud que muy pocas veces he presenciado.

La opinión de Andrade acerca de mis versos es para mí un honor y un alto premio. Considero a Andrade como el poeta más importante no sólo de América Latina sino también de nuestra época. Nunca olvidaré la extraordinaria impresión que me produjo su poesía "Muerte en el avión" cuando la traducimos. Por favor, si se le presenta la ocasión transmítale mi fervorosa gratitud y mi admiración por su poesía."

Ahora, cuando Dalchev ya no está entre nosotros, estas palabras resuenan como un reproche por no haberme atrevido plasmar a tiempo la buena acogida que sus versos tuvieron en el Brasil, privándolo de este modo de hacerse una idea cabal sobre el reconocimiento que obtuvo con su obra en el otro extremo del mundo.

Como a *Obzor* era distribuída em dezenas de países, praticamente em todos onde havia embaixadas nossas, isso pressupõe que "Inicio de una presencia" chegou às mãos de pessoas em todos eles.

■ Com as reformas políticas a partir de 1989, algumas revistas literárias desapareceram e apareceram muitas outras. Uma das que resistiram é a *Panorama*. Tinha surgido como órgão da União dos Tradutores da Bulgária, servindo de tribuna não só para textos traduzidos, mas também atendendo à necessidade de dar chances a escritos sobre crítica e teoria da tradução. Em 1990, no seu número 4, ela acolheu quatro poemas de Drummond, nomeadamente "Episódio", "Consolo na praia", "Verbo ser" e "Retrato de família", traduzidos por Rumen Stoyanov. São dele também mais três poesias brasileiras: "O véu" (Henriqueta Lisboa), "Receita de mulher" e "Imitação de Rilke" (Vinicius de Moraes).

■ No ano seguinte, 1991, uma das revistas literárias recém-surgidas, *Sezôni* (*Estações*), no seu primeiro número homenageou Drummond com "O poeta escolhe seu túmulo", "Comunhão", tradução de Rumen Stoyanov, e "Não se mate", traduzido por Daltchev e Muratov, as três peças tendo por título comum "Rumen Stoyanov apresenta Carlos Drummond de Andrade".

■ *Az Buki* (*A Be*), semanário dirigido aos professores, no seu número 24, de 2 a 7 de setembro de 1991, tem uma nota, "Globo", assinada por Jacques Biteff, o pioneiro da tradução de poesia do português ao búlgaro. Além de traduzir versos do castelhano, do francês, do italiano, ele principalmente comenta livros escritos nos quatro idiomas. Na referida ocasião, Biteff falou, em separado, sobre Rimbaud e Drummond. O texto dedicado ao brasileiro tem por motivo sua antologia *Poésie*, da editora parisiense Galimard. Diz Biteff que o itabirano é "um dos maiores poetas contemporâneos da América Latina". Com o escrito vai uma foto de Drummond, a segunda publicada na Bulgária, a anterior está na revista *LIK*, número 51, de 18/12/1981, com a entrevista "Carlos Drummond de Andrade ante o espelho da vida", que ele concedeu a Arnaldo Saraiva.

■ *Moderen Sviat* (*Mundo Moderno*), jornal mensal de letras, arte e cultura, reproduziu no seu número 10 de outubro de 1992 "Educação do ser poético" (tradução de R. Stoyanov), o texto em prosa que fora publicado três anos antes no *Utchitelsko Delo*.

■ *Carlinhos querido* é um livro de Trudi Landau, que apareceu em 1992, editado pela Keila e Rosenfeld, São Paulo. Uma frase, à maneira de subtítulo, esclarece: "A amizade postal entre o poeta Carlos Drummond de Andrade e a escritora Trudi Landau". Porém as páginas são mais que isso, pois contêm igualmente numerosas conversas telefônicas entre os dois, anotadas pela autora com uma pontualidade que permite assomar-se, por meio de uma espécie de diário, a abundantes pormenores da vida e da obra dele. Nas páginas 52 e 53, registra-se um telefonema de Landau, de São Paulo, no dia 29/10/1979, quando Drummond "disse que conheceu no Rio um búlgaro que traduziu alguns poemas dele, Carlos, e lhe mostrou outros que fez. Carlos o incentivou e hoje ele é poeta. Só não tolera mediocridade". Esse búlgaro sou eu, naquela altura estava na minha pátria. Naturalmente, é uma satisfação saber que Drummond considerou o búlgaro que ele estimulou um poeta, mais ainda que o mestre dá o caso como uma prova de que não tolera mediocridade. Por uma coincidência curiosa, Drummond falou aquilo em 29 de outubro, o dia em que eu nasci. Pelo que me permito tomar suas palavras como um belo presente de aniversário.

■ De Luís Turiba saiu no *Jornal do Brasil*, em 27/3/1993, "Poéticas reinventadas", texto em que comenta o que vêm realizando dois diplomatas estrangeiros em prol das letras vernáculas, naquela altura ambos servindo em Brasília: a sul-coreana Dong Won Park e Rumen Stoyanov. A respeito deste o repórter escreveu:

> Outro exemplo de admiração pela literatura brasileira é o do búlgaro Rumen Stoyanov, conselheiro da Embaixada da Bulgária, considerado o principal tradutor da poesia brasileira para o alfabeto cirílico. Graças a ele, poemas e textos de Machado de Assis, Carlos Drummond de Andrade, Manuel Bandeira, Cecília Meireles, Vinicius de Moraes, Jorge de Lima e Chico Buarque de Holanda, com a letra de *Construção*, são conhecidos em países do Leste Europeu.
>
> "Devo muito a Drummond o conhecimento que tenho da poesia brasileira", diz Stoyanov. "Ele sempre me estimulou com suas cartas, opiniões e alguns pequenos poemas que me enviou." O amante búlgaro da poética brasileira selecionou 25 dessas cartas e poemas, de interesse literário, para publicar ainda este ano. Há 21 anos Rumen Stoyanov se dedica ao estudo da língua portuguesa, que começou a aprender na Universidade de Sófia depois que se formou em espanhol. Foi o primeiro professor de Literatura Brasileira na Bulgária, até vir servir no Brasil como adido cultural no início da década de 70. Em 1981, "entusiasmado e impactado com a realidade brasileira", escreveu o livro *Poemas no Brasil*, em português, publicado pela Civilização Brasileira.
>
> Para Stoyanov, o principal problema das traduções para o idioma búlgaro "é achar a equivalência das palavras", pois os dramas humanos são os mesmos em qualquer parte do planeta. O grau de dificuldade em transcrever o regionalismo do goiano Bernardo Élis

foi grande. A ventura mesmo ficou por conta do conto "A terceira margem do rio", de Guimarães Rosa. Quando perguntam se não pretende encarar *Grande sertão: veredas*, responde com boa dose de ironia. "Até pensei, mas desisti. Não quero passar o resto da minha vida caçando novas palavras."

Sintomaticamente, o nome do itabirano aparece ainda no subtítulo da reportagem, "Diplomatas da Coréia do Sul e da Bulgária traduzem textos de Guimarães e Drummond". A foto que ilustra a matéria mostra o búlgaro e traz "Stoyanov: desafio de pôr Drummond em cirílico".

■ Uma nota de Anderson Braga Horta apareceu na *Revista da Academia Brasiliense de Letras*, nº 13/1993 (p. 302). Como em tantas outras ocasiões, Drummond é um destaque bem merecido entre os brasileiros que já estão em búlgaro:

Da Bulgária, via México

Rumen Stoyanov, conselheiro da embaixada búlgara, volta a Brasília após aqui ter exercido, há mais de um lustro, as funções de adido cultural. Juntamente com a esposa, Nelly Nechkova, tem ele traduzido e divulgado em seu país a literatura brasileira (Graciliano Ramos, Carlos Drummond de Andrade, Guimarães Rosa, Jorge de Lima, entre muitos outros). Aqui, escreveu, diretamente em português, poemas de temática brasileira, brasiliense. Já ausente, a Civilização Brasileira, numa daquelas co-edições de saudosa memória com o INL, publica-lhe o livro *Poemas no Brasil*, que revela um poeta de altos méritos, telúrico, humaníssimo, senhor de um estilo e de uma singela nobreza de linguagem que lhe dão, de imediato, o direito de ingresso, com louvor, nas brasílicas letras. Parte do intervalo entre as duas estadas em nosso país passou Rumen no México, donde traz o opúsculo *Con los pies en la tierra* (Editorial Factor, 1992), cujos poemas, à exceção dos dois primeiros, são extraídos daquele livro, e em castelhano confirmam a qualidade da versão original.

■ Em 1994, a revista *Savremennik*, à qual já me referi, ofereceu um segundo encontro com Drummond, após aquele primeiro ocorrido há exatos vinte anos (1974), desta vez bem mais modesto: só "Como um presente", tradução de Rumen Stoyanov. Está em companhia digna do nível do mineiro: Manuel Bandeira, representado por "Arte de amar", "A morte absoluta", "A realidade e a imagem" e "Nova poética", sendo tradutora Yana Andreeva. Também a *Savremennik* se deve um dos poucos encontros búlgaros com o tão forte quão intraduzível Guimarães Rosa, pois nela saiu, entre esses dois anos, o excelente conto "A terceira margem do rio", na minha tradução.

■ Um texto de Severino Francisco foi publicado no *Jornal de Brasília*, em 2/5/1995:

Um aliado da literatura brasileira
No Brasil desde 1972, o adido cultural da Embaixada da Bulgária, Roman Stoyanov, traduz os brasileiros para a Europa

A imagem cultural do Brasil na Europa está reduzida à santíssima trindade: samba, bossa-nova e carnaval. Esta imagem não é falsa, mas é extremamente parcial. O Brasil possui uma literatura de primeira linha, que honraria a qualquer país do mundo. O autor dessas afirmações não é, como se poderia supor em uma primeira mirada, nenhum brasileiro ufanista. O poeta, crítico, ensaísta e tradutor, Roman Stoyanov, é um búlgaro, nascido em 1941, em Draganovo. Ele trabalha, atualmente, em Brasília, na Embaixada da Bulgária, e é um dos grandes aliados das literaturas hispânicas e brasileira na Europa. Já traduziu para o búlgaro, entre outros, Carlos Drummond de Andrade, Jorge de Lima, Manuel Bandeira, Machado de Assis, Guimarães Rosa, Cecília Meireles, Pablo Neruda, Jorge Luis Borges, Octavio Paz e Juan Rulfo.

Todo este empenho e dedicação às letras brasileiras não passou em brancas nuvens. O poeta Carlos Drummond de Andrade, por exemplo, dedicou uma das suas crônicas, publicadas no *Jornal do Brasil*, para manifestar seu apreço pelo trabalho de Stoyanov. O interesse e a paixão pela literatura brasileira surgiram há 30 anos, a partir de sua opção pelas letras hispânicas, na Universidade de Havana, Cuba, e resolveu fazer um curso de português com um professor brasileiro, de passagem pela ilha: "Basicamente me interessei porque me achei um ignorante em coisas brasileiras."

Diálogo – O que estava em jogo era algo mais do que uma excentricidade. A Bulgária firmou uma longa tradição de interesse pelo conhecimento e pelo diálogo com a cultura universal, que constitui uma de suas idiossincrasias. A Universidade de Sófia, o centro universitário mais importante, tem 15 mil estudantes e mantém 21 cursos de graduação em letras. Este dado é significativo se comparado com o de outras universidades: "Eu lecionei na Universidade do México, onde em um universo de 320 mil estudantes só havia 5 mil estudantes de letras", observa Stoyanov. "Este interesse é um desdobramento do interesse pelo mundo. A primeira tradução da Bulgária remonta ao ano 863, quando os irmãos Cirilo verteram a bíblia do grego para o búlgaro. Desde esta época nunca paramos de traduzir."

Quando Stoyanov passou a se interessar pela literatura brasileira, não existiam, na Bulgária, mais do que 20 obras de nossa literatura traduzidas, mais da metade de Jorge Amado. Sem desmerecer o valor do escritor baiano, ele quis mostrar que a literatura brasileira não era só Jorge Amado e traduziu *Vidas secas*, de Graciliano Ramos, alguns contos de Machado de Assis, "A terceira margem do rio", de Guimarães Rosa, e, principalmente, os poetas. (Drummond, Bandeira, Vinicius, Cecília Meireles, Jorge de Lima, Anderson Braga Horta, entre outros.) Na sua última passagem pela Bulgária deixou pronta para impressão uma coletânea de traduções dos poetas brasileiros, já publicada esparsamente em revistas: "O problema da tradução não é só eu gosto ou eu não gosto. Eu traduzi os poetas com os quais poderia trabalhar melhor. Tenho dificuldades em trabalhar com poesias rimadas, pois como poeta só escrevo na forma do verso livre".

Adido – Stoyanov aterrissou pela primeira vez no Brasil em 1972, para trabalhar como adido cultural da Embaixada da Bulgária, na época sediada no Rio de Janeiro. Lá estabeleceu os primeiros contatos com o poeta Carlos Drummond de Andrade. Stoyanov pretende divulgar 20 cartas inéditas de Drummond em um livro sobre as relações culturais entre Brasil e Bulgária, a ser publicado brevemente: "O samba e a bossa-nova são coisas estupendas", comenta Stoyanov. "Mas o fato de a literatura brasileira não ser conhecida como merece é uma perda não só para o Brasil, mas para todo o mundo. Porque a grande literatura é um patrimônio cultural da humanidade. O Brasil é uma grande potência literária no contexto do mundo."

E de onde vem a força da literatura brasileira? Segundo Stoyanov, esta vitalidade tem como fonte a síntese de experimentação da linguagem e forte telurismo, experimentação estética e preocupação com os destinos do homem comum. "É uma literatura que tem as suas raízes na terra, mas não permanece presa à terra. Ela tem também uma capacidade de vôo da imaginação. Eu diria que é uma literatura que tem raízes e asas para voar. Eu gosto de uma literatura onde você é capaz de identificar pela técnica e pela temática: este cara é brasileiro. E, neste sentido, a literatura brasileira é extraordinariamente rica."

Stoyanov aterrissou em Brasília, pela primeira vez, quando a cidade tinha 12 anos de existência, em 1972. Neste ínterim, ele viajou muito, mas se considera um búlgaro/brasiliense: "Eu nasci no campo e morar em Brasília é uma maneira de estar novamente no campo. É uma capital onde você ainda ouve pássaros e está envolvido por árvores e flores. Eu cheguei aqui com muitos manuscritos e muitos projetos. A cidade te permite tempo para o trabalho criador. Mas uma grande paixão não se explica. Não tem explicação por que você gosta de uma mulher e não gosta de outra. Eu amo Brasília."

■ *Solo para quinze vozes* foi um empreendimento que se tornou possível graças ao apoio da Biblioteca Nacional do Brasil. Assim, 1996 deixou mais um livro búlgaro com a participação de Drummond, desta vez mediante a Editora Angoboy. Como o título sugere, são 15 poetas brasileiros, do século XX: Manuel Bandeira, Jorge de Lima, Murilo Mendes, Cecília Meireles, Carlos Drummond de Andrade, Henriqueta Lisboa, Augusto Frederico Schmidt, Vinicius de Moraes, Odilo Costa Filho, Alphonsus de Guimaraens Filho, Lêdo Ivo, Ferreira Gullar, Anderson Braga Horta, Affonso Romano de Sant'Anna, Chico Buarque. Além da seleção e da tradução, são de Rumen Stoyanov a nota introdutória "Este livro" e as apresentações biobibliográficas acerca de cada autor. Dos 62 poemas, apenas quatro pertencem a Drummond. Bandeira, Meireles, Lisboa, Schmidt, Moraes, Costa, Sant'Anna figuram com mais títulos. A explicação é nada poética: o advogado que cuidava do patrimônio literário do mineiro me autorizou a incluir só três peças sem pagamento de direitos autorais. Nessa situação, pude fazer duas coisas: escolhi, entre outros, os textos mais extensos e, sem pedir permissão, acrescentei aos três mais um. Pensei que seria uma vergonha incluir de Drummond apenas três composições. Assim, infringindo a permissão, coloquei "Os ombros suportam o mundo", "Declaração em juízo", "Como um presente" e "Fuga". A nota (p. 89-90) diz:

CARLOS DRUMMOND DE ANDRADE. O único poeta brasileiro cuja efígie está impressa numa cédula de papel-moeda, o que indica seu excepcionalmente alto lugar (para muitos o mais alto) na poesia nacional. Para seu tradutor Daltchev ele é o maior poeta da América Latina; apreciava-o mais que a Neruda e Vallejo. Drummond e a Bulgária seria um trabalho bem interessante: dele é o poema "Anedota búlgara"; numa carta a mim, chamou Daltchev, a quem leu em francês, de "grande poeta"; a Drummond devo o achado do primeiro conto búlgaro publicado no Brasil ("Sociedade de temperança", de Aleko Konstantinov, 1915). Em doze anos recebi dele 25 cartas e vários livros com autógrafos.

N'*O Globo* saiu, em 21/3/1997, de sua enviada especial a Sófia, a nota
Búlgaro Trocou Cartas com Poeta Durante 12 Anos
Stoyanov foi incentivado a escrever

Rachel Bertol
Especial para *O Globo*

SÓFIA. Carlos Drummond de Andrade viveu um caso de amor com a Bulgária. Um caso de amor discreto, que começou em 1972 e terminou três anos antes de sua morte, em 1987. Ao longo de 12 anos, o poeta se correspondeu com o tradutor de português e professor da Universidade de Sófia Rumen Stoyanov, que foi para ele o embaixador das letras búlgaras. São cerca de 25 cartas, que o professor, de 56 anos, gostaria de um dia ver reunidas numa edição com o título "As cartas búlgaras de Drummond".

A correspondência começou quando Stoyanov trabalhava na embaixada da Bulgária no Brasil: ao todo, morou sete anos no país, de 72 a 75 e de 91 a 93. A primeira carta enviada a Drummond perguntava se ele tinha conhecimento da publicação de um de seus poemas numa antologia sobre o mar, editada poucos anos antes na Bulgária. Tratava-se de uma edição caprichada, reunindo poemas do mundo todo escritos nos séculos XIX e XX, e Drummond figurava como o único latino-americano. Surpreso com a notícia, o poeta respondeu e assim se iniciou a troca das cartas. A correspondência com o poeta foi para Stoyanov um divisor de águas:

– Devo muito a ele. Tinha dúvidas se deveria me dedicar seriamente à poesia. Foi Drummond quem me incentivou.

■ A revista *Leteratura*, para os búlgaros, acostumados com longevas edições periódicas de letras, é ainda jovem, data apenas de 1992. Mas apesar de sua mocidade já ganhou bom prestígio. *Leteratura* é a edição búlgara da cadeia internacional *Lettre Internationale*, cuja sede está em Paris. A versão búlgara publica quatro números anualmente. No 14, de 1997, apareceram quatro poemas de Drummond: "Episódio", "Comunhão", "Mestre" e "Declaração em juízo", traduzidos por Rumen Stoyanov, de quem é também a nota, sumamente curta: "Poeta e escritor brasileiro. Daltchev e Muratov traduziram uma coletânea dele sob o título de *Sentimento do mundo*". A brevidade da referência foi exigida pela praxe da revista, que evita, em tais casos, informações detalhadas sobre os autores.

■ Dênio Denev é um dos poetas búlgaros admiradores de Drummond. Testemunho disso se encontra na página 143 do seu livro de prosa *Sol, voda i salzi (Sal, água e lágrimas)*, Editora Zakhari Stoyanov, 1998: "O poeta brasileiro Carlos Drummond de Andrade fundiu numa fórmula perfeita o efeito milagroso da fé: 'Entrou pela porta da igreja, saiu pela porta dos sonhos'". O verso é de "Girassol", *Brejo das almas*.

■ Naquele mesmo ano, 1998, a *Revista da Academia Brasiliense de Letras*, número 15, publicou a nota "Um mexicano divulga o Brasil", de Rumen Stoyanov (p. 301-302). Seu pequeno tamanho permite ser reproduzida sem cortes. Com as outras duas já citadas, "Drummond, con 'D' de dignidad mayúscula" e "Desagravio a Carlos Drummond de Andrade", forma o que chamo de digressão mexicana da temática búlgaro-drummondiana.

Um mexicano divulga o Brasil

A literatura brasileira é imerecidamente pouco conhecida no mundo. Este lamentável fato contrasta com o nível indiscutivelmente alto que ela tem atingido e mantém há muito. A triste consolação é que as letras do Brasil não constituem exceção no mercado internacional, ao contrário, elas confirmam uma situação comum a dezenas e dezenas de literaturas nacionais, desprovidas das poderosas máquinas propagandísticas que conseguiram colocar poucas outras literaturas numa posição privilegiada. Mesmo na América Latina os escritores brasileiros estão longe de uma recepção satisfatória. No México, apesar da grande simpatia que existe naquele país pelo Brasil, o quadro não difere essencialmente do resto da comunidade hispânica. Um dos pouquíssimos mexicanos que vêm atuando em prol da poesia brasileira é Margarito Cuéllar, poeta, contista, jornalista, editor de revistas literárias, nascido em 1956. Autor de dez livros de poesia, seus poemas figuram também em numerosas antologias. Já ostenta uma dúzia de prêmios em concursos de poesia e conto. Não estou em condições de traçar um quadro completo do realizado por Cuéllar como divulgador de literatura brasileira. Uma única vez o vi, tinha ele uns trinta anos. Fora disso, o nosso relacionamento tem consistido num intercâmbio de cartas, poemas, traduções, livros. Limito-me, por isso, a uma das coisas que nos aproximaram, o seu trabalho sobre a obra de Drummond, na qual confluíram os nossos gostos. O jornal *El Porvenir*, que sai na cidade de Monterrey, publicou no dia 19/10/1988 o texto "Carlos Drummond de Andrade (1902-1987)", acompanhado do poema drummondiano "Política literária", traduzido também por Cuéllar. Naquele mesmo ano, em 12/9, outro jornal mexicano, *Punto*, da capital, homenageou Drummond com um pequeno texto, "Drummond de Andrade baixa aos infernos", e cinco poemas: "Política literária", "Política", "Poema do jornal", "Poesia" e "Segredo". A revista *Deslinde*, editada pela Faculdade de Filosofia e Letras da Universidade Nacional Autônoma de Nuevo León, incluiu no seu número de abril-setembro de 1990 os poemas "Política literária", "Política" e "Na superfície dos últimos acontecimentos". *Tambores para empezar la fiesta*, 1992, Unam, é uma das coletâneas de poesia de Margarito Cuéllar e lá figura "Por Carlos Drummond de Andrade", patenteando uma vez mais, agora em verso próprio, a admiração do poeta mexicano pelo autor de *A rosa do povo*. Em 1994 saiu *Árbol de lluvia*, em série de livros dos autores mais destacados nascidos no México dos cinqüenta, e essa antologia pessoal de Cuéllar traz novamente o poema a Drummond. Quando mencionei a Cuéllar ter conhecido Drummond, sugeriu-me que escrevesse sobre o encontro. Assim redigi "Desagravio a Carlos Drummond de Andrade", que o mexicano publicou na revista *Momento* e reproduziu em outra, ambas dirigidas por ele. Como o texto surgiu e foi publicado graças a Cuéllar, acho que com toda a razão deve ser considerado parte do labor que o meu incansável amigo mexicano vem realizando em favor da presença literária do Brasil no México.

■ A revista *Most* (*Ponte*) abrigou nas páginas 49-51 do seu número 2 de 1998 cinco poemas de Drummond. São, nesta ordem, "Desligamento", "Anoitecer", "A ilusão do imigrante", "Aparição amorosa" e "Fuga", na tradução de Rumen Stoyanov. A nota sobre o autor é a mesma de *Solo para quinze vozes*, com a única diferença que no final acrescentei "está incluído também na coletânea *Solo para quinze vozes* (tradução de Rumen Stoyanov, 1996)". Três peças procedem de *Farewell* ("Desligamento", "A ilusão do imigrante" e "Aparição amorosa"), o que significa que na Bulgária Drummond tem textos tanto do seu primeiro poemário, *Alguma poesia*, 1930, como do último, o póstumo *Farewell*, 1996. Evidencia-se que lá a apresentação do mineiro é um processo não só porque começou em 1962 e continua ainda, senão porque cobre toda a ampla trajetória editorial dele, 66 anos, nada menos. Outra coisa que chama a atenção é que apenas dois anos após *Farewell* os búlgaros já dispõem de uma amostra dele, algo difícil anteriormente, quando tudo era muito mais lento.

■ Em 1998, no Rio, saiu o *Inventário do arquivo Carlos Drummond de Andrade*, Edições Casa de Rui Barbosa. Nele há quatro referências ao relacionamento do poeta com a Bulgária. Em "Cronologia da vida e da obra" temos, na página 22:

1977
Publica *A visita, Discurso de primavera* e *Os dias lindos*.
Edição búlgara de *Sentimento do mundo* (antologia).

Em "Obras do autor", na página 31, parte do que vem com o subtítulo de "Em outras línguas", quer dizer, fora do português, está:

Búlgaro
Iybeto ba cveta. Tradução de Alexandar Muratov e Atanas Daltchev.
Sófia: Narodna Kultura, 1977.

De acordo com a estatística em "Obras do autor", Drummond tem livros em apenas nove idiomas: espanhol, inglês, francês, sueco, alemão, holandês, tcheco, búlgaro, latim. Esse fato levanta a pergunta: como é possível que uma poesia da excelência da do mineiro seja tão pouco divulgada fora do âmbito nacional? E também: por que uma dessas poucas línguas estrangeiras é a búlgara? Ambas merecem resposta, porém não aqui, e tentarei dá-la mais à frente.

Em "Correspondência pessoal", sob o número 822, páginas 21-217, temos:

HOHLFELDT, Antonio
 Cartas. CDA. (13). Porto Alegre e Montreal (Canadá), 7 nov. 1973 a 2 nov. 1983. 14 fls.
 Bom.
 Cp.
 Pedido de autógrafo. Referência a curso sobre a obra poética de CDA. Comentário a encontro com Valtensir Dutra. Agradecimento por remessa de livro. Interesse em publicar poemas de Rumen Stoyanov. Comentário sobre seu trabalho intelectual. Remessa de recorte sobre Itabira. Alusão a sua candidatura a vereador pelo PT.

No número 882, páginas 227 e 228, figura:

JUS AUTOR
 Cartas a. CDA. (2). Sófia (Bulgária), 5 abr. e 19 set. 1978. 4 fls.
 Bom.
 Cp.
 Comunicação de que, em relação à publicação de *Sentimento do mundo*, tiveram dificuldade em entrar em contato com CDA, por ignorarem seu endereço. Escreveram à SBAT e o contrato de edição foi assinado por essa entidade. Informação sobre direitos autorais e promessa de enviar alguns exemplares.
 Anexo: 1. Carta de Jus Autor para a SBAT solicitando informação sobre direitos autorais. 2. Carta de CDA para a SBAT reclamando

ter notícias de que o livro *Sentimento do mundo* foi editado por editora búlgara, sem contrato de edição, sem texto integral do livro, por ser uma antologia, e mostrando preocupação com a tradução dos poemas.
Obs.: Há anotações de CDA no corpo das cartas.

E, no número 1679, nas páginas 382-383, ainda figura:

STOYANOV, Rumen
   Correspondência entre CDA e Rumen Stoyanov. (57). Sófia, Rio de Janeiro e Cidade do México, 26 set. 1972 a 15 nov. 1985. 82 fls. Bom.
   Cp.
   Apresentação como tradutor de *Vidas secas* e *Cem anos de solidão*. Informação de que traduziu "Anedota búlgara" e interesse em publicá-la em uma revista literária búlgara. Remessa de livros. Informações sobre seu trabalho intelectual. Remessa de poemas e pedido de opinião. Solicitação de entrevista para a revista *LIK*. Elogios à poesia de CDA. Comentário à informação de CDA sobre a publicação, na revista *Careta* (1915), de um conto de Aleko Konstantinov. Solicitação da revista para enviar ao escritor. Interesse em publicar livro de seus poemas e pedido de ajuda de CDA. Férias na Bulgária e casamento. Publicação pela Editora Narodna Kultura de livro de poemas de CDA, traduzidos por Alexandar Muratov e Atanas Daltchev. Regresso à Bulgária. Agradecimento a crônica de CDA. Remessa de revista, com poemas de CDA, traduzidos para o búlgaro. CDA manifesta sua estranheza, por ter sido publicado seu livro *Lybeto Ba Cheta*, pela Editora Narodna Kultura, traduzido do espanhol, sem consulta ao autor, sem contrato e sem acerto de direitos autorais. Encontro com Paulo Rónai, em Sófia. Menção a seu livro editado no Brasil pela Editora Civilização Brasileira. Agradecimento pelo estímulo dado por CDA. O signatário comenta sua mudança para o México e seu trabalho como professor de búlgaro. Informações sobre o livro *Material de leitura*, que inclui poemas de CDA.

Anexo: 1. Questionário. 2. Artigo: "Carlos Drummond de Andrade: outra vez em búlgaro". 3. Poemas: "Nada ficará de ti", "Oh, esta sensação de teto", "Poeta", "Variante".

Obs.: Há cartão assinado também por Paulo Rónai.

■ 1996: *Farewell*, o último livro de Drummond, Record, Rio de Janeiro e São Paulo. Em "Cronologia da vida e da obra" temos:

1977. Publica *A visita*, *Discurso de primavera* e *Os dias lindos*.
— Edição búlgara de *Sentimento do mundo* (antologia).

■ No seu último número, 43, relativo a 23-29 de dezembro, para 1998, o semanário *Literaturen Glas* (*Voz Literária*) deu cobertura ao número 2 da *Mos* com uma nota homônima e nela se menciona Drummond entre os autores apresentados.

■ Em 1999 apareceu, pela Editora Litse, *À sombra das horas*, antologia mínima de Márcio Catunda, naquela altura conselheiro da Embaixada Brasileira em Sófia, com seleção, tradução, prólogo e nota bibliográfica de Rumen Stoyanov. O livro, bilíngüe, traz no prefácio – "Mais um afluente" – três referências a Drummond:

> O poema mais antigo sobre a Bulgária em português e espanhol é do brasileiro Carlos Drummond de Andrade (1902-1987), "Anedota búlgara". Já tendo abandonado o trono, o tzar Fernando, com sua paixão científica pela botânica, foi ao Brasil, o que deu a oportunidade ao jovem poeta de compor uns versos com o título supradito. Naquela altura, os anos vinte do século XX, as letras brasileiras febrilmente se modernizam e Drummond é um dos realizadores dessa mudança, conhecida como modernismo. O modernismo brasileiro, diferente cronologicamente e pelos seus propósitos do hispânico, na sua procura de nudez verbal, na sua quotidianização, no humorismo, recusa da métrica rigorosa, da rima, legou obras que premeditadamente são contrárias ao gosto dominante até aquela época, e uma

delas é a "Anedota búlgara" de Drummond. Mas não só Drummond, considerado por compatriotas seus o maior poeta do país, também outro poeta nacional da América Latina, o cubano Nicolás Guillén, deixou versos sobre a Bulgária: "Pequena balada de Plovdiv", com os quais patrícios nossos fizeram uma linda canção (p. 17-18).

A poesia brasileira, como em geral as letras daquele país, é pouco conhecida entre nós, o que, por sua vez, corresponde à divulgação dela mundo afora. Contudo, movidos pela sede tão búlgara de sabermos dos outros, temos editado, começando em 1938, até agora quase trinta livros brasileiros, desde Machado de Assis, passando por Graciliano Ramos e Jorge Amado, até Paulo Coelho. *À sombra das horas* é o terceiro poemário brasileiro em búlgaro. O primeiro, *Sentimento do mundo* (1977), contém trabalhos de Drummond de Andrade, traduzidos do espanhol por Muratov e Daltchev. *Solo para quinze vozes* (1996), em tradução de R. Stoyanov, abrange o número indicado de autores desde Manuel Bandeira até Chico Buarque (p. 19).

O caminho literário entre a Bulgária e o Brasil há bastante que está aberto: a maior poetisa búlgara, Elissaveta Bagriana (1893-1991), após atividades do PEN Clube Internacional no Rio de Janeiro, em 1960, hospeda-se na casa dum parente em Belo Horizonte. Assim nascem seus vários poemas sobre temas brasileiros. Além disso ela traduziu para a imprensa versos de Ribeiro Couto. Portanto, os próprios Drummond e Bagriana colocam as bases da comunicação poética búlgaro-brasileira. Um caminho pouco transitado, mas de dois sentidos. Por ele passou também Matvei Valev, que de 1931 a 1934 viveu nos Estados do Rio de Janeiro, Minas Gerais e Goiás. A coletânea de contos *Poeira das boiadas* (1938) introduz a temática brasileira nas letras búlgaras, o romance *Fazenda no sertão* continua suas vivências além do Atlântico. Caminho que sentiu igualmente as pisadas irônicas de Campos de Carvalho, cujo romance fantástico *O púcaro búlgaro* (1964) começa com uma afirmação mais do que magnânima: "Se a Bulgária existe, então a cidade de Sófia terá que fatalmente existir". Talvez a Márcio Catunda e suas obras búlgaras caiba a responsabilidade de dar uma resposta definitiva à dúvida intrigante (p. 21-22).

■ Mais uma cidade, desta vez Yambol, no sul do país, e em 1999, entrou na órbita búlgara de Drummond. O jornal quinzenal *LIK* (as iniciais de literatura, arte, cultura), no seu número 12, de 22/11 a 5/12, na página 2, publicou "Consolo na praia" e "Verbo ser", traduzidos por Rumen Stoyanov.

■ Sliven é outra cidade na mesma região, ou seja, a Trácia, a terra onde nasceu Orfeu, que antes de ser antepassado mítico dos búlgaros de hoje foi uma personalidade histórica. Em 16/11/99 o jornal *Slivensko Delo* (*Causa de Sliven*) teve uma página brasileira com três poemas de Márcio Catunda, de sua antologia *À sombra das horas*, cuja capa está reproduzida, e a resenha "Meu trabalho é escutar o silêncio dos séculos", que o autor, Dênio Denev, começa assim:

> Para mim a estrela do Brasil brilhou pela primeira vez precisamente na poesia. E isso graças a Elissaveta Bagriana. No seu "Ciclo Brasileiro", ela dedicou uma ode a uma árvore flamejante, o flamboyant, chamando-o de "Árvore coração, poeta das florestas". Pode ser que para a maioria das pessoas no mundo o Brasil se identifique com os nomes de seus virtuosos do futebol e com o ritmo embriagador do samba, eu fiquei cativado para sempre pela árvore mágica – "fogo vivo e puro". E parece que dele emergiu o nome do poeta brasileiro mundialmente conhecido Carlos Drummond de Andrade, a quem passei a admirar para o resto da minha vida, graças às brilhantes traduções de Atanas Daltchev e Alexandar Muratov. Já no seu primeiro poemário, *Alguma poesia*, Drummond inclui uma peça com o título "Anedota Búlgara". Lamentavelmente ela não é um elogio ao rei búlgaro, e o tema búlgaro soa num plano irônico.
>
> Drummond, que é um mago da palavra, dá uma receita universal para fazer poesia:
>
> > Convive com teus poemas, que esperam ser escritos.
> > Tem paciência, se escuros. Calma, se te provocam.

Espera que cada um se realize e consume
com seu poder de palavra
e seu poder de silêncio.

Seguramente sem pretendê-lo, mas levado pelo seu talento poético, o poeta brasileiro Márcio Catunda, que é diplomata e agora está na Bulgária, segue a "receita" do seu magno compatriota ao criar sua própria poesia.

■ No ano seguinte, 2000, apareceu no *LIK* "Mundo grande" (número 6, de 28/3 a 10/4, página 2, tradução de Rumen Stoyanov). Não são as únicas oportunidades em que o *LIK* abre espaço para brasileiros. Lá estão ainda Márcio Catunda, Jorge de Lima e Affonso Romano de Sant'Anna respectivamente com:

> "Noite de inverno em Sófia", "Se você estivesse aqui", "Crepuscular", "Meditação no Mosteiro de Rila" e "Alturas de Borovetz", Catunda, nº 5, de 16 a 29/8/1999.
>
> "A morte dos elementos", Lima; "Vício antigo", Romano de Sant'Anna; nº 13, de 6 a 19/12/1999.

■ *Auditória* (*Auditório*) é um jornal quinzenal para literatura e cultura, de recente circulação, mas rápido ganha colaboradores e leitores. Com seu número 4 de 2000 ele ingressou na trajetória drummondiano-búlgara, mediante os poemas "Drama seco", "Quadrilha", "Mestre" e "Cidadezinha qualquer", traduzidos por Rumen Stoyanov.

■ Em 2000, novamente graças a Márcio Catunda, foi registrado mais um componente do tema — assombroso em suas manifestações concretas — Drummond e a Bulgária. Dessa feita, é uma foto. A Editora Five Plus, Sófia, lançou algo insólito nas relações literárias entre os dois países: 14 poemas musicados. Trata-se de um pequeno belo livro, *Crescente*, que pode ser igualmente ouvido, pois com ele vai um disco compacto com os mesmos 14 poemas de Márcio, porém na voz da cantora brasileira Juliana Areias e arranjados pelo compositor búlgaro Christian Boyadjiev. Nesse objeto artístico (capa de Momtchil Stoyanov) são de autoria de Catunda não só os poemas/letras, mas também seis das melodias. Entre as imagens visuais em que Márcio aparece (com Tom Jobim, com Vinicius de Moraes, etc.) há uma (p. 43) que se relaciona com o que nos ocupa diretamente: uma foto inédita de Drummond. Ela foi publicada pela primeira e até o momento única vez naquela ocasião, naquela capital balcânica. Fato que amplia, para o público, o número de imagens fotográficas de Drummond, coisa que, em razão de sua morte, será cada ano mais difícil, com o esgotamento das possibilidades de dar com fotos ainda desconhecidas do público. A foto de *Crescente* mostra, em branco e preto, Drummond em primeiro plano e em segundo Catunda, ambos a meio corpo, sentados a uma mesa. O mineiro, de perfil, com casaco claro e sem gravata, olha para a frente e para baixo, enquanto, à esquerda dele, o jovem cearense, em mangas de camisa, olha para quem estava fotografando. O diplomata contou-me que a foto foi tirada, provavelmente em 1984, por Sônia Doyle, filha de Plínio Doyle, durante um almoço na churrascaria Porcão, em Ipanema, por motivo de um dos famosos *sabadoyles*, do qual ele participou. Dito de passagem, na Bulgária tomei conhecimento outrossim de que a Catunda se deve, como testemunho do mesmo almoço, uma outra foto com Drummond. Ela, porém, já fora publicada, em 1987, na contracapa do livro com versos de Márcio (*A quintessência do enigma*, Thesaurus, Brasília). Nessa segunda foto estão novamente Drummond, à direita, mais de frente e olhando em direção à máquina fotográfica, e Catunda de perfil direito, sorrindo ambos. De sorte que nessa dupla contribuição de Catunda à iconografia drummondiana a metade está relacionada com a Bulgária, onde apareceu inicialmente.

■ A antologia bilíngüe de Márcio Catunda *À sombra das horas* chamou muito a atenção da mídia búlgara, e o autor falou várias vezes em programas de televisão e de rádio, deu entrevistas em jornais. Posso citar apenas um caso em que ele se referiu a Drummond, mas com certeza não foi o único. Dênio Denev formulou oito perguntas, a terceira visava ao itabirano. Eis a resposta do diplomata:

> Li toda a poesia de Carlos Drummond de Andrade e tive o privilégio de conhecê-lo pessoalmente. Além de um dos maiores poetas do mundo, injustamente não reconhecido em muitos lugares, era uma pessoa extremamente interessante. Tinha muito senso de humor, grande presença de espírito e sabedoria natural, peculiar a todo grande poeta. O fato de haver sido traduzido e publicado na Bulgária comprova o interesse do povo e da intelectualidade búlgara pela poesia e pelos grandes poetas dos outros países. Se em todos os lugares houvesse o interesse que há na Bulgária pela literatura brasileira, os escritores brasileiros seriam conhecidos universalmente.

A entrevista saiu no diário *Slivensko Delo*, em 2000, na cidade de Sliven, não me é possível indicar o título da publicação e a data. O fato vem reforçar a afirmação de que na Bulgária Drummond é conceituado como poeta de vulto mundial. Outras constatações a partir dessas palavras são de que lá realmente há um ambiente propício para atividades poéticas, que os literatos brasileiros desfrutam de simpatia entre os leitores, que mais uma cidade entrou na órbita búlgaro-drummondiana.

■ Edmílson Caminha, conhecido admirador e divulgador do verbo drummondiano, no seu livro, cujo título sintomático é um verso do querido poeta, *Lutar com palavras*, Editora Thesaurus, 2001, Brasília, na página 174 tem a seguinte anotação:

> Quinta-feira, 13 de maio
> Visita, na Câmara, do escritor cearense Márcio Catunda, conselheiro comissionado na Embaixada do Brasil na Bulgária, onde

lançou recentemente a antologia poética *À sombra das horas*. A tradução é de Rumen Stoyanov, que conheci em Brasília quando aqui esteve como adido cultural à Embaixada da Bulgária, de quem recebo carta com a notícia de que me mandou, por um portador, edição da revista literária *Most* (*Ponte*), com cinco poemas de Drummond por ele traduzidos para o búlgaro: "Despedida", "Anoitecer", "Ilusão do imigrante", "Miragem amorosa" e "Fuga".

O 13 de maio é de 1999. Mais uma vez dá para ver como Drummond representa uma ponte cultural de dois sentidos entre o Brasil e a Bulgária: a publicação de peças dele encontra ressonância na sua pátria. Porque em razão da relevância da sua obra qualquer notícia sobre ela, vinda do exterior, é capaz de provocar comentários. Tenho de corrigir-me a mim mesmo: sem imaginar que a informação chegaria a ser utilizada em um livro e, na hora de escrever a carta, sem os originais à mão, citei os cinco títulos a partir do búlgaro, razão pela qual a chamada "Despedida" é, em verdade, "Desligamento", como "Miragem amorosa" é "Aparição amorosa".

■ A revista carioca *RioArtes* dedicou a maior parte do seu número 32, de janeiro de 2002, a quem *também foi brasileiro*. Em um extenso texto biobibliográfico, "Drummond 100 anos", situado ao pé das páginas 6-12, lê-se: "**1977** Publica 'A visita', 'Discurso de primavera' e 'Os dias lindos'. Edição búlgara de *Sentimento do mundo* (antologia)".

Não omiti referências como essas porque todas elas, ainda que fugazmente, lembram aos brasileiros que Drummond não é ignorado naquele canto europeu, que lá ele é traduzido e lido. E ao mesmo tempo provam que a relação existente entre aquele país e o poeta não é algo episódico, casual, pois uma antologia evidencia um interesse profundo e sólido.

■ Em 2002, poucos meses antes do centenário do poeta, a Record (Rio e São Paulo) lançou *Quando é dia de futebol*. Nessa seleção os organizadores, Pedro Augusto Graña Drummond e Luís

Maurício Graña Drummond, reuniram, em verso e prosa, textos do seu avô referentes ao jogo mais popular no mundo. Entre esses, nas páginas 77-79, está novamente "O importuno".

■ "Literatura brasileira na Bulgária" é um texto de Rumen Stoyanov no jornal *Tribuna do Brasil*, nº 243, de 1/6/2002, página 2, Brasília. Lá está:

> Os prosadores brasileiros traduzidos ao búlgaro somam 42. Já os poetas vão pela metade. No total, 63 literatos brasileiros têm obras em búlgaro. Entre os poetas, autores importantíssimos como Manuel Bandeira, Vinicius de Moraes, Murilo Mendes, Cecília Meireles e Carlos Drummond de Andrade, este último o de maior popularidade e prestígio no país europeu.

■ Na XVI edição de *Corpo* (Record, 2002, Rio e São Paulo) acham-se, no anexo "Drummond: vida e obra", duas notas. A primeira, na página 137, pertence à "Cronologia" e repete o já conhecido "1977 /.../ Edição búlgara de *Iybctbo ba Cbeta (Sentimento do mundo)*". A segunda, na página 149, é de "Obras traduzidas: búlgaro *Iybctbo ba Cbeta*. Tradução Alexandar Muratov e Atanas Daltchev. Sófia: Narodna Kultura, 1977".

Esses dados, que estão em numerosas edições, formam, por causa de sua abundância, toda uma rede informativa a respeito da presença drummondiana na Bulgária.

■ O diário *Correio Braziliense*, em 27/8/2002, na página 8 do Caderno Guia de Terça, anunciou, sob o título "21ª Feira do Livro de Brasília no Pátio Brasil": "Palestra 'Drummond – 40 anos de presença na Bulgária', com o Cônsul Rumen Stoyanov, 18 às 19 horas, sala Juscelino Kubitschek".

■ Uma nota, sem o nome do autor, saiu no *Jornal da Unicamp*, número 194, de 14 a 20 de outubro de 2002, página 7, e diz, com tantas confusões que desisto de corrigi-las:

O especialista que veio da Bulgária

A convite da Unicamp, o professor Rumen Stoyanov, da Universidade de Sófia, na Bulgária, proferiu uma conferência no Instituto de Estudos da Linguagem (IEL). Stoyanov é um dos mais importantes tradutores de escritores brasileiros. E Carlos Drummond de Andrade, com o qual manteve um relacionamento de mais de 13 anos, é um deles. E não é de se estranhar que o poeta brasileiro seja um dos escritores mais conhecidos na Bulgária.

Professor de Literatura e de Cultura do Brasil na Universidade de Sófia, Stoyanov acaba de escrever, em português, o livro *Drummond e a Bulgária*, ainda inédito. Trata-se, segundo diz, de uma obra na qual traz minucioso trabalho de pesquisa sobre o que Carlos Drummond de Andrade escreveu em versos e prosa sobre a Bulgária. Além de conter farto material sobre o que a crítica do seu país escreveu sobre o poeta mineiro, aborda também uma série de correspondências, ensaios e citações a respeito do poeta brasileiro.

Stoyanov diz que Drummond era um poeta bastante admirado na Bulgária e que seu povo tem grande admiração e simpatia pela literatura brasileira, em especial a poesia do poeta de Itabira. Stoyanov conta que o poeta teve 13 livros traduzidos para o búlgaro por especialistas em Drummond. Um deles é o próprio Stoyanov. Para ele, Drummond "é, sem dúvida, o mais importante poeta da nossa época. Tanto é que, passados 15 anos de sua morte, ainda é reverenciado no meu país, desfrutando de alto prestígio não apenas entre os intelectuais, mas também entre o povo. Eu diria que, devido à força de concisão do poeta brasileiro, Drummond é tão importante ou até mais importante que Pablo Neruda".

■ Pelo menos durante um ano, pois está datado "Outubro de 2002" e cheguei a ele em novembro de 2003, esteve disponível na internet o texto "Carlos Drummond de Andrade, uma visão de nós mesmos", em que o autor, Aroldo Ferreira Leão, na primeira das quatro páginas, faz duas referências ao objeto deste livro:

Nomes de peso como Antônio Cândido, Antônio Houaiss, José Guilherme Merquior, Afonso Romano de Sant'Anna, Silviano Santiago e tantos outros, inclusive críticos estrangeiros, como o mexicano Rodolfo Mata e o búlgaro Stoyanov, Professor de Literatura e de Cultura do Brasil na Universidade de Sófia, em seus textos críticos apenas confirmam a grandiosidade do vate itabirano que até o final da vida remoeu sua alma buscando explicações para o porquê de tudo, desconfiando, desconfiado, abrindo-se e fechando-se para a comunicação dos desesperos do mundo, expandindo-se em versos que ficarão, para sempre, gravados na memória da alma da língua portuguesa.

É interessante frisar-se a importância de Drummond na Bulgária, onde já foram traduzidos mais de treze livros do poeta, revelando a magnitude da leitura de seus versos e o amor que o público desse país tem pelo mesmo.

■ A Embaixada Brasileira na Colômbia não deixou de comemorar o centenário, pois dedicou o caderno número 51, de outubro de 2002, em Bogotá, da sua série *Imágenes Brasil,* ao poeta. A bela brochura, cheia de fotos, de textos em verso e prosa de e sobre Drummond, nas páginas 33 a 36, reproduz a detalhada "Cronologia", tomada do catálogo *Alguma poesia,* Drummond, Fundação Banco do Brasil, e lá consta:

1977 /.../ *Iybeto ba Cheta* (traducción al búlgaro de *Sentimento do mundo,* por Alexandre Muratov y Atanas Daltchev), Sofía, Narodna Cultura.

O curioso é que recebi o exemplar da Embaixada Brasileira em São Domingos, graças à gentileza de Márcio Catunda, o que significa que a edição foi divulgada não apenas no país de origem, mas também por outras missões brasileiras pela vasta hispanidade afora, levando quem sabe a que leitores a informação.

■ O Congresso Nacional, por iniciativa da Câmara dos Deputados, rendeu várias homenagens ao escritor por ocasião do centenário. O Museu da Câmara e o Espaço Cultural organizaram, com documentos da Coleção Edmílson Caminha, a exposição "Menino antigo", e nela, entre 15 de outubro e 10 de novembro de 2002, foi exibida a antologia búlgara *Sentimento do mundo*. O Centro de Documentação e Informação da Câmara apoiou o evento publicando o folheto *Menino antigo* e nele, no setor de "Traduções e Edições Estrangeiras da Obra de Drummond", novamente se lê: "*Tchuvso za Sveta* (*Sentimento do mundo*). Sófia, Editora Narodna Kultura, 1977. Tradução de Alexandar Muratov e Atanas Daltchev" (p. 16).

Como estou escrevendo estas linhas na véspera do centenário de Drummond, vale a pena adiantar o seguinte sobre sua presença na Bulgária. Conforme a recente edição da *Poesia completa* pela Nova Aguilar, 2002, ele tem livros em 13 idiomas, um deles o búlgaro, aliás, o sétimo em ordem cronológica. Mas a poesia do mineiro deu seu primeiro passo entre os leitores búlgaros há exatamente quarenta anos: em 1962 o jornal de maior influência na imprensa literária nacional, *Literaturen Front*, publicou o poema "Aurora". Até o momento, 61 poemas do itabirano foram passados para o búlgaro e 38 deles tiveram mais de uma publicação. Cinco livros acolheram textos de Drummond e quinze publicações periódicas contribuíram para a divulgação de sua obra entre os búlgaros.

■ Recebi três cartas da paulista Sonia Sales, delas extraio os fragmentos que aqui interessam:

> Como o Sr., também me correspondi com Drummond durante os últimos anos de sua vida e até tenho dois poemas a mim dedicados. Com ele aprendi muito e aprendo até hoje lendo e relendo os seus livros (4/8/2003).
>
> Meu relacionamento com Drummond começou de maneira curiosa. Na verdade eu tenho duas personalidades distintas, e meu nome

completo de solteira é Sonia von Brusky Sales. Como Sonia von Brusky sou uma artista plástica muito conhecida, e como Sonia Sales sou uma escritora e poeta cujo trabalho vem sendo reconhecido nos meios literários. Separei as duas Sonias para que uma não atrapalhasse a outra.

Conheci Drummond quando ele escreveu uma crônica muito negativa acerca de um curso em que eu estudava. Muito jovem e entusiasta, escrevi em resposta uma defesa. Para minha enorme surpresa o poeta me respondeu por escrito, e assim começamos uma longa correspondência. Ele não perdia minhas exposições, porém ia em dias em que eu não estava presente. Muito tímido, e eu também, nunca nos encontramos pessoalmente, mas tínhamos amigos comuns que nos descreviam. Ele também me telefonou uma única vez, e eu quase morri de susto. Conversamos longamente, ele falando e eu escutando, pois naquele momento perdi a voz. Meus poemas vieram depois da sua morte, acho que ele gostaria deles.

Caso o senhor não o possua, vou enviar-lhe um livro de Drummond, CORPO, no qual se encontra um poema que ele me dedicou, e que aliás deu origem ao livro, segundo palavras dele próprio. Trata-se de "A metafísica do corpo", à página 17 (20/8/2003).

Mandarei o *Corpo* também. O poema "A metafísica do corpo" foi feito especialmente para figurar no catálogo de uma exposição de pintura que fiz em São Paulo em fins da década de 70. O próprio Drummond me disse pelo telefone (naquele "famoso" telefonema) que esse poema tinha dado origem ao livro. Foi a partir de "A metafísica do corpo", quando ele fala da mulher nas minhas pinturas daquela fase antiga, ainda figurativa, que ele elaborou alguns outros, que compõem a obra (28/8/2003).

As citações evidenciam não apenas uma grande admiração pelo mestre, mas também uma duradoura e benéfica influência sua. Porém o mais valioso no triple depoimento epistolar é que a peça "A metafísica do corpo" foi o núcleo do qual surgiu aquele poemário.

Mais que cumpridora, Sonia obsequiou-me não só com um exemplar de *Corpo*, senão, xerocada, com a poesia a ela dedicada e mandada por Drummond. Há diferenças entre a versão inicial e a definitiva da peça. Em face disso e levando em consideração que poucos conhecem a primeira e muitos a segunda, creio oportuno incluir as duas, assim se pode ver como o autor modificou o texto, que nasceu de um motivo bem concreto, e de que maneira "A transparência do ser", com ligeiros toques, adquiriu sua forma final e ganhou uma envergadura ainda maior. Ele está datilografado, em uma página timbrada com "Carlos Drummond de Andrade" (na parte superior, à esquerda), e assinado embaixo com seu nome completo, a mão.

"A transparência do ser"

*A metafísica do corpo se entremostra
nas imagens de Sonia. A alma do corpo
modula em cada fragmento a sua música
de esferas e de essências
além da simples carne e simples unha.*

*Em cada silêncio do corpo Sonia traça
a linha do sentido universal
que à forma breve e transitiva imprime
a solene marca dos deuses
e do sonho.*

*Sonia entre folhagens surpreende
na última ninfa
o que na mulher ainda é folha e orvalho
e, mais do que natureza, é pensamento
da unidade inicial do mundo:
mulher folha fruto brisa mar,
o ser telúrico – espontâneo
e virginalmente sensual como se um ramo fosse
da árvore infinita que condensa
o mel, o sol, o sal, o sopro acre da vida.*

De êxtase e tremor banha-se a vista
ante a luminosa nádega opalescente,
a coxa, o sacro ventre, prometido
ao ofício de existir, e tudo mais que o corpo
resume de outra vida em que todos somos terra, seiva
[e amor.
Sonia revela o ser, na transparência
do invólucro sublime.

"A metafísica do corpo"

A Sonia von Brusky

A metafísica do corpo se entremostra
nas imagens. A alma do corpo
modula em cada fragmento sua música
de esferas e de essências
além de simples carne e simples unhas.

Em cada silêncio do corpo identifica-se
a linha do sentido universal
que à forma breve e transitiva imprime
a solene marca dos deuses
e do sonho.

Entre folhas, surpreende-se
na última ninfa
o que da mulher ainda é ramo e orvalho
e, mais que natureza, pensamento
da unidade inicial do mundo:
mulher planta brisa mar,
o ser telúrico, espontâneo,
como se um galho fosse da infinita
árvore que condensa
o mel, o sol, o sal, o sopro acre da vida.

*De êxtase e tremor banha-se a vista
ante a luminosa nádega opalescente,
a coxa, o sacro ventre, prometido
ao ofício de existir, e tudo mais que o corpo
resume de outra vida, mais florente,
em que todos somos terra, seiva e amor.*

*Eis que se revela o ser, na transparência
do invólucro perfeito.*

O *Inventário do arquivo Drummond* registra sete cartas de Sonia von Brusky ao escritor, entre 9/3/1976 e 21/9/1979. "A transparência do ser" veio com xerox de uma carta dele, e a data pressupõe, contrariando a referência relativamente ao último ano, uma comunicação epistolar entre os dois bem mais dilatada. A mensagem é manuscrita, em papel timbrado com "Carlos Drummond de Andrade" ao alto e à esquerda, e diz:

I

Rio, 24 de dezembro de 1986.
Cara Sonia von Brusky:

Fiquei muito feliz por dois motivos: por ter recebido o seu álbum, com dedicatória amiga, e pelas referências afetivas que nele você me faz.

Mais uma vez, pude admirar a variedade e sutileza de formas do seu trabalho, em que se mesclam harmoniosamente rigor e emoção, fantasia e disciplina. Daí resultam criações que embelezam a vida. E a sua, contada de maneira tão expressiva, é um exemplo de fidelidade à arte.

O abraço agradecido e os bons votos para o futuro, de
Carlos Drummond

■ *Sob o signo da poesia* (Brasília, Thesaurus, 2003) é o volume em que Anderson Braga Horta reúne todos os seus textos sobre a literatura na capital. Eles constituem uma bem-sucedida trajetória crítica de 34 anos, e na página 471 está reproduzida a nota "Da Bulgária, via México", que já ficou registrada neste livro (ver o ano de 1993).

■ O jornal *Moiata Viara* (*A Minha Fé*), de literatura, arte e cultura, no seu número 3, de outubro de 2005, publicou os poemas "Acordar, viver" e "Confissão", com uma foto do itabirano, traduzidos por Rumen Stoyanov, de quem é a seguinte nota:

Poeta da nossa época

Carlos Drummond de Andrade (1902-1987) é considerado o maior poeta brasileiro. Além duma obra impressionante pelo volume dos versos, ele deixou contos, crônicas e ainda um enorme número de cartas. Somente a Julieta, sua filha, também escritora, são três mil.

Drummond ocupa um lugar importante nas relações literárias búlgaro-brasileiras. A ele devemos "Anedota Búlgara" (1928), com a qual coloca o começo da temática búlgara não só na poesia da sua pátria, mas ainda nas da língua portuguesa e latino-americana. De Andrade há dois telegramas a Glória Veli (Slavka Velitchkova), que nos anos quarenta do século XX conclui seus feitos internacionais de soprano lírico e mora no Rio de Janeiro, lá ensina canto e lá morre. Mais de vinte cartas dele dirigidas a mim estão por sair no livro *Drummond e a Bulgária*, escrito em português, no qual rastreio os vínculos dele com o nosso país, manifestados igualmente em crônicas.

Daltchev, que com Muratov o traduziu do espanhol, apreciava excepcionalmente as conquistas do seu confrade e em uma carta a mim chamou-o "um dos maiores poetas não só da América Latina, mas também da nossa época".

Com Andrade, inicia-se a presença da poesia brasileira traduzida aqui: em 1962, seu poema "Aurora" foi incluído no *Literaturen Front* com outro do seu patrício Ribeiro Couto. A pequena coletânea *Sentimento do mundo* (tradutores Muratov e Daltchev, 1977) é o primeiro poemário brasileiro em búlgaro. Ele põe o nosso idioma no sétimo lugar entre os povos que rendem homenagem a Drummond de Andrade mediante livros dele.

■ Na presente pesquisa há um caso único, pois fora das edições literárias que até agora têm sido objeto dela: a revista *Filosofski Forum* (*Fórum Filosófico*), número 12, de 2004-2005, reproduz, vertida por Stefan Krastanov, a entrevista de Bento Prado, tomada do jornal *Folha*. O filósofo mais de uma vez refere-se ao autor d'*A rosa do povo*. Impossibilitado de conseguir o original, traduzo do búlgaro os fragmentos necessários:

"*Folha*: A sua vida pública, bastante precoce, começou nos círculos literários da "boêmia intelectual" dos anos 50.
Bento Prado: [...] Naquela altura conheci Roberto Schwarz. Estávamos no segundo ano, ele um ano mais jovem que eu. Eu estava na biblioteca, ele veio me cumprimentar. Não o conhecia bem, mas quando começou a falar em Drummond (Carlos Drummond de Andrade – notório poeta brasileiro) e no poeta alemão expressionista Gottfried Ben (1886-1956) ficamos amigos logo.
Folha: Naquela época o interesse político e a inquietação literária iam de mão dada...
Bento Prado: [...] Ao mesmo tempo que a filosofia grega, descubro o gênio de Drummond, lendo o *Sentimento do mundo*. Então juntei filosofia e antistalinismo.
Folha: No Departamento Francês de Utramar, Paulo Arantes define seus pensamentos como tentativa de compor, seguindo a matriz de Foucault, uma filosofia da literatura...
Bento Prado: Não acredito ter estado tão perto de Foucault como ele descreve. No final do meu comentário ao livro de Schwarz,

falando na essência da literatura, eu seguia Foucault, mas com certeza estava pensando mais em Drummond.

Folha: O senhor critica o desejo dos autores, pertencentes ao marxismo euro-ocidental, de provar que na base da obra de Marx está o *pathos* metafísico, sinceramente filosófico. Os filósofos poderiam cometer o mesmo erro a respeito de Freud?

Bento Prado: Com certeza, e é exatamente o que penso criticar no meu próximo livro, explicando a percepção das formas da subjetividade. [...]"

A terceira parte demonstra a expressão metafísica da subjetividade por meio da poesia e da filosofia da poesia. Entram Carlos Drummond de Andrade, João Cabral de Melo Neto, Francis Ponge, Rainer Maria Rilke e outros.

■ O semanário *Starchel*, número 17, de 28/4/2006, surpreende com uma crônica: "Da utilidade dos animais", traduzida por Rumen Stoyanov e ilustrada com uma foto. Até essa publicação, Drummond (excetuando "Educação do ser poético") foi conhecido na Bulgária, durante mais de quarenta anos, como poeta, e o bom dessa segunda infração em prol da narrativa é que se deu no jornal humorístico mais antigo e mais prestigioso do país, pois existe desde 1940. Nos últimos anos, o *Starchel* virou um verdadeiro foco de difusão de prosadores brasileiros, porque nas suas páginas vemos ainda os nomes de Luis Fernando Veríssimo, Ivan Angelo, Ciro dos Anjos, Ferreira Gullar, Paulo Mendes Campos, Maria Lindgren.

Os fatos não impressos

Não há razão para omitir neste levantamento as conferências, as palestras, os seminários e os cursos sobre vínculos entre a Bulgária e o Brasil, se incluem referências a Drummond: tais eventos não deixam, por serem orais, de fazer parte do assunto explorado. Não dispondo de todos os dados, trarei apenas o que posso documentar com certeza, porém os casos são bem mais abundantes. Junto-os em separado porque realmente constituem outro aspecto da presença do poeta e completam a parte escrita. Dependendo de várias circunstâncias, entre elas perguntas, deu-se diferente tratamento a Drummond como fator importante no relacionamento bilateral. As atividades mencionadas neste capítulo estiveram a cargo de Rumen Stoyanov, o que permite poupar a enfadonha repetição do nome.

■ "A presença da cultura brasileira na Bulgária", 17/5/1993, palestra, na Casa de Cultura da América Latina, órgão da Universidade de Brasília, pertencente ao Decanato de Extensão, Brasília, DF. Em seguida foi inaugurada, no mesmo local, a exposição *Artistas gravadores da Bulgária*. Homenagem dupla à Festa de São Cirilo e São Metódio, celebrada naquele país com feriado nacional.

■ "O ensino da língua portuguesa como segunda língua na Bulgária", seminário, 3 a 17/9/1993, 12 horas, no Centro de Ensino de Português para Estrangeiros, do Departamento de Línguas Estrangeiras e Tradução, Instituto de Letras, Universidade de Brasília.

■ "Língua e cultura Búlgara", 1994 e 1995, curso, quatro semestres, Departamento de Línguas Estrangeiras e Tradução, Instituto de Letras, Universidade de Brasília.

■ Encontro Internacional de Agentes Literários e Tradutores, 14 a 16/8/1995, na Fundação Biblioteca Nacional, Rio de Janeiro, RJ (participação nos debates).

■ "A presença literária do Brasil na Bulgária", 10/4/2001, palestra, na Associação Nacional de Escritores, Brasília.

■ "Literatura brasileira na Bulgária", 30/5/2001, palestra, no Instituto de Letras da Universidade de Brasília.

■ "Presença literária do Brasil na Bulgária", 7/1 a 4/5/2002, curso, um semestre, ministrado na disciplina Literatura Comparada 2, Instituto de Letras, Universidade de Brasília. Um dos 22 itens da matéria, ou seja, uma aula de 2 horas, foi dedicado exclusivamente a Drummond. Porém, falou-se na sua obra também em outros itens, os de poesia, prosa, contatos epistolares. Participaram 22 alunos, e o semestre acabou com prova e créditos.

■ "Bulgária e Brasil – educação literária", 19/6/2002, conferência, no Primeiro Congresso de Filosofia e Educação da Universidade Policultural de Caldas Novas (Unipol), Goiás.

■ "Relações literárias búlgaro-brasileiras", 13/8/2002, conferência, no Instituto de Ciências Sociais, Universidade de Brasília.

■ "Drummond: 40 anos de presença na Bulgária", palestra, 27/8/2002, na Sala Juscelino Kubitschek, da 21ª Feira do Livro de Brasília, Pátio Brasil Shopping, Brasília. Junto com Juscelino Kubitschek e Lúcio Costa, o poeta foi uma das três grandes personalidades que a Feira homenageou por motivo do seu centenário.

- "O Brasil e a Bulgária através da literatura e da música", 26/9/2002, conferência, no Auditório da Universidade de Campinas, São Paulo.

- "A literatura brasileira na Bulgária", 27/5/2003, conferência, na IV Jornada de Literatura Contemporânea, Universidade Católica, Taguatinga, Distrito Federal.

- "A literatura búlgara", 14/6/2003, palestra, organizada pelo Instituto Brasil–Bulgária, na Editora Thesaurus, Brasília.

- "Um olhar para a Bulgária", 28/8/2003, palestra, para o Clube Internacional das Mulheres, na Embaixada da Bulgária, Brasília.

- "Relações culturais entre a Bulgária e o Brasil", curso de um semestre, para estudantes de Letras Portuguesas e de Letras Espanholas, na Universidade de Sófia São Clemente de Ohrida, a partir de 2005.

- "A literatura búlgara na América Latina", curso de um semestre, para os estudantes de Letras Portuguesas e de Letras Espanholas, na Universidade de Sófia São Clemente de Ohrida, a partir de 2006.

Os fatos virtuais

Eles também formam o espaço búlgaro-drummondiano e não vejo motivo para deixá-los fora, ainda mais porque o ampliam de maneira impressionante: a consulta que fiz a respeito de "Anedota búlgara" em 14/11/2003 trouxe à tona que nas ondas eletrônicas da internet navegavam nada menos que 199 casos homônimos. Dezenas de vezes apareceu todo o poema-piada, acompanhado de comentários, e obviamente é impossível enumerá-los aqui. Em meio a tanta coisa curiosa assinalo:

■ *"Anedota Búlgara* – revista digital de arte, cultura e comportamento. Cinema, teatro, música, literatura, quadrinhos, crítica e futebol".

■ *"Anedota Búlgara* – site de cultura e variedades de Salvador. Cinema, música, entrevistas, etc."

■ *Anedota búlgara: uma experiência de leitura.* (Sobre a obra de Carlos Drummond de Andrade.) Zuleima Ribeiro Tavares." Extraio apenas o que interessa:

> Onde há supresas:
> Podem elas vir de um pequeno poema, jamais lido, ou nunca lido com olhos e atenção amarrados. O título: "Anedota búlgara" (do livro *Alguma poesia*, com escritos de 1925 a 1930). O poema:

Era uma vez um czar naturalista
que caçava homens.
Quando lhe disseram que também se caçam borboletas e andorinhas,
ficou muito espantado
e achou uma barbaridade.

O vivo e jocoso choque provocado pelo poema, como se observa, tem sua gênese referida a um acontecimento atroz, e dele retira a sua força. O déspota autor da atrocidade é búlgaro. A Bulgária acha-se longe do Brasil e de suas preocupações. Vista do Brasil, naquele cadinho étnico e cultural da Europa Central, a Bulgária ocupa uma zona de indeterminação. Porém, como em quaisquer nações do mundo, os búlgaros também devem ter o chiste como defesa — algo bem determinado; e também, como muitas nações, têm sua longa história de dominações, levantes e atrocidades. (Búlgaros caudatários ou sob o tacão de outros povos e domínios: os eslavos, o Império Otomano.) Cogita-se em qual parte da história búlgara faria melhor figura o poema. Governantes búlgaros já foram chamados de czares, o que leva o texto a recuar para um passado distante. Mas pode o interesse do poeta ter sido provocado pelos acontecimentos de 1924 na Bulgária (ao que consta, já sem czares), próximos portanto da realização do poema. Sem abrir mão possivelmente do gosto em ampliar tais ocorrências búlgaras para o planeta como um todo, incluído o Brasil. Assim, no poema, o país Bulgária, mesmo estando ancorado em algum acontecimento específico, foge da história em sentido estrito (sem porém perdê-la de vista) e assume a condição de região fabulosa, onde têm lugar acontecimentos espantosos e casos exemplares.

Na fábula, um czar merece o título de naturalista (designação já um pouco envelhecida) uma vez que suas ações, ainda que por motivos alheios, têm parte com as ciências naturais voltadas para o exame metódico de formas inorgânicas e orgânicas. No caso das últimas, tendo o naturalista freqüentemente de lhes tirar a vida para estudá-las. Informado o czar de que outros seres vivos, além daqueles que são seu específico objeto de interesse, sofrem o mesmo tipo de ocorrência (serem caçados), espanta-se sinceramente do que julga uma barbaridade. Pois para um déspota nada melhor do que algo que escape ao círculo férreo do seu arbítrio, por exemplo borboletas e andorinhas, para tê-lo como destinação a uma sensibilidade ociosa pronta para manifestar-se em alto estilo. Assim, o acerto da forma poética nasce da rapidíssima inversão e deslocamento do juízo ético na moldura indiferente de uma história natural que não o tem como escopo; de uma fábula se afasta da realidade imediata para criar uma historieta exemplar às avessas; e por fim de uma anedota que reforça um dos seus aspectos corriqueiros, o de provocar o riso pela crueldade. Resguardada a anedota em um espaço de lazer, nela as atrocidades enunciadas (preconceitos e brutalidades de toda a espécie) perdem o seu peso de realidade e levitam com a graça do jogo social. Sem esquecer que o termo "anedota" designa também algum episódio curioso ocorrido com figura pública ou pertencente à crônica familiar, o que imprime ainda ao pequeno texto de Drummond o caráter singelo de um simples relato revelador, no máximo, de esquisitices.

A despeito de sua bela e inteligente configuração, não alinho o poema entre os maiores que o poeta produziu. Mas penso que, para além das qualidades mencionadas, indica — em obra difícil de ser apreendida como um todo — as surpresas de um percurso de leitura e a diversidade dos juízos que suscita.

E por vezes a feição levemente intrigante que assume produção tão extensa, na qual o acento familiar recorrente parece ter sido colhido longe, em outro chão (fora de uma experiência comum e língua partilhada), retoma, com seu peculiar estranhamento e por outros caminhos, a pequena "anedota" búlgara.

Não comentarei esse comentário porque seria desmentir a maioria dos itens que remetem à realidade do meu país. Prefiro dizer que as peripécias do poema não terminam aqui: em janeiro de 2003, quando dei com a reencarnação virtual da peça, meu assombro deveu-se a que o título tinha virado nome de uma empresa baiana. Talvez seja preferível que se apresente ela mesma, cujo *e-mail* é: webmaster@anedotabulgara.com.br:

> A Anedota búlgara é uma empresa, sediada em Salvador, especializada em comunicação. [....] Criamos *folders*, cartões de visita e impressos em geral. [....] Produzimos jornais, revistas, vídeo e *websites*. [...] A Anedota trabalha com os melhores profissionais de vídeo de Salvador. A exemplo da *Revista Anedota Búlgara*, buscamos soluções modernas e conteúdo atraente para o *site* da sua empresa.

Mais que fatos: as cartas

Resolvi juntar as cartas de Drummond em um capítulo à parte, porque é a única maneira de se poder ter uma visão nítida sobre a totalidade de sua correspondência búlgara. Não queria que essas missivas, mais ainda por serem inéditas, ficassem dispersas entre o que, ao lado delas, se afigura um conjunto de detalhes de bem menor importância. Fora de qualquer cogitação, elas são o núcleo essencial deste livro, a grande justificação do resto, ao lado delas o mais é irrelevante. De acordo com esse entendimento, como uma espécie de apoio logístico, facilitando a compreensão e a interpretação do que figura nas cartas de Drummond, vão as dirigidas a ele. Falta explicar que todas as cartas de Drummond partiam sempre do Rio de Janeiro. E que mantenho sem correção as minhas, mesmo com erros óbvios, pois correspondem ao meu domínio do português de trinta ou vinte anos atrás.

Apelo para uma numeração com o propósito de ajudar eventuais citações.

No arquivo de Glória Véli (nome artístico da búlgara Slavca Nicolova Velitchcova, 1914, Sófia – 1983, Rio de Janeiro), guardam-se dois telegramas a ela, remetidos por Drummond. Após uma brilhante carreira de soprano, a partir dos anos 1930 estabeleceu-se na capital brasileira. Mas antes cantara nos mais famosos teatros de ópera: o La Scala de Milão, o San Carlo de Nápolis, o Metropolitan de Nova York, etc. No meio carioca ela foi a iniciadora, entre outros empreendimentos em prol do canto lírico, do projeto de ópera nacional permanente, idéia que, lamentavelmente, continua irrealizada. A ex-diva deu uma série de palestras com o título de "A voz na arte lírica", transmitidas pela Rádio Jornal do Brasil, no Rio. Existem, sempre no arquivo de Véli, dois textos daqueles programas: o de número 7, que se refere a 23/5/1944, e o de 14, correspondente a 18/7/1944. Outro texto, desta vez para a Rádio Globo, da mesma cidade, data de 26/5/1948, o que me faz deduzir que a série foi repetida, talvez com modificações, porém mantendo o título. Mas voltemos a 1944. Os programas eram transmitidos uma vez por semana, às terças-feiras, a partir das 19h30, e duravam meia hora. Em razão dos programas, a búlgara mandou convites, para serem ouvidas suas palavras e interpretações, ao ministro da Educação, Gustavo Capanema, e ao seu chefe de gabinete, Carlos Drummond de Andrade, que ocupou esse posto por mais de dez anos (1934-1945). Ambos os telegramas foram endereçados à Rádio Jornal do Brasil, o que indica que são de 1944 e não de 1948. Não dá para identificar as datas nos carimbos. Os respectivos conteúdos são:

II

Snra Glória Véli Rádio Jornal Brasil

Em nome snr Ministro e no meu próprio agradeço gentileza convites para suas conferências sobre voz na arte lírica pt Saudações atenciosas pt Carlos Drummond de Andrade pt Chefe Gabinete M Educação

III

Oficial Sra Glória Véli Rádio Jornal Brasil
Agradeço à ilustre artista gentileza convite para ouvir suas palestras e desejo pleno êxito para sua iniciativa pt Atenciosos cumprimentos Carlos Drummond de Andrade Chefe Gabinete Ministro Educação

Obviamente, visa-se a dois eventos diferentes: Glória Véli teria oferecido um ciclo de palestras pela rádio e um de conferências em algum lugar público. Não é lógico destinar dois convites para uma mesma atividade. Qual a importância dos telegramas dirigidos por Drummond à cantora e professora? É que eles parecem ser o começo do relacionamento epistolar, extraliterário, do poeta com búlgaros. O literário deu-se bem mais cedo, em 1928, com a crônica "Outra história" e o poema "Anedota búlgara", considerados já. Os telegramas permitem levantar a hipótese de um eventual conhecimento entre o itabirano e a búlgara. A suposição é sustentável em face do cargo que ele tinha e do que ela fazia. Além disso, nos anos 1940 do século XX, o Rio de Janeiro contava muito menos habitantes que no século XXI, e o ambiente artístico, a que pertenciam Véli e Drummond, era muito mais estreito.

1

Carlos Drummond de Andrade,   4 de julho de 1972,
"Jornal do Brasil",   Brasília.
Rio de Janeiro.

Prezado senhor,

Sou licenciado em língua espanhola e literatura hispano-americana e professor de espanhol na Universidade de Sófia. Atualmente trabalho na legação da Bulgária no Brasil. Sou tradutor de prosa e poesia de espanhol e português para o búlgaro, escrevo prólogos, artigos, etc. Aliás, sou o tradutor de "Vidas secas" e autor da nota (que acompanha a edição búlgara) sobre o autor, e também de "Cem anos de solidão". Estou esperando que apareça numa revista literária na Bulgária uma apresentação da poesia do senhor que eu traduzi e acompanhei duma nota curta. Entre os poemas que escolhi está "Anedota búlgara".

Tenho a honra de enviar-lhe um exemplar da antologia mundial "Sempre haverá mar" (antologia mundial da poesia marítima dos séculos 19 e 20), publicada pela Editora na cidade de Varna, especializada em livros originais e traduzidos sobre temática marítima. A referida antologia apareceu no ano 1971, é da autoria dos poetas e tradutores Atanas Daltchev e Alexandre Muratov. O Brasil está presente com "Marinheiro triste" de Manuel Bandeira (p. 174) e "Privilégio do mar" (p. 176). A tiragem é de 5.100. Desculpe por ter colocado o meu nome, mas quando comprei o livro não suspeitava essa feliz viagem ao Brasil.

Gostaria de aproveitar o ensejo para dizer ao senhor que esta é a segunda vez que aparece numa antologia búlgara. No ano 1968 saiu a "Antologia da poesia latino-americana" feita pelos mesmos poetas. Contém 30 poemas brasileiros, entre eles vários do senhor. De maneira que seria bom que em edições de poesia do senhor onde aparecem as línguas para as quais foi traduzido, com toda a razão se incluísse o búlgaro.

Vou trabalhando numa coletânea ou antologia da poesia brasileira contemporânea e gostaria imensamente de falar alguma vez com o senhor. Inclui "Ser" que apareceu na coluna do senhor na seleção que fiz para uma revista búlgara.

Atenciosamente:
Rumen Stoyanov

Endereço:
Rumen Stoyanov,
Legação da Bulgária,
SHJG/Sul – Quadra 704 – Bloco D –
Casa 4 – Brasília DF

"Ser" é o poema "Verbo ser".

IV

Rio de Janeiro, 15 de julho de 1972.

Prezado Sr. Rumen Stoyanov:

O senhor me proporcionou uma surpresa muito agradável, com sua boa carta e o livro que a acompanhou. Eu ignorava que alguém na Bulgária se houvesse lembrado de traduzir os meus poemas. Vejo agora que já são várias as traduções, e que temos na sua pessoa um amigo dedicado da poesia brasileira. Agradeço-lhe vivamente a atenção que teve para comigo, oferecendo-me um exemplar da antologia marítima de Atanas Daltchev e Alexandre Muratov. Como infelizmente ignoro o seu idioma natal, estou privado de apreciar-lhe o conteúdo, mas nem por isso a obra é menos preciosa para mim, uma vez que seus autores quiseram incluir nela um reflexo da poesia do Brasil.

Anotei a informação sobre a outra antologia dos mesmos autores, de poesia latino-americana, e aguardo com natural interesse a publicação do que o senhor está preparando, e que irá tornar mais conhecidos no seu país os nossos poetas. É um bom serviço que lhe ficaremos a dever. Por outro lado, seria interessante cuidar de apresentar aos leitores brasileiros uma seleção de poetas búlgaros contemporâneos, lamentavelmente desconhecidos entre nós.

Gostaria de incluir na bibliografia que acompanha os meus livros a referência às traduções já aparecidas na Bulgária, como sugere sua carta. Entretanto, o critério editorial só abrange as edições estrangeiras de livros do autor, não incluindo as publicações esparsas em periódicos ou antologias coletivas.

Renovando-lhe os agradecimentos, envio-lhe cordial abraço, com sincero apreço intelectual,

Carlos Drummond de Andrade

Rua Conselheiro Lafayette, 60, Ap. 702

O endereço particular indica uma disposição de manter o contato estabelecido via *Jornal do Brasil*, e isso possibilitou a continuação da troca de cartas, passando eu a mandar minha correspondência para o domicílio do poeta.

A benevolência dele percebe-se igualmente na recomendação de que sejam traduzidos versos búlgaros.

2

7 de agosto de 1972,
Brasília.

Prezado senhor Drummond de Andrade,

Agradeço-lhe muito a cordial carta. E peço desculpas pelo atraso com que lhe respondo. Mas não queria escrever-lhe sem acompanhar a carta com este poema e o artigo. O poema é do nosso melhor poeta vivo, aliás, tradutor do senhor nas duas antologias às quais me referi na minha carta anterior: Atanas Daltchev. Antes de vir ao Brasil, eu falei com ele, dizendo-lhe que levava seu livro de poesia com o propósito de traduzi-lo aqui. Quando ele souber que com a intervenção e talvez (para nós seria uma honra) tradução do senhor foi possível a publicação de poesia dele, ficará muito contente. Agora envio o poema "Narração" de Daltchev, estando disposto a selecionar e mandar mais coisas dele que gostaria de traduzir junto com o senhor. Estarei aguardando a resposta do senhor. Mando também um artigo que escrevi aqui (assinei com o nome do meu pai por não ser possível evitar o meu falando de traduções de brasileiros na Bulgária). Ficaria muito grato se o senhor conseguisse a publicação deste artigo no "Jornal do Brasil" ou em qualquer outra edição literária. Espero poder ir breve ao Rio e gostaria de falar com o senhor sobre a coletânea de poesia brasileira contemporânea que vou fazer e também sobre essa sua proposta de apresentarmos uma seleção de poesia búlgara. Talvez nada melhor que Daltchev, se se trata dum só poeta. Porém poderíamos escolher vários. Eu tenho em espanhol uns 60 poemas búlgaros, quase todos traduzidos por mim, que levarei ao senhor quando for para o Rio. Ao final permito-me mandar dois poemas meus, escritos em Brasília, em português. Em realidade, eu comecei escrevendo poesia no Brasil. Fiz o primeiro poema quando tinha uns 12 anos. Mas tiveram que passar quase 20 para me encorajar a começar de novo, depois de ter lido e traduzido poesia. É por isso que eu gostaria muito de saber a sincera opinião do senhor sobre esses tardios poemas meus. Quem melhor do que o senhor poderia julgá-los, não só por serem escritos em português? Desejando-lhe boa saúde, despeço-me

cordialmente:
Rumen Stoyanov

V

Rio de Janeiro, 21 de agosto de 1972.

Prezado Rumen Stoyanov:

Segue junto a esta o recorte do seu artigo, publicado hoje, com destaque, pelo *Jornal do Brasil*. Acredito que ele provocará interesse entre os leitores, tão desinformados da corrente de simpatia que o Brasil e suas letras já despertam na Bulgária.

Apreciei muito o pungente poema de Atanas Daltchev, que me mandou com sua carta: dá bem idéia da força do autor, ao exprimir de maneira simples e incisiva uma dramática situação existencial. Não recebi, porém, os dois poemas de você, anunciados na mesma carta. Desistiu à última hora de remetê-los, ou foi esquecimento? De qualquer modo, estou curioso de lê-los.

Acho boa a idéia de uma seleção de poemas búlgaros em tradução para o português. Procure realizá-la. Não me julgo, infelizmente, em condições de colaborar no projeto, pois ignoro a língua original, e já fiz algumas tentativas de tradução indireta, de outros idiomas, que não me deixaram satisfeito. Se a tradução direta costuma sacrificar valores verbais e sutilezas de pensamento, que dizer da outra? Isto não significa que eu reprove este tipo de tradução. Muitas vezes ele é o único possível e, apesar de suas limitações, presta serviços consideráveis, como seria o caso da antologia planejada. Apenas, falta-me *élan* para um trabalho que me deixa sempre com a sensação de ato inacabado e imperfeito, quando infiel ao modelo. Espero que compreenda o meu escrúpulo, pois de modo algum ele representa desapreço pelo projeto.

Cordialmente, o abraço de

Carlos Drummond de Andrade

No recorte o poeta anotou a mão:

"Jornal do Brasil"
21 de agosto 1972

3

28.8.72

Prezado senhor Drummond,

Desculpe não responder imediatamente sua carta com o artigo meu publicado no "Jornal do Brasil". Eu não notei a publicação no número apesar de tê-lo lido e neste sentido devo agradecer ao senhor uma gentileza mais comigo. Aliás, eu não esperava uma solução tão rapidíssima ao assunto do artigo. Estou-lhe muito agradecido. Certamente, eu no último momento desisti e não coloquei no envelope os dois poemas meus dos quais falei na carta. Achei que não merecem tanta atenção. Porém agora, levando em conta o desejo do senhor de dar uma olhada neles, aqui vão. Quase todos foram escritos diretamente em português, o que explica certas asperezas lingüísticas que eu não eliminei porque com exceção de "Brasília", ninguém leu-os. Dois escrevi em búlgaro, as traduções não são satisfatórias, também ninguém as conhece e conservam seus desperfeitos. Por exemplo "Compra de livro", o primeiro que fiz de todos, tem uma série de inexatidues que eu não consegui evitar. Não é a palavra em búlgaro "bibliófilo", senão algo como "bibliômano", maníaco de livros. Além disto nos livros búlgaros sempre aparece o nome do revisor, a data de entrega para a composição, a data quando foi acabada a impressão, etc., não sei se por esses pormenores em português dará para entender o poema bem. Eu conhecia a terra vermelha desde Cuba (nos países europeus esta cor é bem rara, falando da terra, pensando nela, um búlgaro sempre associa-a à cor negra, por isso na nossa poesia folclórica, etc., existem muitas frases feitas, etc., em que a terra é sempre "negra", na poesia pessoal, a culta, também). Por esta razão, aqui, em Brasília, eu fiquei como obsessionado por esta cor vermelha – para mim, para a nossa sensibilidade, tão estranha. Ainda, com mais de 2 meses em Brasília, não posso aceitá-la como cor natural da terra. Nos sábados e domingos eu visito os povoados próximos do Plano-Piloto. Assim conheci todas as cidades satélites (Ceilândia Sul, Planaltina, em total são umas dez), outras mais distantes e fora do Distrito Federal: Anápolis, Formosa... Estive na Pedra Fundamental — a coisa mais impressionante que eu vi por enquanto como paisagem no Brasil, comparável — em outro plano – só com a vista desde o Pão de Açúcar. Assim surgiram os poemas do ciclo "Obsessão pelo vermelho". Estou escrevendo tudo isto porque não sei como um brasileiro pode entendê-los, se para ele é a coisa mais natural do mundo que a terra seja vermelha, se um formigueiro desta forma e desta cor (sempre vermelha) é tão lógico, etc. Escrevendo ao senhor sobre o meu desejo de fazermos uma seleção de poesia búlgara em português, eu queria só dizer que eu posso fazê-las, mais ou menos, como a poesia de Daltchev e o senhor poderia aperfeiçoar as versões. Eu penso agora traduzir mais poemas de Daltchev e por enquanto oferecê-los a uma página literária — não tenho contatos com editores, é muito provável que eles não aceitem publicar um autor completamente ignorado aqui, mesmo já tendo um livro editado em Paris. A não ser que a curiosidade dos leitores por conhecer que é que escreve um búlgaro seja a garantia comercial para os editores.

Uma vez mais quero-lhe expressar minha gratidão pela publicação do artigo numa edição tão apreciada e lida. E agradecer-lhe mais ainda toda esta atenção com a qual o senhor me honra profundamente.

Com toda minha admiração:
Rumen Stoyanov

4

26/9/72

Prezado senhor Drummond,

A demora da resposta à minha última carta faz-me pensar em várias razões. Uma delas é que eu talvez feri com alguma coisa os sentimentos do senhor como poeta e brasileiro. Se tenho cometido isto, seja na carta, seja naqueles versos desajeitados, peço ao senhor que me desculpe, terá sido algo completamente fora de meu propósito.

Com todo o meu respeito:
Rumen Stoyanov

VI

Rio de Janeiro, 29 de setembro de 1972.

Prezado amigo Rumen Stoyanov:

Respondo imediatamente sua carta de 26. Como lhe veio à cabeça a idéia de que meus sentimentos de poeta e de brasileiro pudessem estar feridos pelas palavras de sua carta anterior, ou pelos seus poemas? Não houve nada disso. Apenas demorava a responder-lhe porque estas últimas semanas têm sido de trabalho intenso, com a preparação de alguns textos solicitados por um jornal e uma editora, ambos reclamando urgência, e ainda com a organização dos originais dum novo livro, para atender a compromisso assumido há meses. Tive que deixar de lado as cartas, para reatar a correspondência logo que me visse mais folgado. Esta, a razão exclusiva porque ainda não lhe transmiti minha impressão sobre os versos que gentilmente me enviou, e que despertaram vivo interesse.

Sua visão poética de Brasília e, por extensão, do Planalto Central, tem para mim o mérito especial de ser descompromissada do ponto-de-vista local ou nacional. Como representante de uma cultura totalmente desvinculada da nossa, você sentiu Brasília com intensidade maior e com originalidade pessoal. Costuma-se considerar a Capital apenas como obra estética ou criação política. Sua Brasília é um complexo humano, ao lado da notação paisagística. Falta apenas aos poemas, no texto que li, o polimento da linguagem, que deixa ainda a desejar quanto à correção. O que, de resto, é perfeitamente compreensível, e não invalida a intensidade da emoção ou a finura da percepção visual que eles revelam. Tomei a liberdade de revisá-los do ponto de vista da expressão vernácula, para que mais facilmente você possa publicá-los, por exemplo no Suplemento Literário do "Minas Gerais", de Belo Horizonte (o secretário chama-se Ângelo Oswaldo de Araújo Santos; o endereço é Avenida Augusto de Lima, 270).

E é só, no momento, além do abraço cordial que lhe envia

Carlos Drummond de Andrade

Por favor, nunca leve a mal
alguma futura e eventual demora
de minha parte em responder-lhe.
CDA

(A última frase está escrita a mão.)

Junto com a carta Drummond devolveu nove poemas meus, porém corrigidos por ele, a mão, com tinta azul. Os primeiros quatro pertencem ao ciclo "Obsessão pelo vermelho". Conservo intactos meus tropeços, e o que o mestre riscou ou acrescentou vai com destaque, assim fica clara sua intervenção.

"Ocaso em Ceilândia Sul"

Aqui tudo é vermelho:
a terra é vermelha,
as pedras são vermelhas,
os formigueiros são vermelhos,
o barro sob as unhas dos candangos é vermelho,
a poeira é vermelha,
o vento é vermelho,
o sol é vermelho,
o asfalto é vermelho,
o cavalo branco é vermelho,
o cachorro pardo é vermelho,
a samambaia verde (se houvesse) também seria
vermelha.

> Só as manchas incendiadas do mato são negras e
> alegres por serem diferentes.
> Jamais imaginei que o vermelho pode **pudesse** ser uma
> cor tão triste.

"Planaltina"

> *Em ti tudo é poeirento e vermelho:*
> *as telhas são poeirentas e vermelhas,*
> *os adobes são poeirentos e vermelhos,*
> *as garrafas de cachaça, (são) poeirentas e vermelhas,*
> *o arame farpado (é) poeirento e vermelho,*
> *os negrinhos perseguindo a bola, (são) poeirentos e*
> *vermelhos,*
> *as folhas andrajosas doas bananeiroas, (são)*
> *poeirentas e vermelhas,*
> *a sombra gorda do ficus é poeirenta e vermelha.*

> Unicamente as poças são barrenta*sosas e vermelhas.*

Por que *unicamente*? Não seria antes *também*?

Eu quis valer-me de uma sutileza ("Unicamente as poças são barrentas e vermelhas" devia frisar que tudo é vermelho, há uma oposição entre o barrento das poças e o poeirento do resto, do enumerado anteriormente, ela devia sugerir que fora do poeirento e barrento não existe outra diferença, quer dizer, no restante tudo é vermelho, o vermelho é o dominador comum a tudo), mas ela ficou sutil demais, ao ponto de não funcionar: se o mestre não percebeu a verdadeira intenção do disparate intencional. O poema é construído exatamente na enganosa oposição entre o último verso e os precedentes.

"Oxalá"

Estas casas brancas,
este sol enceguecedor,
este sem-fim incorpóreo,
esta sensação de asas,
— e estou vendo no horizonte,
onde azulece o planalto vermelho,
o mar.

Oxalá olhando o Mar Negro (*)
eu sempre veja o Planalto Vermelho.

(Inverti os termos para
evitar a aproximação com
a palavra *sempre-viva*, que
significa uma flor. A mudança,
entretanto, não é fundamental.)

(*) O mar da Bulgária é o Mar Negro.

"Viagem através do mato"

Por que precisamente aqui penso em "Dodeska –
Den"?...
Por que, se aqui não está o louco no seu automóvel
invisível?
Somente porque aqui as árvores, enanas **(anãs)**,
negras e crispadas, lembram [uma gravura japonesa?
Por que, se aqui o duro Caminho da Vida passa entre
formigueiros e erva seca?
Será porque aqui também, no meio do Planalto,
algum homem esfomeado vê

(como no filme), além desta poeira vermelha, uma
                                    casa grande e luminosa?
Por quê?

"Brasília"

A Maria Lúcia do Nascimento Pereira

Contam que Lúcio Costa, há tempos (atrás),
riscou duas linhas no guardanapo, enquanto (estava
                        [bebendo) **bebia** *sua cerveja.*
Agora, (uns) dizem **alguns** *que tens a forma de uma*
                                            [cruz.
Talvez sejam religiosos e **precisa(e)m** *de ti para apoiar*
                                            [sua fé.
A maioria te assemelha a um avião.
Talvez porque de crianças sonhavam com ter asa.
Outros su(o)bem (na) ***à*** *torre de televisão antes de*
[(pronunciar) **proferir qualquer** *sua estimativa.* ***(ou***
                                        [julgamento?)
São os amadores de afirmações infalíveis.
Muitos não **nada** *vêem além das tuas casas cômo-*
das.
São os mais tristes, os faltos de imaginação.

Os candangos nem se interessaram no ***(pelo)*** *símbolo.*
(Somente) pensavam **somente** *que com aquele guar-*
                [danapo poderiam ganhar a dura vida.
E te ergueram do vermelho nada do Planalto.

SEM MÉTRICA
SEM RIMAS
SEM IMAGENS

SEM METÁFORAS
SEM COMPARAÇÕES,
*SIM (**SEM?**) POEMA:*

Eu te quero.

Outra tentativa que não deu: pretendia expressar que mesmo sem métrica, etc., sim, é um poema, quando se ama.

"Compra de livro"

Para meu pai, bibliófilo

*Eu te sopeso como **a** um bebê recém-nascido,*
acaricio tua lombada como se fosses um gato,
folheio-te com esperança: ao menos não tens discurso
[(direto),
toco teu papel distraidamente
porque já estou tentando vislumbrar através do teu
[tipo de letra
*se aquele **alguém** te escreveu para **por** dinheiro*
*ou lhe **o** angustiava insuportavelmente alguma lem-*
[brança,
*como por acaso, dou um(a) olhada **olhar** na **à** cifra*
[de tua última página,
não salto o nome de tua revisora (será bonita?),
opa, pois eu estava no campo, quando tu entravas na
*[imprensa **tipografia**,*
quase sempre digo para mim que tua tiragem é (pou-
*[ca) **pequena**,*
imperceptivelmente te farejo
e se não fosse tão tímido, dar-te-ia uma mordida
*(igual a uma) **como se faz com a** moeda,*
*para certificar-me **de** que és de ouro,*

> e no fundo estou pensando em **Isaac** Babel:
> (-) "a **A** gente deve ler uns quantos livros na (sua)
> [vida,
> mas para chegar a entender **saber** quais exatamen-
> te [**exatamente quais**, tem que **de** voltar
> [**folhear?** milhares" -
> e acredito que és tu, por fim.

Do búlgaro: o autor.

Isaac Babel – escritor soviético, autor de *Cavalaria verme-lha*, acho que é assim a tradução ao português.

> "Acasos entre brasileiros"
>
> *O primeiro quem tocou violão para mim foi um mu-*
> *[lato.*
> *O primeiro quem preparou o café para mim foi uma*
> *[negra.*
> *O primeiro quem me fez entrar na sua casa foi um*
> *[pobre.*
> *A primeira garota que beijei foi uma analfabeta.*

Drummond, provavelmente por distração, passou por cima do equivocado emprego do *quem*, nesse poema.

> "Brasília, às sete da noite,
> passeando pela calçada da rua principal"
>
> *Depois do primeiro **qu**kilômetro*
> *chego a um negrinho que come numa lata*
> *e (ambos) **trocamos** os dois (nos damos) um(a)*
> *[olha(da)r surpreendi(da)o;*
> *a(n)o segundo **quilômetro**,*

> *passo (ao lado de)* ***junto a*** *dois namorados que (es-*
> *[tão-)se beija(****m****)ndo*
> *e encorajado sigo caminhando;*
> *a (****n****)o terceiro,*
> *já avisto as fontes luminosas e sonoras*
> *e alegremente (me apressuro)* ***corro*** *para elas:*
> *lá tem* ***estão*** *várias pessoas.*

5

2.7.72

Prezado senhor Drummond,

Agradeço muitíssimo sua carta de 29 de setembro e, mais ainda, as generosas palavras referentes a meus poemas. Para mim elas têm a importância de um grande estímulo, porque se trata dos primeiros versos que escrevi, além do mais, em português. Seu julgamento veio a dissipar minhas dúvidas se valia a pena continuar fazendo versos porque em realidade sempre sonhei com ser prosador e jamais tive a ousadia de escrever contos, com exceção de uma só vez, há 11 anos, quando comecei um conto e o deixei porque fiquei confuso com o fato de que podia dizer uma coisa de muitas maneiras e não sabia qual escolher, qual era a melhor, qual era a minha. Quanto à poesia, lembro-me que escrevi uma coisa quando tinha uns 10/12 anos, depois nunca volvi a fazê-lo. De maneira que talvez dentro de uns dez anos comece a escrever contos. Já tenho 31 anos e não tenho certeza se não ultrapassei "a idade da poesia", quer dizer, se posso prescindir da adolescência em que não aproveitei meu tempo para fazer versos. (Nasci em 29 de outubro de 1941.) De todas maneiras, seguirei escrevendo poemas, mesmo que não goste deles. Depois de ter escrito o poema, perco todo interesse por ele e logo começo a pensar que não presta para nada. Permito-me enviar-lhe dois poemas pequeninos, já saindo da "Obsessão pelo vermelho". É "Pedra fundamental" que é a melhor homenagem que eu posso fazer, com minhas humildes possibilidades, ao aniversário do senhor. Peço que o senhor não repare nos erros sintáticos e ortográficos, senão leve o poema como uma mensagem dos meus melhores sentimentos com motivo do seu aniversário. Quando falamos pelo telefone, o senhor disse que não gosta de dar entrevistas e eu entendo perfeitamente sua razão. Se ponho a folha com as perguntas no envelope é porque nelas não pergunto sobre a própria poesia do senhor, como geralmente se faz em semelhantes ocasiões, e quiçá por isso o senhor as ache interessantes para contestar. Eu gostaria muito de mandar para uma revista búlgara esta ou qualquer outra entrevista do senhor. Mando também 4 poemas mais de Daltchev. Penso apresentá-lo com eles e "Narração" que o senhor já conhece, escrevi a nota sobre o poeta. Peço desculpas por ter-lhe mandado minha última carta, não faço questão de que o senhor conteste minhas cartas, sei que tem coisas mais importantes que fazer.

Cordialmente o saúdo:
Rumen

Sete perguntas a Carlos Drummond de Andrade

1. Se tivesse que definir em resumo a poesia brasileira, quais seriam as caraterísticas que o senhor gostaria de sublinhar, em comparação com as duas poesias européias que mais têm a ver com ela, a portuguesa e a francesa?

2. Com respeito às demais poesias latino-americanas, quais são, ao seu ver, os traços distintivos da poesia brasileira e qual é o lugar que ela ocupa presentemente dentro do quadro latino-americano?

3. Um mês e meio antes do aniversário do senhor, o Brasil festejou os 150 anos da proclamação da sua independência nacional. Em que medida e como a evolução poética acompanhou o processo histórico do país?

4. Que é o que pensa da jovem poesia brasileira?

5. O senhor é autor de um pequeno poema, "Anedota búlgara", como surgiu a idéia de escrevê-lo?

6. O senhor leu as traduções ao português de vários poemas de Atanas Daltchev, aliás, seu tradutor para o búlgaro; como impressionaram eles o senhor, mesmo com a ressalva de que é um pouco riscoso opinar em base de traduções?

7. Sei que a pergunta que gostaria de lhe fazer no final não pode ser respondida, mas precisamente por isso todo poeta procura sua resposta e se faço a pergunta é porque acredito que com 70 anos ao serviço da poesia o senhor está em condições de dar certa resposta: o que é a poesia?

VII

Rio de Janeiro, 7 de fevereiro de 1973.

Prezado Rumen Stoyanov:

Você já deve ter perdido a esperança de receber uma palavra de resposta a sua última carta... Ela chegou em outubro do ano passado, e até agora nada! Não sei como justificar-me, senão dizendo que minha vida, como qualquer outra, conhece fases de atropelo e desarrumação, que se refletem na correspondência, ou melhor, na falta de. Foi o que aconteceu. No fim do ano passado e começo deste, não pude manter um ritmo normal de comunicação com amigos e confrades, e um destes a quem faltei com a resposta e o agradecimento devido foi infelizmente você.

Vejo que você, como eu, nasceu sob o signo de Escorpião, e embora não dê significação maior à influência das estrelas, anoto com prazer a coincidência, que de certo modo estabelece uma afinidade. Por isso talvez senti melhor a essência de "Pedra fundamental", que você me dedicou pelo meu aniversário. Era um pouco o seu aniversário também que se refletia nessa sensação de terra brasileira que você procurou interpretar e penetrar com força poética e tensão espiritual. Agradeço-lhe a oferenda amiga. E mais a dos outros poemas seus (particularmente, "Ler é respirar", admirável síntese e expressividade) e os de Daltchev, dignos de divulgação entre nós, pela alta qualidade. Quanto às "Sete perguntas" da entrevista, não leve a mal que eu deixe de respondê-las. Sou realmente alérgico ao processo de manifestação de juízos e pontos de vista sob a forma de perguntas e respostas, uma vez que, pela minha própria condição de escritor público, estou sempre dizendo como posso (ou como deixam) o que penso disto e aquilo, e mesmo indireta ou metaforicamente continuo a dizê-lo através da poesia, que a meu ver é confissão pessoal e depoimento sobre o mundo. A última pergunta, então, a gente vive pensando em respondê-la a si mesmo, e quem é que o conseguiu de maneira cabal até hoje: o que é poesia?

Prezado Stoyanov, receba o meu abraço como sinal do muito que o prezo e já o estimo.

Carlos Drummond de Andrade

6

14.2.73

Prezado senhor Drummond,

Há uns dias recebi sua carta de dia 7 de fevereiro. Foi uma surpresa alegre, posto que realmente já não esperava ter carta do senhor. Atribuía seu silêncio à minha imprudência de ter-lhe enviado as perguntas mesmo que o senhor me disse pelo telefone que não gosta de entrevistas. Eu pensei que como as perguntas se referem não a sua própria obra, senão têm um caráter geral, o senhor aceitaria conceder a entrevista. Depois, meus amigos me explicaram que o senhor não dá entrevistas. O que acontece é que na Bulgária sai uma revista semanal, LIK (Literatura, Arte e Cultura), dedicada só às de línguas estrangeiras. Já tudo está arranjado para eu começar a colaborar no sentido de ter uma seção só para mim, chamada, por sugestão minha, "Iberoamérica". Pretendia inaugurá-la com a entrevista do senhor. Vou publicar entrevistas que me sejam concedidas especialmente para isto, traduções minhas de contos e poemas de autores ibero-americanos ainda não publicados em búlgaro, notas sobre eles, traduções de artigos alheios, meus, etc. Seria uma tribuna de arte ibero-americana na Bulgária, uma contribuição especial à difusão das artes, letras e cultura da Iberoamérica. O prazer de ter novamente uma carta do senhor para mim vale mais do que qualquer entrevista. Sua última carta chegou junto com um exemplar do Suplemento Literário do Minas Gerais com um poema meu e uma nota sobre mim. Mandei meus poemas ao Suplemento, como o senhor me aconselhou, e apareceu um poema que o senhor já tinha redigido. É a terceira poesia que publico no Brasil (na Bulgária ninguém suspeita que eu faço poesia). Num jornal de Brasília já tinham aparecido dois. Falando em estrelas, signos zodíacos e afinidades, eu fui caricaturista, publicava caricaturas, inclusive algumas foram mostradas pela TV. Mando-lhe os poemetos que escrevi nos últimos meses.

Com todo o respeito e estimação:
Rumen

VIII

Carlos Drummond de Andrade

Rio de Janeiro, 9 de maio de 1973.

Prezado Rumen Stoyanov:

Obrigado pela remessa de novos poemas, desta vez publicados no *Correio Braziliense*. Fiquei contente por sua poesia assim valorizada e entregue ao público, que espero saiba apreciá-la devidamente. Quanto à "Anedota Búlgara", posso informar-lhe que ela me foi sugerida pela visita do ex-czar Ferdinando ao Brasil, na década de 20. Lembro-me que, em entrevista à imprensa do Rio, como naturalista, ele reprovou a caça às borboletas. Eu tomei conhecimento da Bulgária e de seu imperador quando, ainda menino, folheava as revistas ilustradas do Brasil, e nelas via a caricatura de Ferdinando, com os seus aliados da Alemanha, Áustria e Turquia, na 1ª Guerra Mundial (1914-1918). Uma dessas revistas, a *Careta*, costumava publicar contos de autores estrangeiros, traduzidos, e em sua edição de 17 de abril de 1915 estampou o conto "Associação de Temperança", de Alekî Ivanitzov, dizendo que o autor escreveu "uma espécie de D. Quixote búlgaro". Foi o meu primeiro contato com a literatura do seu país, prezado Stoyanov.

O abraço cordial do seu Carlos Drummond

A mão.

7

28/4/73

Prezado senhor Drummond,

Envio-lhe poemas que apareceram no "Correio Braziliense" recentemente. Queira aceitá-los junto com meus agradecimentos por ter-me estimulado, nesses primeiros intentos na poesia, com boas palavras apesar do alto critério do senhor. Já sei que não concede entrevistas, mas gostaria de lhe pedir, se não fosse contra, alguns detalhes sobre a "Anedota búlgara": o que motivou o poema, como soube daquele rei búlgaro que era realmente caçador de borboletas e homens, como surgiu o poema; enfim, tudo o que o senhor achasse necessário relacionado com esse poema búlgaro: para a crítica literária da Bulgária isso tem importância.

Cordialmente o saúdo:
Rumen

8

2/6/73
Brasília

Prezado senhor Drummond,

Agradeço sua carta de 9 de maio com os dados sobre a "Anedota búlgara". Mandei a uma revista em Bulgária 6 poemas traduzidos do senhor e uma página e meia sobre sua obra, incluindo nessa apresentação a explicação sobre a "Anedota". O que o senhor disse quanto ao conto "Associação de temperança", publicado em 1915 na revista "Careta", é também muito interessante, posto que se trata de conto da autoria de um autor búlgaro muito conhecido lá e provavelmente na Bulgária ninguém sabe que foi traduzido ao português já em 1915. Por isso citei na minha nota quase toda a carta do senhor, fora do que se refere aos seus poemas. O senhor me revelou – e aos estudiosos da obra desse escritor búlgaro também – um dado desconhecido da difusão de sua obra dele no estrangeiro, na América Latina, no Brasil. Acho que ninguém na Bulgária imagina a aparição dessa tradução em 1915. Envio-lhe o suplemento de domingo do "Jornal de Brasília", "Cultura". É o jornal mais jovem de Brasília, só com uns 7 meses de existência. O suplemento é editado por um mineiro jovem. Este número é dedicado à criação do alfabeto eslavo e por isso traz matérias sobre as culturas búlgara e russa. O artiguinho na primeira página explica alguma coisa sobre a Festa da Cultura Búlgara, aliás, ficou muito ruim posto que eu tive que ditá-lo diretamente a um jornalista e foi improvisado completamente. Envio-lhe o suplemento por causa dos poemas de Atanas Daltchev, escritos em 1925.

Cordialmente o saúdo:
Rumen

24 de Maio é festa oficial na Bulgária, comemora-se a criação da escrita eslava, façanha que os irmãos São Cirilo e São Metódio realizaram em 855 com base no búlgaro, seu idioma natal, e a cultura nacional.

E por motivo desse magno dia o *Jornal de Brasília*, generosamente, dedicou ao tema páginas inteiras.

9

23/7/73

Prezado senhor Drummond,

Esta carta vai acompanhada de um exemplar da revista búlgara "Plamak" que lhe dedicou várias páginas no seu número 7 deste ano. Naquele artigo, "Brasil e Bulgária: relações literárias", eu dizia que tinha traduzido para essa revista a "Anedota búlgara". Depois, com motivo do aniversário do senhor, eu traduzi outros poemas e fiz uma nota, para a mesma revista. Porém, apareceram outras traduções, de outros tradutores. Julgando por alguns pequenos fatos que estão na nota sobre a poesia do senhor e nas linhas, no final da revista, sobre sua biografia, para mim está claro que a apresentação que fiz serviu de motivo para o que realmente apareceu. Pessoalmente as traduções publicadas me decepcionaram no sentido de que eu esperava ver minhas traduções. Coisas da vida. Mas estou satisfeito de ver novamente suas poesias em búlgaro. Com motivo disto, envio-lhe também uma pequena nota que acho que deve interessar o "Jornal do Brasil". Na página 94 está a nota "Carlos Drummond de Andrade e a Bulgária", nela vem incluída a "Anedota búlgara". Os poemas que seguem, na ordem que indico, são "Aurora", "Canção amiga", "Não se mate", "Confidência do itabirano", "Menino chorando na noite" e "Os ombros suportam o mundo".

Agradeço muito sua carta com novos dados sobre a "Anedota búlgara" que eu aproveitarei para publicar lá. Espero poder ir ao Rio em agosto, para passar alguns dias, a serviço, e tomara que nos encontrássemos. Mando, também, outros poemas meus.

Cordialmente:
Rumen

Mais uma carta de Drummond em falta, é a terceira, de julho ou agosto de 1973. Quantas serão no total?

A nota, copio-a como está no arquivo de Drummond: não estou em condições de resgatá-la da imprensa, porque ela foi publicada mas não lembro onde e quando, e talvez algo no texto tenha sido mudado, omitido ou corrigido:

Rumen Stoyanov:

Carlos Drummond de Andrade outra vez em búlgaro

A revista *Plamak* (Chama), órgão da União dos Escritores Búlgaros, em seu sétimo número, de abril próximo passado, dedicou seis páginas ao grande poeta brasileiro. Essa revista, fundada em 1924, é uma das publicações periódicas de maior prestígio na vida literária e artístico-cultural da Bulgária. Hoje em dia sai, quinzenalmente, numa tiragem de cerca de 12 mil exemplares, para uma população que não chega a 9 milhões.

No referido número, a *Plamak* ofereceu várias matérias sobre as letras latino-americanas, a primeira das quais é a apresentação de Drummond, seguida pelo artigo "Panorama da literatura mexicana", a "Novela contemporânea latino-americana", "O real e o fantástico", relativo à recente aparição, em búlgaro, de uma seleção de contos de Júlio Cortázar.

O trabalho de Jacques Biteff que aborda a novela latino-americana, comentando a edição *Quinze novelas da América Latina*, da Casa das Américas, em Havana, que contém "A hora e a vez de Augusto Matraga", de Guimarães Rosa, faz referências a essa obra-prima e também a Graciliano Ramos e José Lins do Rego, cujos livros avulsos saíram na Biblioteca Literatura Latino-Americana, na mesma capital.

Dessa feita, Drummond foi apresentado com sete poemas: "Anedota búlgara", "Aurora", "Canção amiga", "Não se mate", "Confidência do itabirano", "Menino chorando na noite" e "Os ombros suportam o mundo" – em tradução dos poetas Alexander Muratov e Atanas Daltchev – acompanhados pelo comentário "Carlos Drummond de Andrade e a Bulgária", de Muratov. Nessa nota de uma página, o autor, falando sobre a poesia de Drummond e suas impressões sobre ela, frisa a breve "Anedota búlgara" do brasileiro, que é de especial interesse para os búlgaros.

Poesia de Drummond não sai pela primeira vez em búlgaro. Entre suas apresentações, devemos destacar o fato de que ele figura em duas antologias coletivas publicadas naquele país. Em 1968, a Editora Narodna Cultura, especializada em literatura traduzida, lançou a antologia *Poesia latino-americana*, na qual, entre os poetas brasileiros, Drummond aparece com seis poemas. Três anos mais tarde, a Editora de Varna — famoso balneário à beira do Mar Negro — publicou a antologia *Mar sempre haverá*, trazendo poemas do mundo inteiro dedicados ao mar. De Drummond foi escolhido "Privilégio do mar". O Brasil está presente nessa antologia também com poema de Manuel Bandeira. Agora, Carlos Drummond de Andrade é o poeta brasileiro mais traduzido para o búlgaro.

As duas antologias são fruto dos esforços comuns de Atanas Daltchev e Alexander Muratov, de maneira que a última apresentação de Drummond em *Plamak* é mais uma demonstração de seu trabalho de difusores da poesia brasileira na Bulgária e mais uma contribuição ao desenvolvimento das relações literárias entre os dois povos.

IX

CARLOS DRUMMOND DE ANDRADE

Rio, 8 de julho de 1973.

Prezado Rumen:
Aqui está sua boa carta de junho. Fico satisfeito por ver você integrado na imprensa literária do Brasil, e prestando um bom serviço a todos nós: a revelação do grande poeta que é Daltchev. Apreciei muito suas traduções no suplemento do "Jornal de Brasília". Continue a divulgar a poesia do seu país, não deixando de fazê-lo também quanto à que você vem compondo no Brasil. Ainda sobre a "Anedota Búlgara": verifiquei em meu arquivo que ela foi publicada na "Revista de Antropofagia", de São Paulo, edição de dezembro de 1928. Portanto, a viagem do ex-czar Ferdinando ao Brasil, que a inspirou, ocorreu antes dessa data. Na Enciclopédia Delta-Larousse está registrada uma primeira viagem de Ferdinando à nossa terra: em 1879, com 18 anos de idade. Suas observações botânicas foram reunidas na obra "Itimera Principium S. Coburgi", 1883-1888, em dois volumes.

Com um abraço amigo, o seu

Carlos Drummond

A carta está escrita a mão. Como nas ocasiões anteriores, não omito o "Carlos Drumond de Andrade" no papel timbrado usado pelo remetente.

X

Rio de Janeiro, 8 de agosto de 1973.

Caro Rumen:

Desta vez, nem sei como começar a agradecer. Primeiro, a revista "Plamak" com as traduções, ou os poemas brasileiros que você está fazendo em Brasília?

Digo brasileiros, porque escritos no Brasil, mas a essência deles transcende a limitação geográfica e mesmo "essa coisa solene que se chama de pátria". A universalidade deles me parece incontestável. Os que encerram uma "ars poetica", por exemplo. Você conseguiu achar belíssimas coisas, tanto em "Conselho do pedreiro", como em "Poesia", e ainda em "Palavra que espero". A riqueza metafórica, a generosa identificação com o humano conferem vivo interesse a seus versos. E à medida que o seu domínio da nova língua se for positivando, mais esses poemas deverão tocar leitores brasileiros.

Fiquei muito contente com a publicação dos meus poemas na grande revista literária de seu país. Lamento é que não tenham saído as traduções feitas por você, pois o que seria justo era "dar o seu ao seu dono", e seu trabalho de divulgação das letras brasileiras na Bulgária está patente e deve ser assinalado.

Tenho certo escrúpulo de levar ao "Jornal do Brasil" a nota sobre a edição de "Plamak" dedicada em parte ao Brasil, porque nela se destaca a parte que se refere a mim. É pena, porque também fala em outros autores, e me seria agradável contribuir para que o fato seja conhecido entre nós. Mas, você compreenderá a minha natural reserva, estou certo.

Na expectativa de um próximo encontro pessoal, abraço amigo e cordial do seu

Carlos Drummond de Andrade

10

2/9/73

Prezado senhor Drummond,

Mando-lhe um exemplar, anexo à presente, do "Jornal de Brasília" em que apareceu minha nota sobre a publicação de poemas do senhor na revista "Plamak". A nota está na página 21, sob o título de "Revista búlgara publica poesias de Drummond". Entreguei, há tempo, essa nota na representação do "Jornal do Brasil" em Brasília, gostaram dela e disseram que ia sair posto que o fato interessava o "JB". Mas até agora não apareceu. Recentemente passei três dias em Belo Horizonte, para assistir à inauguração da exposição fotográfica "Arte antiga e folclore da Bulgária" no Palácio das Artes. O "Diário de Minas" prometeu publicar a nota também. O "Suplemento Literário" publicará minhas traduções de poemas de Daltchev. Há pouco, recebi uma carta dele por motivo de poemas seus publicados no Brasil por mim.

Cordialmente o saúdo:
Rumen

P. S. Decidi mandar-lhe um catálogo da Exposição Búlgara em Belo Horizonte, por ter sido realizada na terra do senhor.
R.

11

26/9/73

Prezado senhor Drummond,

Agradeço-lhe muito o exemplar de "Menino antigo" que o senhor me enviou. Já li o livro com o prazer e admiração com que leio seus poemas. Fiquei muito alegre ao receber o livro com a dedicatória que me obriga tanto a procurar escrever boa poesia. O senhor recebeu o "Jornal de Brasília" com aquela matéria minha sobre sua apresentação na "Plamak" que lhe mandei há dias? Uma semana atrás no "Caderno de Sábado" do "Correio do Povo" saiu uma página com poemas meus e a mandei para o senhor. Acho que conhece estes poemas.

Agradeço-lhe uma vez mais a fineza que teve de me oferecer o "Menino antigo" dedicado e cordialmente o saúdo.

Rumen

XI

CARLOS DRUMMOND DE ANDRADE

Rio de Janeiro, 28 de outubro de 1973.

Meu caro Poeta:

Viva! Tive muita alegria ao ver a página do suplemento do *Correio do Povo* valorizada com os seus poemas, que assim vão conquistando leitores brasileiros. Obrigado pela remessa da notícia aparecida no *Jornal do Brasil* sobre a *Plamak*, e também do catálogo da exposição de arte búlgara, que, a julgar pela enumeração das peças, oferece testemunho de uma rica tradição cultural e espírito criativo.

O abraço amigo e a admiração do seu

Carlos Drummond de Andrade

A mão.

Da carta de 24/2/1974 tenho apenas o trecho antecipado na página 160, a saber:

XII

24 de fevereiro de 1974:

Você me pede o número da *Careta* que publicou o conto de Ivanitzov, para ser oferecido ao museu do escritor. Eu o daria com o maior prazer, se o exemplar não fizesse parte da coleção, que vai de 1908 a 1917. Retirá-lo importaria em danificar o volume, entende? Mas poderei tirar uma cópia xerográfica das duas páginas em que o conto foi publicado, remetendo-as a você. Espero fazer isto na próxima semana.

XIII

O mesmo quanto à carta de 22/3/1974, trecho transcrito na página 44.

22 de março de 1974:

Com prazer lhe mando informações sobre a *Careta*. Era uma revista semanal, humorística, política, literária e de atualidades, que se publicou no Rio de Janeiro a partir de 6 de junho de 1908 até novembro de 1960. Fundada por Jorge Schmidt e dirigida, após o falecimento deste, pelo seu filho Roberto Schmidt, teve como diretor, na fase mais brilhante, Mário Bhering, que foi também diretor da Biblioteca Nacional do Rio de Janeiro. A *Careta* alcançou grande popularidade, principalmente por ser ilustrada pelo notável caricaturista J. Carlos, e ainda por sua atititude de oposição ao governo do Marechal Hermes da Fonseca, Presidente da República de 1910 a 1914. Seu proprietário e alguns dos seus redatores chegaram a ser presos na fase final desse governo. Nessa revista, o poeta Olavo Bilac publicava os sonetos do seu livro *Tarde*, na época em que o Brasil o consagrava como o poeta mais importante de sua geração. A partir de 1911, a *Careta* começou a divulgar contos de autores franceses, e em 1915 passou a divulgar outros das mais diversas origens: Hungria, Turquia, Finlândia, Grécia, Síria, etc., provavelmente traduzidos para o português através de versões francesas, pois era sensível, e mesmo dominante, a influência da França na cultura brasileira no começo do século. Foi nesse contexto que apareceu, na edição de 17 de abril de 1915, o conto de Konstantinov, cujo nome foi grafado à maneira francesa (Konstantinoff).

Outros dados sobre a revista você encontrará na crônica que escrevi por ocasião do seu desaparecimento, e da qual lhe remeto cópia xerográfica junto a esta carta.

XIV

CARLOS DRUMMOND DE ANDRADE

Rio de Janeiro, 20 de outubro de 1974.

Prezado Rumen Stoyanov:

Respondo com o habitual (e indesculpável...) atraso à sua carta de agosto. Veio com ela o volume francês de poemas de Atanas

Daltchev, dedicado gentilmente pelo autor, graças à amável iniciativa de você. Apreciei devidamente a poesia dele, e vou escrever-lhe expressando meu agradecimento, além de enviar-lhe um exemplar das minhas "Impurezas do Branco".

Estou à espera da prometida revista búlgara de que você me fala em sua carta. A possível edição da Narodna Kultura certamente me dará prazer, se concretizada; mesmo que o não seja, entretanto, já é grata notícia em que vejo igualmente o dedo amigo de você.

Tem feito novos poemas brasilienses, nas folgas do seu trabalho? Gostaria de conhecê-los. Com um abraço afetuoso, o seu grato

Carlos Drummond de Andrade

Não chegou a remeter *As impurezas do branco*, quer dizer, no arquivo do búlgaro não há um exemplar autografado pelo autor; de existir, seria mais um elo valioso na extensa cadeia entre Drummond e a Bulgária. Não posso lembrar que revista teria eu prometido, porém a menção mostra que falta uma carta minha (de agosto de 1973) na correspondência com ele.

12

1/11/73

Prezado senhor Drummond,

Vejo que o "Caderno de Sábado" do "Correio do Povo" tem uma penetração realmente ampla, posto que já várias pessoas me disseram que conheceram meus poemas nele. Obrigado pelas boas palavras do senhor e estou alegre sabendo que acompanha publicações de meus trabalhos. Recentemente enviei ao "Caderno de Sábado" 6 poemas de Daltchev em minha tradução. Será a maior apresentação da sua poesia em língua portuguesa. A nota que fiz termina com as palavras que o senhor foi um dos primeiros leitores de Daltchev em português e cito uma frase duma carta do senhor relativa à obra de Daltchev. Entrementes, saiu a nota (que apareceu no "Jornal de Brasília") sobre a "Plamak" no suplemento "Livro", acho que no penúltimo número: "Drummond em chama". Foi publicada bem reduzida, o senhor deve ter visto. Mandei poemas meus (serão uns 20, não posso escolher e deixo que outros o façam, mesmo depois não sempre gostar da escolha) ao "Jornal de Poesia", talvez apareça algum. Junto a esta, vão alguns poemas que fiz ultimamente. Não dou conta dos poemas que tenho por escrever, constantemente estou com uns 40/50 poemas que não consigo terminar. Em Brasília fundaram um "Clube de Poesia". Deve abranger, apesar do nome, também ficcionistas, críticos literários e jornalistas, ao máximo 45 pessoas. Me convidaram e vou ingressar. Não porque acredite neste tipo de associações, mas um dos objetivos do "Clube" é ajudar (mediante as jóias e as quotas mensais) a edição de livros. Gostaria de publicar um livro de poemas feitos em português no Brasil. E, de ser possível, um de traduções de Daltchev. Assisti ao Encontro Nacional de Escritores, conheci alguns poetas e mandei poemas ao "Jornal de Letras". Junto com o conselheiro cultural da Embaixada Argentina, Rubén Vela, traduzo poemas búlgaros ao castelhano. Segundo me batizaram no "Caderno de Sábado", sou xará do Rubén Vela. Pretendemos editar um livro em Buenos Aires. Saudações cordiais:

Rumen

O poeta Rubén Vela, depois de Brasília, foi presidente da União dos Escritores Argentinos, serviu na Áustria e, promovido a embaixador, com esse cargo esteve na República Democrática Alemã, na África, na Austrália. O livro a que me refiro saiu, em 1985, com o título de *24 poetas búlgaros,* na Costa Rica, onde Vela encabeçava a missão diplomática do seu país. "Obrigado pelas boas palavras do senhor e estou alegre sabendo que acompanha publicações de meus trabalhos" significa que ele recebeu antes da minha remessa o *Caderno* e comentou meus poemas nele, faltando a carta respectiva, a quarta, provavelmente de outubro de 1973.

13

20/11/73

Prezado senhor Drummond,

Mando-lhe uma fotocópia da minha matéria "Poesia de Drummond outra vez publicada na Bulgária" que o senhor conhece e saiu também no "Correio do Povo" de Porto Alegre no dia 7/11/73. No último "Caderno de Sábado" do mesmo jornal (17/11/73) saiu uma página dedicada à poesia de Daltchev e na nota me refiro a uma carta do senhor. Se o senhor não tem um exemplar daquele "Caderno", posso enviar-lhe. Agora envio-lhe três poemas que fiz ultimamente. Escrevo bastante, porém me falta um contato direto com a vida, Brasília, infelizmente, não é boa para poetas: é uma cidade de funcionários públicos, burocrática, a vida aqui não oferece uma experiência favorável a quem pretende uma poesia relacionada mais intimamente com o povo.

Atenciosamente:
Rumen

Quando cheguei à nova capital, tinha ela apenas doze anos. A Asa Norte e muitas outras coisas, semáforos, por exemplo, ainda não existiam. Para sentir algo mais que o Brasil é, fora da cidade recém-nascida, nos sábados e nos domingos eu ia a pé à Rodoviária (a do centro) e tomava algum ônibus para uma das cidades-satélites, onde passava o dia e voltava. Tinha uma verdadeira fome do

Brasil, que a pequena capital administrativa não podia saciar: nenhuma capital é o país. Assim recorri todas as povoações do Distrito Federal e várias fora dele, como Anápolis, Formosa, Pirenópolis, Luziânia, Goiânia, etc., mas isso é água para outro balde.

XV

CARLOS DRUMMOND DE ANDRADE

Uma vez mais se constrói
a aérea casa da Esperança.
Nela reluzem alfaias
de sonho e de Amor: aliança.

Ao prezado Rumen Stoyanov,
grato às suas atenções e sob a
viva impressão da leitura de seus
recentes poemas, os votos de
alegria e paz criadora, de

Carlos Drummond de Andrade

Rio, XII, 1973

A mão.

XVI

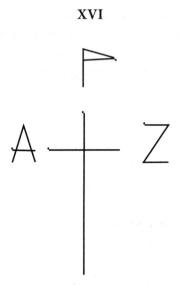

Ao caro Rumen Stoyanov,
o agradecimento
e também os melhores votos de

Carlos Drummond de Andrade

Rio, XII, 1973

A mão.

   Por que duas vezes fui cumprimentado por um mesmo motivo? O remetente esqueceu que mandara a primeira mensagem? Duvido. Ou resolveu, mais tarde, compor um quarteto rimado? É possível. A segunda leva no carimbo postal do envelope a data 27 de dezembro, na outra não dá para decifrar com certeza os algarismos. Já que ambas têm a ver com o Natal, acho que a segunda realmente é posterior: seria pouco provável, pelo atraso, uma cartinha de Natal após 27 de dezembro. Drummond enviou a primeira e depois lhe ocorreu agraciar o destinatário com mais um gesto tão simpático e tão dele, se pensamos como gostava de tais manifestações de carinho.

14

4/1/74

Prezado senhor Drummond,

Agradeço-lhe muito os votos para o Natal e o Ano Novo: que surpresa me trouxeram, e que alegria! São as mensagens mais originais que já tinha recebido por motivo do Natal e o Ano Novo. É incrível como o senhor tem vontade de inventar coisas e como sabe fazê-lo. Eu acabo de ler "As impurezas do branco" e quero felicitá-lo em particular por "Declaração em juízo": que poema, que poemaço! Na Bulgária a Editora Narodna Kultura, especializada só em livros traduzidos, está preparando um volume com poesia da Europa Ocidental e América, s. 20. Trata-se de um número de sua grande Biblioteca Clássica Mundial que abrange obras e autores de todos os tempos, prosa e verso. Me pediram que eu indicasse os poetas latino-americanos para este volume em projeto e também os títulos dos poemas, enfim, fazer a seleção. Não aceitei a proposta porque aqui não tenho os livros necessários de poetas hispano-americanos. Fiz o que pude, quer dizer, falei em alguns nomes imprescindíveis. Não posso fazer tal seleção pela falta de livros e por cartas é difícil, desconheço os critérios para o volume: se se aceitam poemas já traduzidos em búlgaro, etc. De maneira que alguns poemas do senhor serão incluídos nessa antologia mundial. Aceitei selecionar os poetas brasileiros e os seus poemas. Agora, envio-lhe dois poemas meus. Numa carta, o senhor me falou sobre a revista "Careta" que em 1915 (17 de abril) publicou o conto "Associação de temperança" do escritor búlgaro Aleko Ivanitzov. Para a história literária da Bulgária seria muito interessante ter esse exemplar pelo que se refere à difusão da obra daquele importante escritor no exterior e, enfim, à nossa literatura na América Latina. Os pesquisadores acho que ignoram este fato: Aleko Ivanitzov em 1915 numa revista brasileira! Esse exemplar tem para nós também a importância de ter oferecido ao senhor a oportunidade de tomar o primeiro contato com as letras búlgaras, segundo a sua carta. Esse exemplar deveria ocupar, por estas razões, seu lugar devido em algum museu búlgaro. É por isso que eu me permito pedir-lhe ao senhor de me dar aquele exemplar da "Careta", que eu um dia entrego ao museu de Aleko Ivanitzov na sua cidade natal ou à Biblioteca Nacional Búlgara. Se for possível, se aquele número da "Careta" não tem muita importância para o senhor, poderia enviá-lo para mim? Ficaria muito agradecido e um dia ele será exibido na Bulgária, não só por ter publicado aquele conto búlgaro, senão também por ter sido doado pelo senhor. Peço desculpas, se esta petição minha fosse ousada demais, mas se trata de algo relacionado com o nosso patrimônio cultural e com as relações literárias entre o Brasil e a Bulgária. É o senhor quem melhor sabe se pode fazer este favor à nossa história literária e à sua pequena parte búlgaro-brasileira.

Cordialmente:
Rumen

Drummond remeteu-me, xerocado, o conto "Sociedade de temperança", de Aleko Ivanitzov Konstantinov, e a página titular da *Careta*. No envelope estava também um cartão de visita apenas com o nome "Carlos Drummond de Andrade". O poeta acrescentou, a mão, umas quantas palavras, de sorte que, aproveitando o nome impresso, diz:

XVII

Com um abraço amigo de
Carlos Drummond de Andrade
Rio, 5 março 1974

Mesmo mínima, nem por isso deixa de ser uma carta de Drummond. E não acho que o tamanho de um texto possa justificar sua omissão. Se a extensão de um escrito pudesse servir de causa para excluí-lo de um legado epistolar, os cartões de Natal e Ano-Novo, por exemplo, correriam o risco de ficar fora. No caso concreto, sim, é uma carta: veio pelo correio, ademais, trouxe páginas xerocadas da *Careta*, revela um ato do remetente relacionado com uma obra literária, que é o envio do conto de Konstantinov. Aliás, quando foi publicado o texto búlgaro Drummond tinha doze anos.

15

12/3/74

Prezado senhor Drummond,

Agradeço-lhe muito a fotocópia do conto "Associação de temperança" de Aleko Konstantinov, publicado na "Careta" em 1915. Já estou com a cópia que o senhor me mandou. Sinto-me contente com o achado da tradução em português, e em 1915, do conto. Não só pelo fato em si, senão porque Aleko é um dos corações mais puros e nobres que já houve nas letras búlgaras e, também, por ser o senhor lembrando-se dum conto búlgaro publicado em 1915. Já estou fazendo uma nota sobre isto. Mas devo esclarecer-me algumas coisas sobre a revista: de que data a que data saiu, que lugar ocupa na vida literária e cultural do Brasil, etc. Vou ver se aqui resolvo isto com o Instituto Nacional do Livro ou algum literato. O "Caderno de Sábado" em 23 de fevereiro p.p. publicou o conto "Tenetz" que eu traduzi junto com Anderson Braga Horta. Estou fazendo traduções de poemas búlgaros em português, se saírem, vou mandá-las ao senhor. Envio-lhe 5 poemas que escrevi ultimamente. Queira aceitá-los como um agradecimento, por ruins que sejam, por toda a atenção que o senhor presta a mim e à literatura búlgara.

Cordialmente:
Rumen

XVIII

Rio, 24 de fevereiro de 1974.

Prezado amigo Stoyanov:

Aproveito esta folga do carnaval, que passo em casa, entre meus papéis e meus livros, para conversar com os amigos distantes. No seu caso, a conversa está bastante atrasada. Sua última carta é de 4 de janeiro. Desculpe-me, outra vez, a lentidão da resposta.

Gostei de seus dois novos poemas, "Ver" e "Praia remota", ambos com sentimento da terra e do homem. Aquele "silêncio com sabor de milho verde" toca particularmente este mineiro, filho da civilização do milho.

Você me pede o número da *Careta* que publicou o conto de Ivanitzov, para ser oferecida ao museu do escritor. Eu os daria com o maior prazer, se o exemplar da revista não fizesse parte de um dos volumes encadernados da coleção, que vai de 1908 a 1917. Retirá-lo importaria em danificar o volume, entende? Mas poderia tirar cópia xerográfica das duas páginas em que o conto foi publicado, remetendo-as a você. Espero fazer isto na próxima semana.

Fico ciente da iniciativa da editora Narodna Cultura, e agradeço-lhe a anunciada inclusão de alguns de meus poemas na antologia em projeto.

Com um abraço cordial, todo o apreço do seu amigo

Carlos Drummond de Andrade

16

Prezado senhor Drummond,

Estou outra vez na Bulgária, donde lhe mando as minhas mais cordiais saudações. Afastado provisoriamente da minha condição de poeta brasileiro, passo as férias na melhor época do ano búlgaro até o meu regresso ao planalto vermelho.

Rumen

XIX

Rio de Janeiro, 22 de março de 1974.

Prezado Rumen:

Vejo, através de seus poemas (os últimos que me enviou) como se faz cada vez mais aguda sua percepção da paisagem natural e da paisagem humana, por esses sem-fins do Planalto Central. Isso dá à sua poesia uma força secreta e um acento especial. Obrigado pela oportunidade que me deu de conhecer seus trabalhos recentes.

Com prazer lhe mando informações sobre a *Careta*. Era uma revista semanal, humorística, política, literária e de atualidades, que se publicou no Rio de Janeiro a partir de 6 de junho de 1908 até novembro de 1960. Fundada por Jorge Schmidt e dirigida, após o falecimento deste, pelo seu filho Roberto Schmidt, teve como diretor, na fase mais brilhante, Mário Bhering, que foi também diretor da Biblioteca Nacional do Rio de Janeiro. A *Careta* alcançou grande popularidade, principalmente por ser ilustrada pelo notável caricaturista J. Carlos, e ainda por sua atitude de oposição ao governo do marechal Hermes da Fonseca, Presidente da República de 1910 a 1914. Seu proprietário e alguns de seus redatores chegaram a ser presos no final desse governo. Nessa revista, o poeta Olavo Bilac publicava os sonetos do seu livro

Tarde, quando o Brasil o consagrava como o poeta mais importante de sua geração. A partir de 1911, *Careta* começou a publicar contos de autores franceses, e em 1915 passou a divulgar outros das mais diversas origens: Hungria, Turquia, Finlândia, Grécia, Síria, etc., provavelmente traduzidos para o português através de versões francesas, pois era sensível, e mesmo dominante, a influência da França na cultura brasileira no começo do século. Foi nesse contexto que apareceu, na edição de 17 de abril de 1915, o conto de Konstantinov, cujo nome foi grafado à maneira francesa (Konstantinoff).

Outros dados sobre a revista você encontrará na crônica que escrevi por ocasião do seu desaparecimento, e da qual lhe remeto cópia xerográfica junto a esta carta.

Com um abraço do seu

Carlos Drummond

30/V/74
Sófia

As duas frases estão em um cartão-postal que reproduz um ícone do século XVIII, da região de Tarnovo, no meu país de origem: "Três Santos". Mesmo escrito em Sófia, o cartão empreendeu sua viagem até o Rio de Janeiro desde Draganovo, minha aldeia natal, conforme consta no cartão depois de ser processado no arquivo do poeta. Imagino que a correção teria sido feita com base na inscrição no carimbo postal sobre o envelope. Reparo no detalhe porque mais para a frente veremos com quantos lugares tem a ver *Drummond e a Bulgária*.

17

9/8/74

Prezado senhor Drummond,

No dia 1 de agosto voltei das minhas férias na Bulgária e reassumo minha condição de poeta "brasileiro". Deixei lá uma nota sobre o conto de Aleko Konstantinov que o senhor descobriu para os búlgaros. A publicação demorará um tanto, posto que este ano é comemorativo (30 anos do triunfo na Bulgária sobre o nazismo) e saem coisas relacionadas com esse grande acontecimento. Trouxe para o senhor "Poèmes" de Daltchev, em francês, que ele mandou para o senhor. Envio junto a esta o livro porque não sei quando irei ao Rio para entregá-lo ao senhor pessoalmente. Daltchev este ano fez 70 anos e foi festejado na época quando eu estava lá. Ele está muito contente com o fato de que o senhor o qualificou de "grande poeta". Falou que não precisa de outro, maior, reconhecimento para a sua obra por parte de poetas. Trouxe para o senhor um exemplar da revista *Savremennik* (Contemporâneo) que tem um ciclo de 8 poemas do senhor traduzidos por Daltchev e Muratov. Vou mandá-lo mais tarde porque vou fazer uma nota a respeito para a imprensa brasileira. A Editora Narodna Kultura (Cultura Popular), especializada só em livros traduzidos ao búlgaro, provavelmente incluirá nos seus planos um livro de poesia do senhor.

Atenciosamente:
Rumen

Novo endereço:
R. S., SQS 103, bl. E, ap. 101
Brasília.

Poèmes foi publicado em 1967 pela Editora Seghers, Paris; a tradutora é Violette Ionova; prefácio de Nikolai Dontchev.

18

3/11/74

Prezado senhor Drummond,

Lamentavelmente não posso mandar-lhe nesta ocasião a revista "Savremennik" com os seus poemas. Estive uma semana no Rio por motivo do Congresso Mundial de Literatura Infanto-Juvenil e entrementes um funcionário búlgaro, da Embaixada, pegou-a para levá-la à casa e lê-la. Depois teve que viajar fora de Brasília e a revista ficou na casa dele. Assim que voltar, vou mandá-la ao senhor. Mando-lhe os últimos poemas que fiz: "Búzio lingüístico", "Monólogo com os garis sobre a poesia", "Concreto", "Poesia" (aberta), "Mas tu, escreve", definem alguns aspectos da minha poética. "Chuva" e "Comparação" são madrigais muito simples para minha esposa. Aliás tudo o que escrevo é muito simples. Casei durante as férias na Bulgária. Foi uma coisa meio maluca. Conheci-a e no 16 dia casamos. E no dia seguinte eu viajei para o Brasil. Ela estuda língua e literatura sérvio-croata. Casou sem o consentimento dos seus pais e todas aquelas maluquices. Deve vir aqui, espero já este mês e estudará português. Vamos ver se a converto às letras latino-americanas. Não tenho cópia datilografada de "Alegria" e por isso lhe mando um manuscrito. Mando-lhe também "Poema para uso pessoal" que não pretende ser mais do que diz o título. Acho que já tenho poemas para um livro. Gostaria de publicar um livro no Brasil: são poemas que fiz no Brasil, em português, a partir da minha experiência brasileira. Ficaria muito grato se o senhor me dissesse a qual editora poderia-me dirigir.

Atenciosamente:
Rumen

"Búzio lingüístico"

Enquanto outros cavam carvão, moem trigo, costuram
           [roupa, fazem casas,
tu, geralmente de noite, tomas fôlego e submerges no
           [oceano lingüístico.
Lá, no fundo, não sabes onde, mas lá, há uma palavra
           [exata como âncora.
E tu desces devagar através de compactas camadas de
           [tempo liquefeito.
Passas entre os afogados fogos-fátuos das lembranças,
esdrúxulas medusas metafóricas estendem para ti seus
           [filamentos,
polvos adjetivos emaranham teus pés,
comparações obsessivas te perseguem com suas vozes
           [fosforescentes de sereias,
das grutas submarinas da imaginação saem imagens
incríveis como peixes das águas mais profundas,
correntes imprevistas de pensamentos te arrastam para
           [os recifes das dúvidas
e tudo está ao alcance da tua mão, lá, no oceano
           [lingüístico:
a luz do equinócio tropical, tão forte que doem os ou-
           [vidos, aquela mulher que nunca encontrarás,
o cheiro estridente de uma folha de nogueira, peixes
           [náufragos, um silêncio de samambaias:
Mas tu pegas só o que te conduz à palavra.
Em essência, não é uma palavra, é uma verdade sob a
           [forma de uma palavra exata como uma âncora:
fome, dor, fé, hoje, dou exemplo, combate, canto, amor,
           [amanhã, dou exemplo,
às vezes te assalta a grande incerteza:
acima, sob o sol implacável da vida, estas maravilhas
           [lingüísticas, não serão apenas algas murchas?

E procuras febrilmente as palavras simples e eternas:
[homem, terra, povo, liberdade.
Aos teus pés jazem um sem-número de poemas afun-
[dados pelo peso dos versos vazios.
E tu, quase desesperado, quase regozijante, dás bra-
[çadas e pernadas, para cima, para os homens,
a quem oferecer teu punhado de frescor lingüístico,
[tua palavra.

"Monólogo com os garis sobre a poesia"

Sei que não vão ler este poema. Sei que não lhes im-
[porta.
Como para alguns é mais importante aquela coisa
[celestial, branca, fria e remota
do que os sapatos furados de vocês.
Mas o assunto é poesia.
A poesia é uma rua. Uma rua ampla, infinita. E tudo
[está nela:
os altos silêncios dos coqueiros suspensos entre o céu e
[a terra como enormes lágrimas verdes,
o concreto recém-fundido que na tarde quente cheira
[a messes,
a noite vindo com os passos de menina descalça,
o perfil de uma pestana pesada de chuva,
um livro aberto como duas mãos generosas e forte
[como punho,
um sonho em forma de bicicleta, um canguru espan-
[tado,
o suor nosso de todos os dias com hálito de motores e
[pensamentos,
e sobretudo homens, muitos homens, principalmente
[homens, fundamentalmente homens:
o desamparado que cobrira seu sono com jornais,

o servente de pedreiro que come em sua marmita o
[que ganhou ontem,
a velha que tece placidamente uma meia no outono,
a Carmen voltando, pensativa, do cansaço à casa,
o preso que acaba de sair da cadeia e aprende a viver
[como as crianças aprendem a andar,
o operário de cujas mãos partem trilhos, trens e mais-
[valia,
vocês acendendo seu cigarro matinal e começando a
[longa marcha diária detrás da vassoura,
quer dizer, o assunto é poesia.
Quer dizer, a poesia é uma necessidade social, como
o
[varrer de ruas.
Escrever versos é um trabalho sem pressa mas sem tré-
[gua, como o varrer de ruas.
É um pertinaz recomeço constante e a caneta não é
[mais leve que a vassoura.
O poeta limpa os corações, como vocês as ruas:
é um humilde empregado do Serviço de Limpeza Uni-
[versal, por sinal pior pago que vocês.

"Concreto"

A Rubén Vela

Eu sou pela poesia concreta.
Por causa da própria palavra: concreto.
Um menino chora.
É um poema concreto: ele chora aqui, chora agora,
[chora de fome, a fome é sempre concreta.
Um desastre mata vinte homens.
É um poema concreto: um deles podes ser tu, o con-
[creto.

Uma guerra estoura.
É um poema concreto: tu atiras contra mim ou eles
  [atiram contra nós dois, concretos.
Já chega de
  coco
  cocó
  cocô
  cocote
  cocorote
  cocorocô
chega de
  taco
  caco
  macaco
chega de
  maca
  quices.
Concretizemo-nos na realidade como vibrante concre-
  [to armado.

"Poesia"

Aberta.
Como a mão que te estendo
como os olhos do teu filho,
como a boca que canta,
como a garganta que grita,
como a ferida no peito.
Aberta.

"Mas tu, escreve"

O mar está longe.
Mas tu, escreve.

Uma locomotiva passa.
Mas tu, escreve.
Há uma incerteza azul.
Mas tu, escreve.
Uma mulher olha um pão.
Mas tu, escreve.
Um velho morre.
Mas tu, escreve.
Os namorados se beijam.
Mas tu, escreve.
É o que melhor sabes fazer.
Escreve que o mar é um infinito búfalo verde rumi-
  [nando mansamente e se mexer a cauda as ondas
             [batem nas rocas.
Escreve que a locomotiva de farol aceso na testa é um
           [vermelho unicórnio na noite.
Escreve que três minutos após o poente o ar, o céu e a
        [terra perdem sua corporalidade quotidiana
e flutuam numa incerteza azul em que aparecem as
              [garotas mais lindas.
Escreve que o pão é cheiroso e quente e a mulher está
          [com fome e não tem dinheiro.
Escreve que o velho morre de frio sob uma ponte e seu
    [cadáver será encontrado daqui a uma semana.
(Estes dois versos escreve-os sem metáfora e sem en-
                    [feite.)
Escreve que num beijo cabe um povoado interiorano,
                [um ano bissexto,
um pescador que não voltou, um livro necessário
         como um honesto apertão de mão,
teus óculos míopes, a voz dela com sabor de orvalho e
                   [solidão
e cabe também, se é bom, este poema.

"Chuva"

Teu cabelo está frio como a crina outonal do cavalo.
E cheira a milho molhado.
Te afastas entre as gotas silenciosa e linda como uma
[canoa.

"Comparação"

Queria dizer que tuas pestanas são compridas como
[sombras de coqueiros ao poente.
Ou que teus olhos são grandes como atóis.
Porém de repente uma lembrança, um sonho, sei lá,
[mas muito puro, te ilumina por dentro.
E eu digo que és como um vitral contra o amanhecer.

"Alegria"

Que alegria saber que meu ombro é igual ao teu
e que encostam entre a multidão como duas casas.
Que solitário estaria se não me doessem tuas têmpo-
[ras pensativas,
se não sentisse nos meus calcanhares teu andar seguro.
E o que seria de mim sem teus calos, sem tuas unhas,
[sem tuas orelhas, sem teu nariz?

Que forte sou nos teus dedos e que fé tenho nas tuas
[costas cansadas.
Que alegria ser tu, sermos ele, serem nós, que plenitu-
[de, que júbilo ser muitos.

"Poema para uso pessoal"

Vou fazer-te tamanho de bolso para levar-te sempre
[comigo.
De vez em vez, vou tirar-te às escondidas:
quando necessitar ombros sardosos de irlandesa,
palavra humilde como a farinha,
luz com hálito de nau velha.

XX

Carlos Drummond de Andrade

Rio de Janeiro, 20 de outubro de 1974.

Prezado Rumen Stoyanov:

Respondo com o habitual (e indesculpável...) atraso à sua boa carta de agosto. Veio com ela o volume francês de poemas de Atanas Daltchev, dedicado gentilmente pelo autor, graças à amável iniciativa de você. Apreciei devidamente a poesia dele, e vou escrever-lhe exprimindo meu agradecimento, além de enviar-lhe um exemplar das minhas *Impurezas do branco*.

Estou à espera da prometida revista búlgara de que você me fala em sua carta. A possível edição da Narodna Cultura certamente me dará prazer, se concretizada; mesmo que o não seja, entretanto, já é grata notícia, em que vejo igualmente o dedo amigo de você.

Tem feito novos poemas brasilienses, nas folgas do seu trabalho? Gostaria de conhecê-los. Com um abraço afetuoso, o seu grato

Carlos Drummond de Andrade

XXI

Rio, 19 de dezembro de 1974.

Meu caro Rumen Stoyanov:

Antes que o ano acabe, preciso dizer-lhe (o que já devia ter feito há várias semanas) que gostei muito de seus novos poemas, nos quais você consegue exprimir tanta coisa e faz sensível o amadurecimento de sua concepção da poesia como forma de viver o real e dele tirar todo o sumo dramático ou belo. O "Concreto" encheu-me as medidas, e é a crítica mais perfeita dos falsos valores verbais do concretismo. "Poesia", de tamanha concentração, seria excelente se você conseguisse evitar a rima fácil de garganta/canta, e a sonoridade menos agradável de *bocaquegrita*. Os cantos de amor, deliciosos (e aproveito para felicitá-lo pelo súbito casamento de amor, desejando que você tenha em sua esposa uma grande companhia compreensiva e adaptada ao jeito de viver brasileiro; que ela seja feliz ao seu lado no Brasil, em suma). "Búzio Lingüístico", um senhor poema, com efeitos novos alcançados na abordagem de velho tema sempre fascinante. Enfim, sua invenção lírica é cada vez mais dinâmica, e dá à gente uma alegria de participação.

Agora, o livro que você desejaria publicar. Não sei que editor posso recomendar-lhe, numa fase em que as empresas estão atravessando crise financeira e reduzindo seus programas (várias, mesmo, pediram concordata). Gostaria de vê-lo editado pela José Olympio, onde tenho velhos e bons amigos, mas o que sei destes é que tendo assumido a responsabilidade de movimentar a Companhia Editora Nacional, de S. Paulo, especializada em obras didáticas, não se acham em condições de fazer lançamentos literários. Sugiro-lhe entrar em entendimento com escritores de Brasília, para verificar as possibilidades de uma edição financiada em parte pelo Instituto Nacional do Livro, nos moldes de tantas outras efetuadas com a cooperação desse órgão – hipótese em que não faltariam editores para seu livro de poemas.

Com um abraço amigo, e os melhores votos de alegria e criação,

Carlos Drummond de Andrade

19

15/1/75

Prezado senhor Drummond,

Recebi a sua carta do dia 19 de dezembro. Em vésperas do Ano Novo, trouxe-me a melhor apreciação da minha poesia. Agradeço-lhe muito as boas palavras com que se refere ao meu trabalho. São um grande estímulo para mim. Grato também pelos votos com motivo do meu casamento. Tomara que tudo corra como o senhor diz na carta. A idéia de publicar o meu livro com a participação do Instituto Nacional do Livro é boa e vou falar com o diretor Herberto Sales. A outra possibilidade será um concurso onde possa provar a minha sorte. Desejo-lhe um feliz e criativo 1975.

Atenciosamente:

Rumen

Mando-lhe três recortes de publicações sobre as traduções dos poemas do senhor na revista "Savremennik": "Diário de Brasília", "Correio Braziliense" e "Unitário" (Fortaleza). Eu fiz as notas. Sigo devendo-lhe o exemplar de "Sovremennik" que trouxe da Bulgária. Mando-lhe também alguns poemas.

R.

20

13/3/75

Prezado senhor Drummond,

Hoje, separado desta carta, por fim, mando-lhe um exemplar da revista "Sovremennik" (Contemporâneo) com seus poemas. A revista é órgão da União Búlgara de Escritores e o número referido é I do ano passado. A partir da página 334, aparecem, nesta ordem, os seguintes poemas do senhor:
"Também fui brasileiro"
"Mundo grande"
"Science fiction"
"Morte do leiteiro"
"Tristeza no céu"
"Sentimental"
"Poema que aconteceu"
"Poesia"
O ciclo está traduzido por Muratov e Daltchev. Está intitulado "Tristeza no céu". Eu mandei uns 10 poemas à Editora Narodna Kultura junto com uma proposta de traduzir, escolher e prologar um livro de poesia do senhor (os 10 poemas estavam traduzidos ao búlgaro). Ainda não tenho resposta. Mas pediram livros de poesia do senhor. Acho que algum elemento da Editora vai lê-los. Narodna Kultura (Cultura Popular) é a única editora búlgara especializada exclusivamente em livros traduzidos. Me parece que existe a possibilidade, bem provável, de que a Editora incumba Daltchev e Muratov de fazerem a tradução dos poemas do senhor. Os mesmos 10 poemas traduzidos mandei-os à revista "Trácia" que sai em Plovdiv, a principal cidade da Trácia búlgara, é a segunda cidade em importância na Bulgária. E a revista é órgão da Sociedade de Escritores em Plovdiv. Eu fui com minha esposa ao Rio para passar o carnaval, estivemos 5 dias, assistimos ao desfile das escolas de samba, fomos uma noite ao

Clube Sírio-Libanês. Estávamos hospedados perto da rua do senhor, mas não queria amolar-lhe, acho que o senhor tem demasiada paciência comigo respondendo minhas cartas. Estou-lhe muito obrigado pelas boas palavras sobre as coisas que escrevo – são grande estímulo para mim.

Atenciosamente:
Rumen

XXII

CARLOS DRUMMOND DE ANDRADE

Rio, 4 de abril de 1975.

Prezado amigo e poeta:

Aqui está a revista búlgara, com as traduções de meus poemas. Obrigado: é mais uma gentileza que fico devendo à sua generosa simpatia. Graças a você, meus versos ganham vestidura nova, em outra língua, e alcançam leitores distantes, que jamais esperava encontrar. Gratíssimo, ainda, pela idéia da antologia, de que está cogitando. Mas, ao lado dela, quero ter também a alegria de ver um livro com poemas de você – em português. Como vai esse projeto?
O abraço cordial de

Carlos Drummond de Andrade

A mão.

21

10/4/75

Prezado senhor Drummond,

Respondo a sua carta de 4 de abril. Não lembro se lhe escrevi que da Bulgária pediram à embaixada livros do senhor com fotografias suas. Isto me faz pensar que o intuito da Editora Narodna Kultura de publicar uma coletânea de poemas do senhor vem tomando corpo. Agora, é bem provável que incumbam a Daltchev e Muratov, quem têm traduzido já em várias ocasiões poemas do senhor. Vamos ver. O que importa é que saia um livro do senhor em búlgaro, claro, para mim seria uma grande satisfação traduzi-lo, mas isto já é outra coisa. Quanto ao meu livro de poemas em português não há nenhuma perspectiva. Me disseram que o Instituto Nacional do Livro não pode fazer nada em se tratando de um estrangeiro. A única possibilidade que vejo é mandar os poemas, com pseudônimo, para o concurso da Fundação Cultural do Distrito Federal, caso eu estiver ainda no Brasil para o próximo concurso, daqui a quase um ano. De maneira que os meus poemas brasileiros acabarão nos arquivos pessoais de uns quantos que tiveram a generosidade de me corresponder e ler as minhas coisas, como é o senhor. Quando voltar à Bulgária, verei o que faço com eles. Mas gostaria muito de deixar, antes de ir embora, um punhado de poemas no Brasil, em homenagem ao seu povo, mais ainda porque o mais provável é que já não volte aqui. Porém estou caindo numa cilada saudosista e é bom terminar a carta.

Cordialmente:
Rumen

Mando-lhe 2 poemas que escrevi ultimamente e que não sei se são bons, mas estão aqui. Peço-lhe o favor de me dizer como lhe parecem. Ultimamente tenho dificuldades de escrever, creio que as coisas me saem ruins, e não sei se sou eu quem acha isto ou realmente é assim.

Os poemas naquela altura não tinham títulos e desse jeito vão aqui, como chegaram a Drummond:

> *Nada ficará de ti:*
> *nem este amor com mansa persistência de chuva ou-*
> *[tonal, nem esta dor azul,*
> *nem este voar alto com os ventos mais longínquos da*
> *[imaginação,*
> *menos ainda estas colunas de fumaça verbal:*
> *nada ficará de ti.*
> *Nada ficará de ti*
> *senão esta terra redonda e tensa como punho*
> *e estes sonhos – teus porque são alheios – que vão*
> *[ombro a ombro como em ataque*
> *e esta liberdade que nunca tiveste e que sempre foi tua*
> *[porque sempre lutaste por ela:*
> *tudo ficará de ti.*

* * *

> *Oh, esta sensação de teto.*
> *Esta sensação de teto de páginas e de versos, de páginas*
> *[alheias e de versos alheios em que está escrito*
> *tudo:*
> *a impavidez humilde da telha sob a chuvarada, o torso*
> *[cortante do ralador,*
> *a calma ensolarada das colinas de julho, os barulhos*
> *[noturnos da vida,*
> *a acessibilidade do horizonte, a importância dos ca-*
> *[minhões que trazem tábuas, gás e queijo,*
> *nem falar em lutas, mortes, amores e desamores:*

tudo está escrito de todas as maneiras concebíveis e
[inconcebíveis:
escrever o quê, o quê?
Então saio à rua.
Lá não há páginas nem versos.
Lá estão os homens.
Lá está a vida que me blasfema, me humilha, me in-
[digna, me entusiasma, me engrandece.
E me invade uma selvagem alegria:
não foi escrita coisa nenhuma, nem houve alfabeto
[antes de mim,
sou eu quem vai dizê-lo tudo: de uma vez, e para
[sempre.

XXIII

CARLOS DRUMMOND DE ANDRADE

Rio, 10 de fevereiro de 1975.

Prezado poeta e amigo:

São dez horas da manhã, acabou há pouco o desfile das escolas de samba, que começou na tarde de ontem. Isto é o carnaval do Rio: uma coisa fora de medida e tempo, com a curiosidade de ser particularmente espetáculo da gente pobre dos morros para fruição das classes média e alta, aboletadas em poleiros metálicos. Ontem à meia-noite, exausto de assistir pela televisão, desliguei o aparelho e fui dormir. Hoje, às 8 da manhã, liguei a tv e a coisa continuava... Tenho a impressão de que, se as autoridades deixassem, tudo continuaria pelo ano afora.

Bem, sabe que "Amor" é das coisas mais felizes que você já escreveu. Que o conceito de amor gratuito, sem justificação,

retribuição ou compreensão está finamente expresso em seu poema. Também "Casa" é um bloco de lirismo e sentimento humano, com um verso final que é a melhor surpresa. Não resta dúvida que você e poesia se encontraram em Brasília, e como este encontro promete! Grato pela bondosa divulgação de minhas notícias búlgaras, onde me vou tornando conhecido graças à sua gentileza e generoso interesse.
Cordialmente,

Carlos Drummond de Andrade

A mão.

22

16/5/75

Prezado sr. Drummond,

Respondendo a sua carta de 7 de maio, posso dizer-lhe já com certeza que a Editora Narodna Kultura lançará uma seleção de poemas do senhor. Recebi uma carta de um amigo tradutor, de Sófia, ele me diz que esta Editora já contratou Daltchev e Muratov para a tradução dos poemas do senhor. Isto me faz pensar que ainda este ano (ou o ano que vem) o sr. terá, muito merecido, um livro de seus poemas em búlgaro. Esta editora é a única na Bulgária especializada exclusivamente em livros traduzidos e tem um rigoroso critério para os autores que apresentará. Evidentemente, a editora preferiu a dupla Daltchev–Muratov que traduziram Lorca, Neruda, Mistral, N. Guillén, C. Vallejo... a mim que lá sou conhecido como tradutor de ficção graças ao que fiz com a versão búlgara de "Cem anos de solidão", principalmente. Agora mandei a uma revista literária ("Savremennik", que já publicou os 8 poemas do sr.) a minha tradução do conto "A terceira margem do rio" de Guimarães Rosa. É pena eu não escolherei e traduzirei os poemas do sr., porque acho que bem os posso escolher e traduzir. Obrigado pelo que me disse dos dois últimos poemas que lhe mandei. Levando em consideração o fato de que até o sr. diz que não são tão ruins assim, creio que eu não estou numa crise de não poder escrever, senão simplesmente não estou tendo tempo para me concentrar, meditar e caminhar sozinho. Mas vou encontrar possibilidade de fazê-lo. E escreverei bons poemas.

Cordialmente:
Rumen

Não lembro se lhe escrevi que da Bulgária pediram à Embaixada os versos do sr. e uma foto. Eu mandei os três livros que saíram depois de "Reunião". Há de ser a Narodna Kultura já preparando a tradução.

XXIV

Carlos Drummond de Andrade

Rio, 7 de maio de 1975.

Prezado Rumen:

Saber que você terá de deixar o Brasil dentro em pouco tempo não é uma notícia alegre. Seu encontro com a poesia deu-se aqui. Por isso eu desejaria tê-lo entre nós por tempo indeterminado. Os dois poemas que me mandou não são para desprezar. Sobretudo, o "Oh, esta sensação de teto", em que você vence galhardamente o lugar-comum de "tudo já foi escrito" e proclama o admirável "nem houve alfabeto antes de mim", que justifica o empenho de nós todos em continuar escrevendo, à margem de toda a matéria escrita, na ânsia de aprofundar e esclarecer a experiência humana. Pena que não haja possibilidade de

publicar um livro seu no Brasil. Grato pela notícia que me dá sobre o interesse do seu país a respeito de minhas coisas. Se sair a antologia búlgara, eu a deverei a você, quaisquer que sejam os tradutores.
Abraço do

                      Carlos Drummond

A mão.

23

4/9/75

Prezado senhor Drummond,

    Por volta do dia 1 de outubro eu e minha esposa iremos embora do Brasil. Voltaremos à Bulgária, onde quero ficar por alguns anos pelo menos, a fim de dispor de mais tempo para escrever, ler e traduzir. Vamos ver se dará certo este propósito. A gente propõe, Deus dispõe... Ultimamente tive muito pouco tempo para escrever, quase não escrevi nada. Mas de qualquer jeito saiu uma que outra coisa e vão aqui os meus últimos poemas escritos em português e no Brasil. Vou abandonar minha condição de poeta brasileiro. Sem incomodar muito o senhor, gostaria de escrever-lhe desde lá quando houver algo que achar interessante: a publicação do seu livro de poesias, etc. Fiz a seleção e tradução de 51 poemas dum búlgaro, Liubomir Levtchev, que sairão ainda este ano em São Paulo, sob o título de "Observatório". Será o primeiro livro de poesia traduzido diretamente do búlgaro para o português. Um amigo mineiro, Anderson Braga Horta, fez o prólogo, e eu as notas explicativas e a biografia do poeta. Com o argentino Rubén Vela, chefe atual da embaixada argentina, estou terminando uma coletânea de 22 poetas contemporâneos búlgaros que publicaremos através da Losada em

Buenos Aires. Fausto Cunha me ofereceu conseguir a edição dos meus poemas em português e vou aceitar. Me propôs isto em maio. Vou lhe mandar o livro organizado já, breve. O título será "Poemas lentos" porque assim mesmo são. Um poema meu, "Concreto", foi citado por Jacinto do Prado Coelho no I Congresso de Escritores Portugueses que se realizou faz pouco e saiu por este motivo publicado em Portugal. Três poemas meus em outubro devem sair em francês na Suíça. Quer dizer, em vez de escrever, publico: quem pode escrever mesmo, escreve, quem não pode escrever, publica... Talvez nunca volte ao Brasil. É uma pena que viajei tão pouco e vi tão pouco desta terra vermelha. Mas faz três anos e meio que cheguei e estou na hora de voltar. Acredito que a mudança me ajude a escrever poesia, do mesmo modo como a vinda ao Brasil me empurrou para a poesia. Desejo ao senhor muita saúde, energia, paz e alegria, sucesso na criação artística.

Cordialmente:
Rumen

Ainda não sei o que farei na Bulgária. Talvez voltarei a ensinar castelhano na Universidade de Sófia, como antes de vir ao Brasil. Ou faça o mesmo com respeito ao português naquela universidade. De qualquer modo, gostaria de ter algum trabalho que me deixe mais livre para ler, pensar e escrever. O meu endereço permanente lá, independentemente de eventuais mudanças de moradia:

Rumen Stoyanov,
selo Draganovo,
Velikotarnovsko,
Bulgária

onde o senhor sempre terá um amigo e admirador.

24

2/10/75

Prezado senhor Drummond,

Dia 6 vou embora do Brasil. Passei mais de 3 anos e meio aqui e preciso voltar à Bulgária, estive muito afastado. Quero ter tempo para ler e escrever e lá vou consegui-lo. E tentarei a sorte com poemas em búlgaro. Indo embora, deixo-lhe o meu livro, já organizado definitivamente, "Poemas lentos". Não pude vê-lo publicado no Brasil. Mandei um exemplar a Fausto Cunha e outro a Mário da Silva Brito. O livro é uma homenagem ao povo do Brasil. Eu tinha escrito uma carta anterior a esta falando-lhe do meu regresso, mas não chegou resposta e por isso escrevo-lhe novamente. Deixando o Brasil, quero agradecer-lhe a atenção que o senhor me prestou e dizer-lhe que suas cartas, enfim a nossa relação, foi para mim um estímulo para escrever estes poemas brasileiros. Uma das melhores coisas que levo para a Bulgária do Brasil é esta amizade do senhor que tanto me honra. O meu endereço constante na Bulgária:

Rumen Stoyanov,
selo Draganovo,
Velikotarnovsko,
Bulgária.

Gostaria de escrever-lhe às vezes com boas novas sobre a divulgação da sua obra e das letras brasileiras na Bulgária e quando tiver saudade do Brasil.

Cordialmente:
Rumen Stoyanov

XXV

CARLOS DRUMMOND DE ANDRADE

Rio de Janeiro, 17 novembro 1975.

Meu caro Rumen Stoyanov:

Ao ter notícia de sua próxima volta à Bulgária, foi minha intenção escrever-lhe ainda uma vez para Brasília. Mas as atrapalhações do trabalho não me deram tempo para isto. Senti que as condições da vida diplomática o afastassem do Brasil, terra que por uma feliz circunstância ficou sendo o seu berço poético. Mas estou certo de que, em qualquer país que você venha a estar, as boas lembranças brasileiras o acompanharão. Como também teremos presente sua grata passagem entre nós.

Agradeço-lhe o me ter oferecido uma cópia de seus *Poemas lentos*. Relendo muitos deles, pude apreciar melhor o sentimento que os inspirou. E essa impregnação de temas e ambientes brasileiros que marcou sua poesia. Gostaria de ver publicado por aqui esse livro tão espontâneo e banhado de verdadeira emoção. Será que isto se tornará realidade? Fico torcendo por que o nosso amigo Fausto Cunha consiga um entendimento positivo com um de nossos editores.

Segue junto a esta um recorte do *Jornal do Brasil* em que dediquei umas palavras afetuosas a você.

O abraço amigo e os bons votos do seu

Carlos Drummond de Andrade

25

13/12/75

Prezado sr. Drummond,

Recebi sua carta de 17 de novembro junto com o artigo "O assunto é vário". Agradeço-lhe muito esta ajuda. Já chegaram aqui cartas de Guilherme Figueiredo, Paulo Rónai e Sérgio Sant'Anna trazendo notícias que leram o artigo. É uma prova da popularidade da coluna do senhor onde apareceu. Espero que o feito pelo senhor com as referências no artigo "O assunto é vário" aos "Poemas lentos" torne mais fácil sua publicação. Ainda não tenho notícias de Fausto Cunha, mas espero que venham um dia e que sejam boas. A Editora Narodna Cultura segue firme no seu intuito de publicar um livro de poemas do senhor. Ainda não posso dizer-lhe quando. Talvez na minha próxima carta já lhe fale mais concretamente. Eu e minha esposa, Nelly, voltamos no dia 12 de outubro. No dia 15 comecei meu velho trabalho de professor de castelhano na Universidade de Sófia. Escrevi o prefácio à tradução búlgara das "Lendas de Guatemala" de M. A. Asturias. Estou traduzindo o primeiro capítulo do romance de García Márquez "El otoño del patriarca" e a novela curta "El acoso" de Alejo Carpentier. Escrevo o prólogo para nossa edição do romance "El recurso del método" de Alejo Carpentier y un artigo sobre "El otoño del patriarca". Mais tarde traduzirei um livro de Carpentier, farei o prólogo também. Apareceu minha tradução de "La increíble y triste historia de la cándida Eréndira y de su abuela desalmada" de García Márquez. Trabalho junto com outra pessoa na tradução de um livro do poeta espanhol Blas de Otero. Farei o prólogo. Na Bulgária ainda sou o tradutor e prologuista. Poeta sou no Brasil. Ainda não escrevo poemas, apenas anoto algumas coisas. Acho que me estou readaptando ao búlgaro. Este mês, dentro de uma semana, já deve sair minha tradução de "A terceira margem do rio" de G. Rosa, a primeira coisa sua em búlgaro. Na revista "LIK" saiu minha tradução do conto "Onça" de Herberto Sales. Quando chegarem meus livros do Brasil traduzirei coisas de lá. Mas vou deixar um pouco isto para escrever poemas. Desejo-lhe feliz Natal e Ano Novo. Meu endereço em Sófia:

Rumen Stoyanov, ul. Neofit Bozveli, Bl. 14, Vh. "Г",
Ap. 18, Sófia – 17, Bulgária.

Cordialmente:
Rumen

A carta está acompanhada de um cartão e nele escrevi:

Prezado sr. Drummond,

Feliz Natal, muita saúde, alegria, felicidade no ano 1976.

Rumen

13/12/75
Sófia.

A menção dos nomes de Guilherme Figueiredo, Paulo Rónai e Sérgio Sant'Anna mostra que na minha correspondência com eles há referências a Drummond e um vasculhar nela sem dúvida tiraria novos dados sobre o poeta mineiro e a Bulgária. Aliás, isso é válido para muitas outras cartas que troquei com intelectuais búlgaros e de outras nacionalidades.

26

11/3/76

Prezado sr. Drummond,

Mando-lhe um exemplar da revista mensal "Septêmvri" (Setembro), órgão da União de Escritores Búlgaros. É o nº 1 do ano 76.

A partir da página 240, aparecem poemas do senhor. Sob o seu nome, estão as seguintes obras: "Girassol", "Procura da Poesia", "O medo", "Legado", "Distribuição do Tempo", "Carta", junto com uma nota sobre a obra do senhor. Os tradutores são Alexandre Muratov e Atanas Daltchev, sendo o primeiro o autor da nota. O senhor poderia-me acusar o recebimento da revista? Eu continuo escrevendo poemas. No último número da revista "Colóquio/Letras" em Lisboa fui apresentado com 3 poemas e uma nota. Escrevi a Fausto Cunha, mas não tenho nenhuma resposta. É uma pena. O ano que vem a mesma revista, "Setembro", publicará um ciclo de poemas brasileiros traduzidos por mim. Os títulos de poemas do senhor talvez não coincidam com os dos originais, pois traduzi-os do búlgaro. Espero que o sr. esteja bem de saúde e escrevendo como sempre.

Cordialmente:
Rumen Stoyanov

27

21/6/76

Prezado senhor Drummond,

Faz tempo que lhe mandei um exemplar do número 1 da revista "Septemvri" (Setembro) deste ano que traz vários poemas do senhor traduzidos por Daltchev e Muratov e uma nota deste último sobre a poesia do senhor. Sabendo que o senhor é muito pontual na sua correspondência, acho que por razões que ignoro a revista não chegou a suas mãos. O jornal "Studentska Tribuna" (Tribuna Estudantil), no seu número de 15 de junho publicou 2 poemas do senhor: "De mãos dadas" e "Congresso internacional do medo". Eu fiz as traduções e uma pequena nota. Saíram junto com 2 poemas de Rubén Vela que agora está em Viena. "Studentska Tribuna" sai semanalmente, é destinado aos estudantes universitários, mas tem um público mais amplo. É editado em Sófia e distribuído em todos os centros de ensino superior, etc. Dentro de uma semana a revista "LIK" (iniciais de literatura, arte, cultura) publicará um artigo meu de Octavio Paz: "Poesia latino-americana?" Eu fiz a tradução e sairá junto com um artigo meu sobre literatura latino-americana a partir das afirmações de Paz. Sairão também dois poemas de Paz, em minha tradução. Paz no seu trabalho se refere à poesia brasileira e fala do senhor. Eu vou escrever breve algumas coisas sobre o conto no Brasil e sairá com um conto brasileiro. No ano passado saiu a minha tradução de um conto de Herberto Sales. Agora vai sair outro. Faço algumas coisas para divulgar a literatura latino-americana, incluindo a brasileira: traduzo prosa e poesia, escrevo. Daqui a uma semana a revista "Plamak" vai me apresentar com 6 poemas meus. Agora, mando-lhe o meu último poema, claro, feito já em búlgaro. Lamentavelmente, vou perdendo meus contatos com a cultura brasileira: não recebo livros, revistas, jornais, suplementos. Daqui a um ano estarei por fora do processo literário no Brasil. Gostaria de pedir-lhe o favor de me escrever se por acaso entrementes não recebeu a revista. Eu vou mandar-lhe um exemplar do jornal "Studentska Tribuna". Peço o favor de confirmar seu recebimento. Tenho mais um exemplar. Caso não chegar o primeiro, mando-lhe novamente. Peço-lhe a gentileza de me enviar, quando saírem, novos poemas ou livros seus. Eu quero seguir divulgando-os em búlgaro. Desejo-lhe muita saúde. Minha esposa, Nelly, gosta muito dos seus poemas e também cumprimenta o senhor.

Cordialmente:
Rumen

XXVI

CARLOS DRUMMOND DE ANDRADE

Rio, 7 de julho de 1976.

Prezado Rumen Stoyanov:

Não sou tão pontual quanto você me julga: prova é que recebi, faz tempo, o número de *Septemvri* e até agora não lhe mandei a devida palavra de agradecimento pela remessa da revista. Só agora o faço, *mea culpa*! Fico satisfeito de ver que, voltando à sua terra, você não se esqueceu dos amigos literários brasileiros, e continua interessado em divulgar nossos escritores de prosa e verso.

Também recebi, mais recentemente, o exemplar do *Studentska Tribuna* que publicou as suas traduções de "Congresso internacional do medo" e "Mãos dadas", e a sua nota a meu respeito. Mais uma vez, e cordialmente, obrigado. Com prazer lhe mandarei os livros que eu for publicando. No momento, está no prelo um de crônicas, mas eu continuo desenvolvendo o projeto de mais um volume de poemas evocativos da infância e adolescência em Minas Gerais.

Bravo! pelo poema que me mandou em duas versões. Vejo com satisfação que a veia poética, despertada em Brasília, agora o acompanha como presente constante, e decerto lhe há de inspirar novas criações.

O meu abraço cordial, e cumprimentos à sua Senhora, que muito me desvanece gostando de meus versos.

Carlos Drummond

28

27/7/76

Prezado senhor Drummond,

Fiquei satisfeito de saber da sua carta de 7 de julho que tanto a revista "Setembro" como o jornal "Tribuna Estudantil", ambos contendo poemas do senhor, chegaram ao seu destino. Agradeço-lhe a gentileza de me oferecer os livros do senhor que saírem. Lamentavelmente eu não traduzo muita coisa do Brasil. A causa é a falta de tempo: faço poemas, prefácios, artigos, traduzo ficção e poesia de castelhano e português, trabalho como professor de castelhano, etc., tudo isto me deixa pouco tempo para poder traduzir mais coisas do Brasil. Porque como tradutor traduzo de vários países de fala espanhola e portuguesa, isto dispersa meu tempo. Contudo, não desisto do Brasil. Sou deudor com ele. No dia 8 a Rádio "Horizont" emitiu um programa de música popular brasileira contendo, além de canções, uma entrevista minha. No dia 9 o programa foi repetido em outro horário. Foi incluído num programa de amplíssima audição. Tenho traduzido um ciclo de poemas contemporâneos do Brasil que deve sair no ano que vem na mesma revista "Setembro"; traz também um poema do senhor. Espero que saia um conto de Rubem Fonseca que traduzi, enfim, faço alguma coisa.

Cordialmente:
Rumen

29

12/9/76

Prezado senhor Drummond,

Obrigado pelos dois livros que o senhor me enviou: chegaram há uma semana, porém eu estava fora de Sófia e apenas agora lhe escrevo. Não conhecia tanto "Os habitantes" de Dalcídio Jurandir como "Os dois irmãos" de O. França Júnior. De modo que virão aumentar meus conhecimentos de literatura brasileira. Durante este verão que já acabou visitei alguns lugares da Bulgária que ainda não conhecia. Para o começo do 77 deve sair um artigo que eu escrevi sobre o motivo de o senhor escrever "Anedota búlgara" e sobre a aparição do conto de Aleko Konstantinov em 1915 na rev. "Careta". A matéria deve sair na revista literária "Plamak" (Chama). Mandar-lhe-ei um exemplar. Aqui em 75 saiu um volume lançado pela Editora Balgarski Pisatel (escritor búlgaro, da União de Escritores Búlgaros) trazendo obras escolhidas de Matvei Valev. Ele chegou em 30 ao Brasil onde passou alguns anos e trabalhou como vaqueiro e peão nas fazendas mineiras. Escreveu contos sobre os trabalhadores do sertão mineiro. Morreu em 44 como voluntário do exército búlgaro, combatendo contra os alemães nazistas. Nasceu em 1902. Seu I livro, contos brasileiros, tem por título "Poeira tras as boiadas". Os títulos dos contos de Matvei Valev denotam o Brasil: "Jandira", "O caçador Manoel", "Noite sobre o sertão", "A mentira de José Veríssimo", "Urubu". Nos seus contos aparecem os nomes de Diamantina, Belo Horizonte, r. São Francisco, Montes Claros, Corinto, etc. Evidentemente Matvei andou pelo Rio, S. Paulo, Minas, Goiás, Bahia. Os seus personagens são vaqueiros, caçadores, mulatos, negros. Descreve a caça de capivara, de onça, etc. Pois aqui também temos um contista do regionalismo brasileiro. É curioso ver o sertão brasileiro na narrativa de um búlgaro.

Cordialmente:
Rumen

Matvei Valev introduziu a temática brasileira nas letras búlgaras, com os contos que foram reunidos, postumamente, em *Poeira das boiadas* e com o romance *Fazenda no sertão*.

30

2/2/77

Prezado senhor Drummond,

A revista "Plamak" (Chama), no seu primeiro número do ano 77, publicou a minha matéria "Conto de Aleko Konstantinov, publicado no Brasil em 1915". A matéria está nas páginas 134 e 135. Nestes dias vou ver a possibilidade de mandar-lhe o exemplar com alguém, se houver quem for lá breve. Se não, mandar-lhe-ei o exemplar pelo correio, coisa bem mais provável. "Plamak" é órgão da União dos Escritores Búlgaros e sai mensalmente, em Sófia. Foi fundada em 1924 pelo poeta Gueo Milev que foi assassinado pelos fascistas búlgaros em 1925 por ter escrito um poema longo dedicado ao levantamento armado dos búlgaros em 1923. A tiragem é de 11 000 exemplares. A revista que lhe mandei traz na contracapa uma foto de Aleko Konstantinov. A matéria minha refere-se a dois fatos relacionados com o senhor e com as literaturas búlgara e brasileira. Ou seja, explico como surgiu o seu poema "Anedota búlgara" (está incluída na matéria em minha tradução), onde e quando foi publicado. O outro fato refere-se à publicação do conto "Associação dos abstêmios" (cito de memória o título) de nosso escritor Aleko Konstantinov na revista "Careta" em 1915. Foi o senhor quem descobriu para nós, búlgaros, este fato. Na matéria apóio-me em fragmentos de cartas do senhor a mim escritas e relativos a estes dois motivos: "Anedota búlgara" e o conto de Aleko. Cito 4 cartas do senhor, das datas 9/5/73; 8/7/73; 24/2/74 e 22/3/74. Descrevo a cópia fotográfica do conto publicado que o senhor me enviou, traduzi a nota que o acompanha em

"Careta", explico certas coisas sobre "Anedota búlgara", etc. Minha matéria saiu na coluna "Arquivo Literário" e está precedida por um artigo do crítico Stefan Elevterov sobre a obra de Aleko "Tio Ganiu" na coluna "Lido Novamente". Gostaria de apresentar-lhe novamente meus agradecimentos pelo que me escreveu sobre o conto de Aleko e "Anedota búlgara". Na matéria eu digo que foi o senhor quem descobriu o conto publicado em 1915.

Espero que o senhor esteja bem de saúde. Tenho traduzido mais poemas seus, quando saírem, mandarei exemplares para o senhor. Se sair algum livro seu de poemas, gostaria de recebê-lo. Eu faço poemas, já saíram mais de vinte poemas meus em búlgaro. Já apresentei um livro de poemas e espero a resposta da editora. Traduzi "Notas de Manfredo Rangel, o repórter, a respeito de Kramer" de Sérgio Sant'Anna e deve sair em fevereiro numa revista. Em janeiro falei sobre cultura brasileira na União dos Cegos, na Seção dos Intelectuais. Estou a traduzir uma seleção de contos de Julio Cortázar, eu faço a seleção de vários livros e o prólogo também. Fiz uma seleção de poemas do espanhol Blas de Otero, o prólogo também, a tradução do livro é minha e de um outro tradutor. Sigo com o projeto de fazer uma antologia do conto brasileiro e já fiz uma proposta a uma editora e espero uma resposta positiva. Quanto ao Brasil, pretendo escrever um livro de ensaios sobre alguns aspectos da cultura. Saíram "Leyendas de Guatemala" de Asturias em búlgaro, eu fiz o prólogo para o livro. Saiu também "El acoso", de Alejo Carpentier, em minha tradução, são 80 páginas datilografadas, mas é um texto muito difícil para traduzir. As traduções de ficção tomam muito tempo, mas gosto de fazê-las.

Cordialmente:
Rumen

P.S. Preparei para uma revista especializada em teatro uma entrevista de Guilherme Figueiredo, fiz uma nota e traduzi a entrevista que ele me deu.

XXVII

Rio de Janeiro, 30 de maio de 1977.

Prezado Rumen Stoyanov:

Estou há muito para escrever-lhe, mas não têm faltado os trabalhos urgentes e as ocupações enfadonhas que, tomando-me o tempo, me impedem de manter nossa correspondência com a regularidade desejável.

Recebi o número da revista *Plamak*, com o seu artigo a propósito da publicação do conto de Konstantinov na *Careta* e da minha "Anedota Búlgara". Obrigado. E obrigado, ainda, pela notícia que me dá de que continua traduzindo minhas coisas. Vejo com satisfação que, ao se afastar do Brasil, você não se esqueceu dele, e prossegue no trabalho de tornar conhecidos de seu país nossos escritores e aspectos peculiares de nossa cultura, tanto na imprensa como através de palestras, e mesmo planejando livro de ensaios e uma antologia de contos. Tudo isso revela a permanência de uma simpatia intelectual que se exprime de maneira concreta. Ótimo.

Com relação ao seu livro de poemas, que submeteu a um editor, já foi resolvida a publicação? Suponho que no conjunto estejam incluídos muitos que lhe foram inspirados pela paisagem e pela gente humilde de Brasília, e que tanto me agradaram.

Quero felicitá-lo, também, pela tradução, para o português, dos versos de Liubomir Levtchev. A Embaixada ofereceu-me um exemplar de *Observatório*, há tempos, e eu pude apreciar bem a qualidade do poeta.

Por que não escreve um artigo sobre a estadia de Matvei Valev no sertão mineiro e os contos que resultaram daí? Fiquei muito interessado na história desse seu patrício, e acho que o suplemento literário do *Minas Gerais* gostaria de publicar a matéria, pois o assunto é totalmente novo para nós, salvo engano da minha parte.

Com um abraço cordial, a amizade agradecida de

Carlos Drummond de Andrade

31

27/6/77

Prezado senhor Drummond,

Agradeço sua carta de 30 de maio. Através dela soube que o senhor já recebeu o exemplar da revista "Plamak" com meu artigo sobre o conto de Konstantinov na "Careta" e seu poema "Anedota búlgara". O meu livro de poesia que pretendo publicar aqui traz aqueles "poemas lentos" que o senhor tem, porém eliminei alguns e acrescentei outros que escrevi na Bulgária e em búlgaro. Vai levar o mesmo título: "Poemas lentos".

A idéia de fazer um artigo sobre a "obra brasileira" de Matvei Valev, sugerida pelo senhor, é boa. Eu farei um artigo, já falei com uma revista literária búlgara e aceitaram a idéia. Ou seja, vou tentar ver o aspecto "brasileiro" da obra de Matvei conhecendo o Brasil, coisa que não está esclarecida nas críticas sobre suas obras. Os críticos búlgaros que escrevem sobre Matvei dizem que ele escreveu sobre o Brasil, mas não sabem precisar qual dos Brasis é, geográfica, étnica, culturalmente, etc. Eu tentarei abordar isto e mandarei o artigo para o "Suplemento do Minas Gerais", além de publicá-lo aqui. A revista "Prostóri" ("Espaços") que sai em Varna, nossa maior cidade marítima, e é dedicada principalmente às letras de temática marítima, com muito prazer publicará no seu primeiro número do ano que vem três poemas do senhor, relacionados com o mar. Um deles é "Operário no mar", que eu gosto tanto. Mandarei a revista. No

"Caderno de Sábado" em março publicaram dois poemas meus que recebi recentemente. São dos que escrevi depois de voltar à Bulgária. Não lembro se já os mandei ao senhor, por isso mando-os agora. Também no "Caderno" saiu uma matéria sobre o que eu fiz divulgando a literatura e a cultura do Brasil depois de voltar de lá. Mandei a Paulo Rónai a tradução do conto "Sopa dos pecados do padre Nikodim" para ser incluído na antologia "Mar de histórias", que ele prepara uma segunda edição com Aurélio Buarque de Holanda. O conto é do nosso clássico Elin Pelin que nasceu há 100 anos. Minha tradução de "Cem anos de solidão" de García Márquez no próximo ano terá uma segunda edição. Gostaria de ler novos poemas do senhor.

Cordialmente:
Rumen

32

26/11/77

Prezado senhor Drummond,

Já saiu, há uns dias, seu livro em búlgaro. O título é "Sentimento do mundo". Os tradutores são Alexandre Muratov e Atanas Daltchev, a editora é Narodna Cultura (Cultura Popular), Sófia. O prólogo é de Muratov: "Carlos Drummond de Andrade" e contém trêspáginas. O livro conta 113 páginas, os poemas são 44, divididos segundo os livros de que foram tomados. A seleta chega até "Lição de coisas", inclusive. Se o senhor não recebe exemplares da editora ou dos tradutores, eu lhe mando meu exemplar. É uma lástima que os poemas foram traduzidos do castelhano, segundo consta no próprio livro.

Além desta grande notícia, eu (já lhe escrevi) breve poderei mandar-lhe uma revista com três poemas seus sobre o mar, em minha tradução. Aqui apareceu uma entrevista que lhe fiz a Guilherme Figueiredo sobre teatro brasileiro. Fiz uma seleção de 10 poemas brasileiros, vou escrever uma página da poesia brasileira e isto deve aparecer em 78 numa revista literária. Do senhor escolhi "O poeta escolhe sua tumba". A Editora Narodna Cultura é a única na Bulgária dedicada exclusivamente a publicar livros traduzidos. Minha tradução de "Cem anos de solidão" de García Márquez em 78 terá uma segunda edição e ainda trabalho nela. Será uma tradução corrigida, quero fazê-la conforme meus critérios atuais, a primeira foi feita 7 anos atrás. Fiz a seleção, tradução e prólogo de uma seleta de contos e novelas de Julio Cortázar. Traduzi alguns poemas de Vicente Aleixandre. Fui à Alemanha. Este ano trabalhei muito em traduções e escrevi poucos poemas. Fiz o prólogo para a edição búlgara de "Platero y yo" de Juan Ramón Jiménez. Saiu "El recurso del método" de Alejo Carpentier com meu prólogo. Breve sairá uma antologia de poemas do espanhol (em realidade é basco) Blas de Otero, fiz a seleção, prólogo, e a tradução é junto com outro tradutor. Uma editora quer que faça um livro de contos folclóricos latino-americanos ou brasileiros. Eu gostaria, mas não tenho contos brasileiros, vou procurar com a ajuda de alguns críticos brasileiros. Devido a essa viagem que fiz inesperadamente à Alemanha minhas coisas atrasaram muito este ano e não tive tempo de escrever pedindo contos. Vou fazer uma seleta de contos espanhóis dedicados ao mar, também o prólogo para esse livro. Sigo arranjando contos brasileiros do s. 20, vou fazer um livro de contos do Brasil. Já falta apenas o acordo com a editora. Tenho muito trabalho, fica pouco tempo para escrever poemas. Fiz uma seleção de 12 poemas catalões, falta a apresentação. Recebi "História dos nossos gestos" de L. da Câmara Cascudo, escolhi vários para uma apresentação junto com uma nota minha numa revista. Este mês pela televisão exibiram a peça "A raposa e as uvas" de Guilherme Figueiredo. Até o fim do ano deve aparecer um livro com contos sobre o mar, traz autores brasileiros. Se o senhor desejar, posso em base de tudo isto fazer uma matéria da literatura brasileira na Bulgária neste fim de ano ou durante o ano inteiro, para o "Jornal do Brasil". Traduzi contos do uruguaio Mario Benedetti, o mexicano Juan Rulfo, e uma nota sobre este último. Escrevi sobre Vicente Aleixandre. Comecei a tradução de "Declaração em juízo" do senhor, o problema é onde publicá-lo, é comprido. Traduzi um poema de Fernando Pessoa, outros de Pedro Salinas, Luis Cernuda, Gerardo Diego, para uma antologia da poesia amorosa européia do s. 20.

Cordialmente:
Rumen

XXVIII

CARLOS DRUMMOND DE ANDRADE

Rio de Janeiro, 6 de dezembro de 1977.

Meu bom amigo Rumen Stoyanov,

Sentia-me em falta com você, por não haver respondido sua carta de 27 de junho (desculpe, nem sempre consigo manter em dia a correspondência, por motivos alheios à minha vontade), e eis que me chega nova carta, esta de 27 de novembro último.

Pelas duas, fico inteirado do seu numeroso e constante trabalho de tradutor, do qual se vêm beneficiando as literaturas contemporâneas do Brasil e de outros países latino-americanos. É notável a sua dedicação a esse mister, que exige tanto esforço pela multiplicidade de problemas que todo texto literário de qualidade oferece ao tradutor consciencioso, por mais hábil que seja este.

Foi grande surpresa para mim saber que já está publicada aí a antologia de meus poemas, traduzidos por Muratov e Daltchev e, mais ainda, que a tradução se fez através de versão espanhola. Pelas cartas que você me escrevia, soube, em 1975, que a Editora Narodna

Cultura continuava no propósito de publicar uma seleção de meus poemas, para o que já contratara os serviços daqueles dois poetas-tradutores. Depois disto, nada mais chegou ao meu conhecimento, nem me foi remetida qualquer proposta de contrato referente ao projeto, pelo que imaginei que a iniciativa sofrera atraso, e oportunamente seriam ajustadas comigo as condições relativas a tiragem, direito autoral, etc. Acho estranho que se consumasse a publicação sem o menor aviso ou consulta ao autor. Se fosse ouvido, eu não concordaria com a tradução feita por intermédio de texto espanhol, tanto mais que teria em você o tradutor habilitado a fazer a transposição direta do português para o búlgaro, seja pelo conhecimento das duas línguas, seja pela competência poética. Além disto, por outra carta sua, também de 1975, soube que você remetera meus livros de poesia para Sófia, atendendo a pedido de lá, feito à Embaixada romena em Brasília, não se justificando, portanto, o abandono do texto original por outro de segunda mão.

Aguardando a gentileza de maiores esclarecimentos sobre o assunto, pelo que lhe ficarei muito agradecido, faço os melhores votos por sua felicidade e contínua criação literária no próximo ano. Abraços cordiais do seu amigo

Carlos Drummond de Andrade

XXIX

CARLOS DRUMMOND DE ANDRADE

Rio de Janeiro, 7 de dezembro de 1977.

Prezado Rumen Stoyanov:

Relendo hoje, em cópia, a carta que lhe mandei ontem, encontrei, além de alguns enganos de datilografia, um erro inacreditável, que me deixou penalizado. Só posso justificá-lo pelo fato de que escrevi, já noite alta, de calor excessivo, e com a cabeça cansada pelas ocupações numerosas do dia. Falei em "tradução direta do português para o *romeno*", como se este último fosse o idioma nacional da Bulgária! Será que o lapso resultou da aproximação do seu nome, Rumen, com Romênia? Desculpe-me a mancada, e receba o abraço cordial de seu amigo

Carlos Drummond de Andrade

33

18/12/77

Prezado senhor Drummond,

Suas cartas de 6 e 7 de dezembro chegaram juntas e rapidíssimas. O senhor não tem que pedir-me desculpas por motivo de não poder responder às minhas cartas: o senhor está ocupado demais para ter tempo suficiente de responder todas as cartas que recebe. Eu procuro escrever-lhe apenas quando acho que há alguma coisa de real interesse para o senhor.

Aproveito a oportunidade para informar-lhe que no jornal "Literaturen Front", p. 4, número 12 de 1962, aparece um poema do senhor, com o título de "Alvorada", traduzido por Gueorgui Mitzkov. Este poema vai junto com "Convite para a poesia brasileira" de Ribeiro Couto e o artigo "A poesia contemporânea brasileira" de Caetano da Silva. Foi minha esposa quem me deu esta informação: procurando na imprensa poemas de uma poeta iugoslava, encontrou essa publicação. Se o senhor precisar de mais informação, podemos ver novamente o jornal.

Quanto à publicação de seu livro em búlgaro, eu ignorava o que o senhor me disse na carta. Não sou a pessoa indicada para dar

explicações, por isso o que eu posso fazer é mandar-lhe os endereços da Editora Narodna Cultura e da Direção para Defesa do Direito Autoral (em Sófia) onde o senhor pode dirigir-se colocando o assunto. Acho que é isto o que o senhor pode fazer.
O endereço da editora:
Izdatelstvo Narodna Cultura
ul. Gueorgui Guenov, nº 4
Sófia.
O endereço da Direção é:
Direção para Defesa do Direito Autoral
Plostad Slaveikov, nº 11
Sófia
Lamento muito o que aconteceu com sua antologia búlgara.

Cordialmente:
Rúmen

34

12/2/78

Prezado senhor Drummond,

Devo começar esta carta com uma notícia triste: no dia 17 de janeiro morreu Atanas Daltchev. Não estava em Sófia, soube da morte na mesma tarde do enterro e não pude ir. Acho que nunca escrevi isto ao senhor, mas é preciso que o saiba: Daltchev gostava mais da poesia do senhor do que da de Neruda. Foi Daltchev quem me disse isto, conversando da poesia do senhor. Ele estava muito contente de ter traduzido poemas do senhor. Apreciava muito a sobriedade das poesias do senhor. Escrevo-lhe isto porque Daltchev não é um poeta qualquer na poesia búlgara.
Eu tenho dois exemplares do livro do senhor em búlgaro, além dum outro para mim. Pensava mandar os dois junto com a revista

em que no fim deste mês vão sair três poemas do senhor. Porém, vou mandar antes os dois exemplares, porque vejo, segundo sua carta de 1 de fevereiro que o senhor não recebeu nenhum exemplar. A revista mandarei separada. Eu perguntei na Editora Narodna Kultura, falei com a jurisconsulta e me disse que na Editora realmente tem contrato para publicar o livro do senhor. Vou ver de que data e de quem é o contrato e lhe direi.

Apareceu um livro de poemas (74) do espanhol Blas de Otero. Eu fiz a seleção, na tradução trabalhei com um outro tradutor. Apareceu também uma seleção de poetas peruanos do s. 20. Eu tenho traduções: de César Vallejo e mais dois poetas. Apareceu um livro de contos marítimos latino-americanos. Eu tenho 2 traduções: os contos incluídos aqui de García Márquez e Julio Cortázar. Figuram 6 brasileiros, o Brasil é o país mais representado numericamente: Monteiro Lobato, Dias da Costa, Miroel Silveira, Leonardo Arroio, Edilberto Coutinho, Vasconcelos Maia. São contos que eu mandei estando ainda no Brasil. Estou fazendo uma antologia do conto marítimo da Espanha. E também, junto com uma senhora, uma antologia do conto fantástico latino-americano. Eu vou preparar principalmente a parte brasileira. Ainda não comecei a leitura dos livros que tenho. Penso em Murilo Rubião, José J. Veiga, Guimarães Rosa, etc. Gostaria de ouvir a opinião do senhor, no sentido de me sugerir nomes de autores, livros ou contos fantásticos do s. 20, do Brasil. Breve vou escrever para lá pedindo livros. O meu seguinte projeto, uma antologia do conto brasileiro do s. 20 vai se concretizando. Depois vou fazer um livro de poesia brasileira: uns 10, até 12 ou 15 poetas. Acho correto o senhor escrever para a Editora perguntando por que o livro foi traduzido do castelhano.

Cordialmente:
Rumen

XXX

CARLOS DRUMMOND DE ANDRADE

Rio, 1/2/78.

Prezado Rumen:

Tenho aqui sua boa carta de 12 de dezembro. Fico ciente da publicação do poema "Aurora" no "Literaturen Front" e agradeço à sua Senhora a gentileza da informação. Sobre a minha antologia, desejo retificar o que lhe escrevi antes. Soube posteriormente na SBAT (Sociedade Brasileira de Autores Teatrais), e minha representante na assinatura de direito autoral, que foi realmente assinado contrato com a Narodna Cultura para publicação do livro, mas, inexplicavelmente, a cópia desse contrato não consta do arquivo da sociedade brasileira. Inacreditável, não? Assina-se um documento que envolve obrigações, e não se guarda cópia dele! Vou escrever à editora búlgara, pedindo que pelo menos me mande um exemplar da obra, pois até agora não recebi nenhum. Enquanto isso, a SBAT prometeu-me que vai solicitar cópia do contrato à Narodna Cultura. Vamos ver em que dá isto. Desejando-lhe dias de trabalho e tranqüilidade (e que seja publicado o seu livro de poemas) abraça-o cordialmente o

Carlos Drummond de Andrade

XXXI

Rio de Janeiro, 24 de março de 1978.

Caro amigo Rumen:

Viva! Graças a você, e unicamente a você, posso hoje ter diante dos olhos a tradução búlgara de meus poemas, que de outro modo, segundo parece, jamais chegaria ao meu conhecimento físico. Os dois exemplares que teve a bondade de enviar-me estão aqui sobre a mesa, e eu lhe agradeço muito a delicada atenção. A Agência de Direitos de Autor, aí em Sófia, a quem escrevi solicitando obter da Narodna Cultura a remessa dos exemplares que suponho me caberem, nada me respondeu até agora. E a SBAT, aqui no Rio, não sabe onde botou a cópia do contrato firmado para edição do livro, de sorte que nem eu sei as condições em que este foi publicado. Curioso, não? De qualquer modo, estou de posse do livrinho, e isto é o essencial. Não sei uma palavra do seu idioma, porém me dá prazer a idéia de que leitores de sua pátria poderão conhecer alguma coisa do que senti e tentei exprimir em verso, estabelecendo assim uma comunicação à distância, que aproxima os homens apesar das divisões geográficas e lingüísticas. Essa fraternidade da literatura e da arte é para mim algo de confortador e estimulante, num mundo cheio de incompreensões e tensões.

Que pena, a morte de Daltchev, a quem eu já me sentia ligado pela simpatia benévola que dispensava às minhas poesias, e de quem recebi, com dedicatória generosa, a antologia francesa prefaciada por Dontchev! O pouco que li dele, através desse livro, me encantou pela simplicidade de meios e limpidez de expressão que tornam sua poesia extremamente precisa e, o que é melhor, de funda qualidade humana. O "Encontro na estação" é uma peça memorável. Quando o poeta diz preferir a claridade que vem de uma janela a todo o esplendor estelar, dos espaços eternos, pois é nesta "pequena Terra pecadora" que ele se sente em casa, sentimos nele um companheiro de nosso destino, um irmão vivendo a mesma aventura. Senti a morte de um amigo em Daltchev.

Não estou bem a par da literatura de sentido fantástico no Brasil, para lhe fornecer indicação de autores que ainda não sejam do seu conhecimento. Parece que o gênero não é muito cultivado entre nós, o que de certa forma se compreende, em época de inquietação social, quando os escritores procuram tomar pé na realidade e em seus problemas. Além disso, a ficção fantástica exige de seus cultores uma imaginação muito rica, para evitar que os textos sejam meras repetições de outros já conhecidos. Os três nomes que você citou, a meu ver, são mesmo os mais representativos da espécie. O Rosa tem elementos mágicos na narrativa, sem que isto constitua a tônica de sua ficção, extremamente complexa. Dos três, o que me parece mais representativo da modalidade fantástica é o Veiga, que trabalha muito bem o extra-normal dentro da aparência do normal, enquanto o Rubião se compraz numa atmosfera evidentemente alheia a critérios racionalistas, compondo assim uma fábula do absurdo. Não estou julgando méritos, mas tentando caracterizar feições distintas. Todos três ficarão bem na sua antologia. Você pensou incluir o conto "Entre santos", de Machado de Assis? Gosto muito daquela história, como aliás de toda a obra madura do velho e inesgotável Machado.

Sim senhor, que incansável servidor da comunicação literária entre os povos você continua sendo! Tanto serviço já prestado, e ainda se dispõe a prestar mais. Não deixe entretanto que essa tarefa meritória abafe seus impulsos de criação própria. Reserve sempre alguns momentos para a feitura de seus poemas, que espero ver reunidos em livro e integrados no melhor acervo da poesia búlgara.

Num abraço cordial, o agradecimento e a amizade do seu

Carlos Drummond

35

9/4/78

Prezado senhor Drummond,

Recebi sua carta do dia 24 de março. Já vi na Agência de Direitos Autorais sua carta (fui lá para traduzi-la) e vão providenciar o envio da cópia do contrato e dos exemplares que lhe correspondem pela tradução do seu livro.

Recebi o conto "Entre santos" de Machado e realmente presta para uma antologia do conto fantástico. Agradeço-lhe a sugestão.

Na revista "Prostóri" ("Espaços"), no seu primeiro número deste ano, apareceram dois poemas do senhor, em minha tradução: pp. 115-117, "Mundo grande" e "Operário no mar". Esta revista sai na cidade de Varna, nosso maior porto marítimo, à beira do Mar Negro. É órgão da Associação de Escritores em Varna. A revista tem uma "Antologia de mar" em que apresenta poemas traduzidos que tratam do mar. Neste número estão os seguintes autores: Pablo Neruda com "El barco" (minha tradução), os dois poemas do senhor, Carl Sandberg com "Mar jovem" e o cubano Roberto Fernández Retamar com "Los feos", em minha tradução. Vou mandar-lhe um exemplar da revista por correo aéreo.

Este mês em Sófia passam o filme "Otália da Bahia", uma produção franco-brasileira baseada no romance de Jorge Amado "Os pastores da noite", bem de exportação, exotista, mas gosta ao público amplo. Em fevereiro a revista "LIK" publicou o conto "Você acredita em Deus?" de Wander Piroli, em minha tradução e uma nota minha sobre a obra deste mineiro. No "Caderno de Sábado" no dia 4 de março apareceram 2 poemas meus, dos velhos, que o senhor conhece. A 18 de fevereiro também o "Caderno" publicou uma matéria bem extensa sobre a antologia "Observatório" que eu fiz no Brasil. Em "Folha de São Paulo", no dia 26/2 apareceu uma pequena matéria, "Brasileiros em búlgaro" que fala do que eu e minha esposa traduzimos ultimamente de autores brasileiros.

Cordialmente:
Rumen

P.S. Aqui vai sair um livro de contos humorísticos de autores do mundo inteiro e eu traduzo obras de brasileiros. Não conheço os contos do senhor, se tem, pode me mandar alguns?

XXXII

Carlos Drummond de Andrade

Rio, 9 de julho de 1978.

Prezado Rumen:

Estou muito grato pela sua diligência junto à Agência de Direitos de Autor. Graças a essa intervenção benévola recebi cópia do contrato do meu livro. Foi uma vitória! Depois disso, um funcionário da nossa SBAT, escarafunchando em seus arquivos, também achou uma cópia desse documento, que a sociedade não sabia onde estava... Agora só me falta receber os exemplares a que o autor tem direito (cinco), nos termos do contrato, e mais a importância dos direitos autorais, também combinados numa das cláusulas. Espero que um dia, não importa quando, tudo isso esteja resolvido satisfatoriamente. Conto-lhe estas coisas, não para pedir-lhe que se interesse novamente junto a quem de direito, pelo cumprimento do contrato, mas simplesmente para filosofarmos ambos sobre o que é a burocracia no mundo contemporâneo, tão orgulhoso da velocidade dos seus meios de comunicação. Eu mesmo estou escrevendo à Agência daí, pedindo-lhe providências. Aguardemos.

Estou-lhe mandando por via marítima um exemplar dos meus "Contos de Aprendiz". Não creio que contenham matéria adequada para a antologia de contos humorísticos que está organizando, mas terei prazer em que os leia, nos intervalos de seu trabalho.

Grato pelas notícias que me dá sobre os textos brasileiros que aí vão aparecendo, em traduções devidas a você e à sua esposa. Como é bom saber que dispomos de dois amigos em seu país!

O abraço cordial do seu

Carlos Drummond de Andrade

Quando serão publicados em livro seus poemas brasileiros?

36

17/9/78

Prezado senhor Drummond,

Fiz uma viagem a Portugal e quando voltei, aqui estava sua carta. Passei lá 35 dias, com uma bolsa da Fundação Gulbenkian, fiz um curso de verão na Universidade de Lisboa. Esta viagem, junto com a mudança de casa, atrapalhou meu verão 78 totalmente. Tudo ficou bagunçado, inclusive minha correspondência. Vou ver o problema dos direitos de autor. Já falei na Editora novamente dos exemplares. Espero que as duas coisas se resolvam. Para mim falar na Editora e na Agência é a coisa mais fácil e com prazer vou insistir que cumpram suas obrigações. Chegou o exemplar dos "Contos de aprendiz". Obrigado pela gentileza. Ainda não os li por causa desta mudança: ainda tenho a maioria dos livros na casa de minha esposa, não acabo de arrumar todos os papéis e livros que neste momento não sei onde estão.

O senhor não recebeu um exemplar da revista "Prostóri" (Espaços) com dois poemas seus que eu traduzi e lhe enviei? Por favor, se não o recebeu ainda, escreva-me para mandar novamente. São "Operário no mar" e "Mundo grande". Fiz as traduções de 10 poemas brasileiros e o senhor tem um. Apresento os poetas com um poema cada um. Apareceram 2 poemas em minha tradução de um outro mineiro: Anderson Braga Horta. Parece que minha debilidade na literatura brasileira são os mineiros, entre poetas e prosadores. Meu endereço continua – para correspondência – o mesmo, apesar da mudança de casa. Quando é que saem meus poemas brasileiros? Isto é o que eu gostaria de saber também. Aguardemos. Com paciência e calma um burro sobe uma palmeira… Mas sofre. Estou preparando um artigo sobre a poesia de Daltchev no Brasil e vou referir-me ao senhor. Mandarei o artigo quando aparecer.

Cordialmente:
Rumen

XXXIII

CARLOS DRUMMOND DE ANDRADE

Amanhecer é o mais antigo
sinal de vida sobre a Terra.
Amanhecer ainda é o mais novo
sinal de vida sobre a Terra.
Amanhecer e vida humana
se entrelaçam na mesma luz.

Prezado e bom amigo Rumen Stoyanov:

Aqui estou para desejar-lhe dias propícios no ano que vai começar, conforme a velha tradição de esperança. Recebi sua boa carta de setembro (!), mas, como sempre, ando com a correspondência atrasada. Você me fala na sua identificação com os poetas mineiros e isso me agrada particularmente. Já recebi os direitos autorais da edição Narodna Cultura. Estavam depositados num banco daqui, e a SBAT não sabia... Os exemplares do livro é que ainda não chegaram. Será que virão algum dia? Também estou desejoso de ver os seus poemas brasileiros em livro ¡que pena demorar tanto!
Grato às suas atenções, abraça-o cordialmente o amigo mineiro

Carlos Drummond

A mão. O autor caprichou no poema, desenhando, caligraficamente, em vermelho, e bem grande, a primeira letra A. Da mesma cor, fez dois pequenos corações, um no lugar do último ponto, outro no centro entre o último verso e a primeira linha da carta.

37

79
Sófia

Prezado senhor Drummond,

Separado desta carta, mando-lhe um exemplar da revista "Trácia". A revista sai quatro vezes por ano em Plovdiv, a segunda cidade da Bulgária, editada pela Associação de Escritores. Neste nº 1 de 1979 aparece um poema do senhor. Eu fiz uma apresentação de poetas brasileiros: na ordem em que foram publicados, quer dizer ordem cronológica, estão: Murilo Mendes com "Choro do poeta atual", Jorge de Lima com "Onde está o mar?", Cecília Meireles com "Infância", Drummond de Andrade com "O poeta escolhe seu túmulo", Lêdo Ivo com "Pequena elegia", Anderson Braga Horta com "Telex". No final estão as notas sobre os autores. Os poemas estão nas páginas 151 até 155. O poema do senhor está nas páginas 153 e 154. A Editora Nauka i Izkustvo (Ciência e Arte) vai publicar um livro com trabalhos de Alexandre Muratov que já foram editados: prefácios, artigos, etc. Está incluído também o prefácio do livro do senhor "Sentimento do Mundo", publicado pela Narodna Cultura. Já dei o meu exemplar dum dos livros do senhor para reproduzirem a foto. Quando sair, vou mandar-lhe um exemplar. De maneira que continua a divulgação de sua poesia em búlgaro. O senhor já recebeu uma carta de Antonio Hohlfeldt? Ele vai pedir-lhe uma cópia (xerox) dos "Poemas lentos" para tentar uma edição. Acho que isto dependería também da opinião do senhor. Eu mudei de casa e agora o meu endereço é
R. S.
Ul. 409, Bl. 16 – 19, Vh. A, Ap. 15
Sófia – 1336
É horrível, mais cifras do que antes.

Cordialmente:
Rumen

38

3/2/79

Prezado senhor Drummond,

Muito obrigado pelos votos com motivo do Ano Novo. Tomara que seja um ano de paz para todos. Já falei na Editora Narodna Cultura outra vez sobre os exemplares do livro do senhor. Há meses que eu vi um pacote pronto para ser enviado ao senhor contendo exemplares do livro. Resulta que a moça que faz isto adoeceu e saiu de férias. Por isto não me podem dizer com certeza se o pacote já foi enviado ou não. Quando ela voltar para o trabalho, eu vou resolver isto logo. Por enquanto, mandei-lhe o meu exemplar do livro, de avião. O gaúcho Antonio Hohlfeldt, que trabalha no "Caderno de Sábado", quer editar os "Poemas lentos". Talvez ele se dirija ao senhor pedindo-lhe xerox dos poemas que o senhor tem. Uma mãozinha do senhor seria muito útil. Breve vou mandar-lhe uma revista com vários poemas brasileiros, entre eles um do senhor. Agora tenho outro endereço:
R. S.
Ul. 409, Bl. 16 – 19, Vh. A, Ap. 15
Sófia – 1336
Mas naquele outro moram meus sogros e recebo a correspondência que chega lá sem problemas.

Cordialmente:
Rumen

39

9/5/79

Prezado senhor Drummond,

Quero escrever um trabalho com o título "Drummond e a Bulgária" ou "A poesia de Drummond na Bulgária". Por isto, gostaria de pedir-lhe informações sobre qualquer tipo de relação que o senhor teve com a literatura, a poesia, a cultura do meu país. O senhor é o poeta brasileiro mais traduzido na Bulgária. Estou interessado em dados: leituras de autores búlgaros, mesmo obras avulsas. Eu bem sei que a nossa literatura é muito pouco conhecida no Brasil. Mas mesmo assim, gostaria de lhe pedir dados sobre qualquer tipo de vínculo com meu país, de qualquer época e de qualquer índole, por mais insignificantes que possam parecer ao senhor. Lembro-me que a notícia da publicação do conto de Aleko Konstantinov no Brasil em 1915 foi uma grata surpresa para nós, búlgaros, que devemos ao senhor. Ficaria muito obrigado.

Aproveito a ocasião para informar-lhe que os leitores búlgaros têm mais uma possibilidade de apreciar a sua poesia: "Morte no Avião" apareceu num volume de "Traduções escolhidas" de Atanas Daltchev e Alexandre Muratov. A Editora Narodna Cultura tem uma série de volumes com o melhor dos melhores tradutores de poesia. Em 78 saiu o volume de Daltchev e Muratov que representa uma espécie de antologia pessoal da poesia mundial. O Brasil está presente, nesta ordem, com: Manuel Bandeira com 4 poemas (neste momento não posso consultar suas obras e traduzo os títulos do búlgaro): "Carreteira", "Instante num café", "Maçã", "Desculpa", o senhor com "Morte no avião" que Daltchev tanto admirou, Cecília Meireles com "Domingo de férias" e Vinicius de Moraes com "Canção de Páscoa". O poema do senhor está nas páginas 160 – 165. Eu me inteirei tarde de que o senhor tem o poema neste livro. Vou tentar arranjar-lhe um exemplar da editora porque há tempo o livro esgotou nas livrarias. O título da série é "Tradutores búlgaros". O senhor recebeu a revista "Trácia" com "O poeta escolhe seu túmulo"?

Cordialmente:
Rumen

XXXIV

Rio de Janeiro, 4 de julho de 1979.

Rumen, caro poeta e amigo:

Positivamente, nunca estarei em dia com a nossa correspondência, que é tão agradável para mim. Recebo de você constantes atenções, e vou acumulando respostas para um dia botá-las no papel. E esse dia vai sendo adiado pelo capricho das circunstâncias, sem que eu cumpra um dever que é ao mesmo tempo uma fonte de alegria intelectual.

Tenho nada menos de três cartas suas sobre a mesa, todas portadoras de boas notícias, e mais o exemplar de *Trácia* contendo o meu poema "O poeta escolhe seu túmulo", benevolamente apresentado por você. Fiquei contente por saber da antologia "Traduções Escolhidas", que inclui "Morte no Avião". Também gostei de saber que o prefácio de Muratov ao meu "Sentimento do Mundo" será reeditado em obra de conjunto do prefaciador. Cada vez me sinto mais preso aos meios intelectuais búlgaros, que, graças a você e a seu diligente trabalho, tanto me distinguem.

Quanto ao seu projetado trabalho sobre os meus contatos culturais com a Bulgária, pouco tenho a fornecer-lhe como informação. Em meu período de formação literária não me foi dado tomar conhecimento com a literatura do seu país, totalmente desconhecida entre nós. A leitura do conto de Konstantinov numa revista semanal, ainda na minha infância, coincidiu com a de muitos escritores estrangeiros, de diferentes países, sem que isto me fizesse deter a atenção sobre algum deles, em particular. Sucede que minha geração, como as anteriores, se desenvolveu sob o signo praticamente único da literatura francesa, sendo o francês a língua dominante nos cursos escolares, depois do português, e nas camadas sociais de maior cultura. Não se falava mesmo em literatura búlgara. Do seu país nos interessava particularmente a figura do czar Ferdinando, não só por ter feito uma viagem ao Brasil, da qual resultou um livro de estudos botânicos, como por ser uma das figuras salientes na I Guerra Mundial, que no Brasil de 1914-1918 até as crianças acompanhavam com interesse. Uma antologia pomposamente anunciada como de poesia mundial contemporânea, a "Les Cinq Continents" (Paris, La Renaissance du Livre, 1922), de Ivan Goll, que adquiri na ocasião, não menciona a poesia búlgara, como de resto omite a brasileira. Assim sendo, posso dizer com objetividade que minha relação cultural com a literatura da Bulgária, só teve realmente início com o meu conhecimento pessoal de você, que me permitiu apreciar alguns autores contemporâneos mais destacados, e pôs em minhas mãos a antologia de Levtchev, em boa hora publicada em São Paulo. Como vê, não há propriamente matéria para o trabalho que pretende realizar, e que tanto me honraria.

Com pesar informei ao nosso amigo Antonio Hohlfeldt que não disponho de originais de você, para a organização do seu livro de poemas brasileiros. Devido à extrema acumulação de livros, revistas e papéis no meu pequeno escritório, que você conhece, tive de abrir mão de textos manuscritos ou datilografados, que muitas vezes se perdiam sem que fosse possível encontrá-los no monte de coisas sem espaço para uma arrumação razoável. Conservei pois de meus amigos tão somente os livros, as cartas e fotos, e os textos impressos em revista ou jornal,* mas fáceis de arquivar. Acredito entretanto que o Hohlfeldt saberá reunir os dispersos e montar um bonito volume representativo de suas vivências brasileiras, cuja publicação muito desejo ver realizada. Para esse fim, conversei com o Mário da Silva Brito, que revelou sincera boa-vontade e sugeriu que os originais do livro fossem remetidos ao Enio Silveira, Diretor da Civilização Brasileira. Ele, Mário, se encarregaria de dar parecer favorável à publicação. Explicou-me que da outra vez em que se cogitou da edição dos poemas de você, a Civilização estava em plena crise financeira, tendo mesmo entrado em concordata. Esta foi cumprida no prazo legal, e hoje a casa está em situação normal, tornando-se assim viável a publicação do seu livro, possivelmente com o apoio da representação diplomática da Bulgária. Comuniquei isto ao Hohlfeldt. Entreguei ao meu editor José Olympio um novo livro de memórias em verso, em continuação a "Boitempo" e "Menino antigo", e espero mandar para você um exemplar dessa obra, logo que ela saia do prelo. Meu caro Rumen, com um abraço cordial, renovo-lhe os agradecimentos por todas as suas gentilezas (inclusive a remessa do meu "Sentimento do Mundo", o que a Editora se esqueceu de fazer até hoje), e faço os melhores votos de saúde e trabalho, recomendando-me à sua Senhora.

Carlos Drummond de Andrade

■ Tenho os seus poemas publicados em Brasília e Porto Alegre.

A última frase vem acrescentada a mão, na margem da carta, na altura do asterisco depois de "jornal".

40

30/7/79
Sófia

Prezado senhor Drummond,

Recebi sua carta de 4 de julho. Desta vez, não tenho muitas notícias. É o senhor quem me diz tantas coisas. Mando-lhe um exemplar de "Traduções escolhidas" de Daltchev e Muratov. Creio que já descrevi ao senhor em que página aparece "Morte no avião" junto com outros detalhes sobre esta antologia. Caso contrário, posso fazê-lo em outra carta. Agradeço-lhe muito a atenção pelos "Poemas lentos" e seu destino no Brasil. Anderson Braga Horta tem (tenía) um exemplar deles e acho que assim pode ser resolvido o problema. Quando sair o prefácio de "Sentimento do mundo" no livro de trabalhos sobre poesia latino-americana de Muratov, eu mandarei ao senhor um exemplar. Para a antologia do conto fantástico latino-americano eu e minha esposa traduzimos nove contos. Ela ficou com Moacyr Scliar, Lima Barreto, Sérgio Sant'Anna e eu com Machado, J. J. Veiga, Murilo Rubião, Guimarães Rosa, Victor Giudice, e um mais, não me lembro no momento. De maneira que aqui, em casa, temos uma equipe de divulgação da literatura brasileira na Bulgária. Acabo de terminar uma pequena antologia de Vicente Aleixandre (fiz a seleção e tradução). Agora trabalho numa seleta de contos de Cortázar. É o terceiro livro dele que eu traduzo. Depois pretendo deixar um pouco as traduções que ocupam muito tempo e escrever mais. Porém gostaria de fazer uma seleta de poesia latino-americana pré-colombiana. Ou pelo menos poesia mexicana pré-hispânica.

Fico esperando seu novo livro de poemas.

Cordialmente:
Rumen

P. S. O número do meu apartamento é *15* e não 5, como aparece na sua última carta.

XXXV

Carlos Drummond de Andrade

Rio de Janeiro, 28 de outubro, 1979.

Prezado amigo Rumen:

Parece incrível, mas só agora – em outubro – o Correio me entregou o exemplar da antologia de Daltchev e Muratov, que você anunciou e remeteu em julho! Tive de ir procurá-la na agência postal, depois de receber aviso da chegada do volume. Talvez os

funcionários tenham retido a obra esse tempo todo para se deleitarem com a sua leitura, pois o búlgaro, como você sabe, é língua muito falada entre nós...

Mas ainda bem que o volume chegou a seu destino, e eu lhe agradeço muito o obséquio da remessa. Você deve ter tido o prazer de encontrar-se aí com o nosso amigo Paulo Rónai, essa flor de pessoa. Mandei-lhe por ele um abraço, e aqui envio outro, com toda a cordialidade do seu

Carlos Drummond

A carta está escrita a mão.

41

Prezado senhor Drummond,

Muito obrigado pelo livro que recebi hoje mesmo do sr. Rónai. Hoje, junto com ele pelas ruas de Sófia eu estou novamente no Brasil, revendo amigos.

Rumen

Não pus data no escrito, que é um cartão-postal representando, parcialmente, uma das principais vias da capital búlgara, bulevar Ruski. Mas Rónai acrescentou com sua minúscula letra acima do texto:

Sófia,
16/10/79

E abaixo:

Querido Carlos,

Como o mundo ficou pequeno! Sábado de manhã estava com você e Dolores, hoje, terça-feira, em Sófia com o amigo Rumen. O que vale é que você tem amigos seus e da sua poesia. Aceitem um abraço afetuoso do seu fiel

Paulo

42

9/11/79

Prezado senhor Drummond,

Soube da sua carta de 28 de outubro que já chegou às suas mãos o exemplar da sua antologia. Realmente demorou um pouquinho. Mas a carta chegou rapidíssimo: uma semana. Eu realmente estive com o senhor Paulo Rónai. Mas só duas vezes, houve um desencontro e perdi a oportunidade de reviver mais ainda um Brasil de tantas amizades. Obrigado pelo exemplar do "Discurso de primavera" e pela generosa dedicatória. Eu fiz uma pequena entrevista com Rónai e já saiu num jornal. Foram dias muito alegres para mim porque foram dias brasileiros. Eu estou como sempre cheio de traduções. Acaba de sair uma seleção de contos e noveletas de Alejo Carpentier, eu traduzi a maioria das obras e fiz o prólogo. Nestes dias vai aparecer uma pequena antologia de Vicente Aleixandre, a seleção e a tradução são minhas. Pretendo deixar as traduções porque não tenho tempo para escrever coisas minhas. Só posso fazer poemas, mas quero fazer também ensaios, inclusive sobre o Brasil. De maneira que estou se não liquidando minha atividade de tradutor, pelo menos vou reduzi-la ao mínimo.

>Cordialmente:
>Rumen

43

Prezado senhor Drummond,

Desejo-lhe paz, amor, felicidade neste próximo ano 1980. E muita saúde.

>Rumen

É, obviamente, um cartão de Ano-Novo e, mesmo sem data, cabe no mês de dezembro de 1979.

44

20/10/80
Sófia

Prezado senhor Drummond,

Apareceu um livro cujo título é "Poetas espanhóis e latino-americanos", editado pela Nauka i Izkustvo, em Sófia (Ciência e Arte). O autor é Alexandre Muratov, que junto com Atanas Daltchev traduziu do espanhol os poemas do senhor para o búlgaro. O livro contém curtos trabalhos, de 3-10 páginas, sobre poetas. Dois deles estão dedicados ao senhor. Nas páginas 97-99 aparece o primeiro com o título de "Carlos Drummond de Andrade", datado em 1967. Reproduz literalmente o texto que serviu de prefácio para "Sentimento do mundo" que o senhor já tem. O segundo texto refere-se à "Anedota búlgara" e está nas páginas 152-154, datado em outubro de 1972. O título é o mesmo, "Anedota búlgara". Não sou eu que deveria escrever ao senhor sobre estes trabalhos de Muratov, mas bem conheço o nosso hábito tão oriental de não mandar coisas para os autores e mais ainda, de não avisá-los de publicações do interesse deles que prefiro informá-lo eu. Se o senhor não receber um exemplar desse livro, posso mandar. O livro traz outros trabalhos relativos ao Brasil. Nas páginas 147-148 está uma "Nota sobre Manuel Bandeira", nas 149-151 – uma referência à poesia concreta brasileira. Nas 145-146 está a nota "Margens aproximadas", também relativa à poesia brasileira na Bulgária: com referência ao senhor na p. 146. Espero que o senhor me escreva para mandar-lhe ou não o livro. Talvez Muratov tenha mandado um exemplar. Eu sabia da preparação do livro, emprestei um livro meu com poemas do senhor para reproduzirem sua foto.

Estive 15 dias em Moçambique para conhecer a sua cultura. Fiz um artigo sobre a poesia moçambicana desde as origens. A minha esposa traduziu dois (os primeiros na Bulgária) livros infantis brasileiros para o búlgaro.

Espero que estas linhas encontrem o senhor em boa saúde.

Cordialmente:
Rumen

XXXVI

Uma notícia irrompe desta árvore
e ganha o mundo: verde anúncio e terno.
Certo invisível pássaro presente
murmura uma esperança a teu ouvido.

Carlos Drummond de Andrade

Rio, dezembro/1980

Ao bom amigo Rumen e Senhora, os melhores votos para 1981, de alegria, paz e criação. Muito agradeço as informações

sobre o livro de Muratov, que não recebi. Se puder mandar-me um exemplar, seria mais um obséquio que lhe ficarei devendo.

Abraço muito cordial de

Carlos Drummond de Andrade

Escrito a mão. Os quatro versos figuram ao lado, à direita, de um desenho de bico-de-pena, de João Guimarães Vieira, que representa, por motivo de Natal e Ano-Novo, uma árvore, o que explica o começo da estrofe. No outro lado do cartão vem impresso, com letras grandes, "Feliz Ano-Novo" e, embaixo dele, "Bom Natal". O poeta não gostou desta ordem e colocou 1) antes do segundo e 2) antes do primeiro. O poemeto evidentemente pertence aos versos de ocasião e, sendo inédito, há de ocupar seu lugar nessa vertente da produção drummondiana.

45

9/1/81

Prezado senhor Drummond,

Agradeço os votos de Natal e Ano Novo. Tomara que todos tenhamos um ano de paz. Mando-lhe o exemplar do livro de Muratov sobre poetas espanhóis, hispano-americanos, latino-americanos. O senhor já tem uma orientação quanto às referências que ele fez sobre o senhor. O livro vai por mar e terra, de maneira que peço ao senhor um pouco de paciência.

Desejo-lhe saúde e felicidade em 1981.

Cordialmente:
Rumen

XXXVII

Carlos Drummond de Andrade

Rio de Janeiro, 15 de junho de 1981.

Meu bom amigo Rumen:

Como sempre, estou atrasado na correspondência com você. Não me justifico alegando excesso de trabalho, pois acho mais natural pedir-lhe desculpas pela falta de organização das minhas atividades, que me torna um mau escrevedor de cartas.

Recebi em tempo o livro de Muratov, onde vou contemplado... na boa companhia de muitos poetas a quem admiro. E mais uma vez sou grato a você, que vem sendo, incansavelmente, o "introdutor diplomático" das letras brasileiras na Bulgária.

Espero que esteja em plena atividade criativa, com saúde e paz. Não sente saudade do Brasil, e desejo de visitar-nos, para rever os amigos? Eu vou "curtindo" a minha velhice, já com alguns incômodos de saúde, mas dando conta do meu trabalho jornalístico, e preparando uma edição, anotada, das cartas que me escreveu Mário de Andrade.

O abraço agradecido do seu amigo

       Drummond

A mão.

46

13/7/81
Sófia

Prezado senhor Drummond,

Recebi a sua carta de 15 de junho. Eu sei que o senhor é uma pessoa muito ocupada e sempre quando chega uma carta sua a minha alegria é maior. De maneira que não é o senhor quem deve pedir-me desculpas, senão sou eu quem lhe agradece tanta atenção. Sim, tenho muitas saudades do Brasil que mato lendo e traduzindo alguma coisa, curtindo discos brasileiros. O Brasil é um país que envicia, quem o conheceu precisa depois sempre de doses do Brasil. Felizmente, os nossos dois (já) filhos não me deixam muito tempo para satisfazer o meu vício brasileiro. O segundo filho nasceu no dia 16 de março. A diferença com o grande é apenas 18 meses. O primeiro nasceu no dia 7 de setembro; o dia 16 de março que dia é no calendário brasileiro? Traduzi um (lindíssimo) poema de Cecília Meireles, um dos noturnos de Holanda, o 12. Ainda não apareceu. Saiu uma entrevista minha com o escritor e crítico gaúcho Antonio Hohlfeldt sobre cinema brasileiro. Tenho uma carta de P. Rónai. Saiu uma coletânea de contos satíricos e humorísticos, são 66 autores do mundo inteiro; do Brasil constam Herberto Sales e Victor Giudice, eu fiz a primeira tradução e a minha esposa, a segunda. Fiz um artigo sobre poesia moçambicana desde as origens, saiu acompanhada de oito poemas em minha tradução. A minha esposa traduziu 2 livros infantis de Wander Piroli e espera a publicação: "O menino e o pinto do menino" e "Os rios morrem de sede". Apesar da falta de tempo, sempre se faz alguma coisa para divulgar o Brasil.

Cordiais saudações:
Rumen

47

24/7/81
Sófia

Prezado senhor Drummond,

A Civilização Brasileira publicou o meu livro "Poemas no Brasil". Ficaria muito alegre se o senhor lesse o livro. Porque a existência dos poemas deve-se em boa medida ao senhor que teve a paciência e a generosidade de ler a maioria deles e estimular com suas cartas versos que talvez nem mereciam sua atenção. O resultado é um livro que peço não julgue pela forma porque é muito rígida por ser a forma duma língua que não era a minha. Além disto são os primeiros versos que eu fiz. Mas se há uma coisa válida no livro é o amor para o povo brasileiro. Seria feliz se isto se sentisse de alguma maneira.

Cordialmente:
Rumen

XXXVIII

Rio de Janeiro, 19 de outubro de 1981.

Prezado Rumen:

Enfim saíram os "Poemas no Brasil"! Foi com alegria que recebi o exemplar enviado pela Editora e reli os versos que conheci quase ao nascerem e que me despertaram tanto interesse, por ver como a sua sensibilidade soube exprimir tão finamente suas vivências brasileiras. Este é um livro especial – o primeiro a integrar uma visão culta, búlgara, em nossa paisagem natural e humana. Espero

que os seus poemas sejam cantados e amados pelos nossos leitores de poesia, pois bem o merecem.

Vejo, por suas cartas de 13 e 24 de julho, que você continua a distinguir-nos, traduzindo textos de escritores brasileiros e que sua senhora o acompanha nessa atividade. Assim, pois, temos dois amigos em Sófia! E tenho a esperança de, no futuro, termos quatro – com os dois filhos do casal. Bem sei que há outros intelectuais e leitores, em seu país, que simpatizam com a minha terra, mas estes a que me refiro são mais do que isto, pois o trabalho generoso que empreendem marido e mulher para apresentar nossos escritores ao público de língua búlgara os torna mais próximos do nosso coração.

Obrigado! aos dois, portanto.

E abraço amigo e os bons votos de saúde, alegria e criação, do seu

Carlos Drummond

48

25/11/81
Sófia

Prezado senhor Drummond,

Sempre é uma alegria receber carta do senhor: sinto-me estimulado pelo seu exemplo como poeta e cidadão, exemplo que chega a mim não só mediante a sua poesia, senão, com as cartas, diretamente. As suas cartas trazem também a satisfação de saber que mesmo tendo passado já seis anos, ainda não estou esquecido no Brasil, que o Brasil está amarrado pelos laços invisíveis da amizade e não se afasta de mim tão rápido como seria sem cartas de lá. Obrigado pela generosidade de reler os meus poemas brasileiros, cuja aparição deve-se em parte à atenção do senhor que teve a gentileza de lê-los, estimulá-los e até corrigi-los. Eu comecei a fazer versos no Brasil, já tinha mais de 30 anos e não sabia se valia a pena, mais ainda longe da Bulgária, onde os amigos podiam lê-los e dizer se devia perder o tempo com aquilo. E felizmente, foi o senhor quem lia aqueles poemas torpes por falta de domínio do ofício e da língua que não era a minha. Sinto-me feliz lembrando que o senhor lia e estimulava aqueles poemas. Valia a pena escrevê-los só pelo fato de que o senhor era um leitor atento e generoso deles. Muito obrigado.

Eu com prazer continuo traduzindo poemas seus. Já lhe mandei um poema que apareceu ultimamente. Tenho outros traduzidos e quando saírem mandarei.

Cordialmente:
Rumen

XXXIX

Ao prezado Rumen,
    com um abraço amigo.

Carlos Drummond
Rio, 14 de novembro, 1981.

A mão. É o bilhete que acompanha dois recortes da imprensa brasileira sobre os *Poemas no Brasil*, a saber: "Poemas no Brasil", sem o nome do autor, *Suplemento Literário do Minas Gerais*, 7.11.1981, Belo Horizonte; "A poesia vista como necessidade social", de Edilberto Coutinho, n'*O Globo* de 8.11.1981.

49

Sófia
26/12/81

Prezado senhor Drummond,

Muito obrigado pela gentileza de ter-me enviado no dia 14 de novembro dois recortes relativos aos *Poemas no Brasil*. É realmente muito comovedora essa atenção do senhor: tenho muitos amigos no Brasil, poetas, escritores e fui eu quem escreveu para eles em cartas que saiu tal livro. Mas ninguém se lembrou de mandar algum recorte. Só o senhor. É um gesto que eu agradeço muito.

Mando-lhe um exemplar da nossa revista "LIK" (as iniciais de literatura, arte, cultura). Sai semanalmente em Sófia, editada pela BTA, a Agência de Notícias Búlgara. É uma publicação muito lida, escreve só de manifestações literárias, artísticas e culturais de outros povos. Predominam nela reproduções de trabalhos tirados de revistas, jornais, livros estrangeiros, atualmente quase não publica matérias de autores búlgaros. Na "LIK" têm aparecido vários trabalhos dedicados ao Brasil, de procedência estrangeira principalmente, mas alguns foram meus. No seu número 51, de 18/12/81, a revista publicou, para grande alegria minha, uma entrevista do senhor. Está nas páginas 10-13, o senhor facilmente vai identificá-la pela sua foto. O autor é Arnaldo Saraiva e foi tomada do "Jornal de Letras" de Lisboa. A entrevista aparece reduzida, segundo informa a própria redação. A entrevista está precedida por uma nota do senhor firmada pela "LIK". O título da entrevista é "Carlos Drummond de Andrade ante o espelho da vida". A revista traz informação do mundo inteiro.

Desejo-lhe um feliz 1982.

Cordialmente:
Rumen

50

24/1/1982, Sófia.

Prezado senhor Drummond,

Eu fiz um artigo sobre o primeiro livro búlgaro do Brasil: *Para o Equador*, escrito por Stoian Omartchevski, ministro do ensino, após uma visita ao Brasil há sessenta anos. Permito-me enviar-lhe um exemplar do artigo pedindo o favor de lê-lo e ver a possibilidade de ser publicado no *Jornal do Brasil*. No artigo há uma referência ao esposo da condessa Pereira Carneiro que veio à Bulgária no ano 1922 para estabelecer as relações diplomáticas entre os dois países. O Brasil é o primeiro estado latino-americano com o qual a Bulgária estabelece relações diplomáticas há sessenta anos. Será possível publicar o artigo no *Jornal* como uma possibilidade de que a condessa leia o que se refere ao seu esposo? Ficaria muito grato ao senhor. Em último caso o artigo pode ser publicado em qualquer outro jornal ou revista.

Cordialmente:
Rumen

XL

Rio, 5 de maio, 1982.

Prezado Rumen,

Vejo, encabulado, que até hoje não agradeci a remessa da revista ëèê, que reproduziu a minha entrevista ao "Jornal de Letras" de Lisboa. Muito obrigado pela gentileza – mais uma, entre tantas que tenho recebido de você. É agradável saber que não diminuiu, na distância, o seu interesse, direi mesmo o seu carinho pelas coisas brasileiras.

Infelizmente não consegui até hoje a publicação do seu artigo sobre o livro de Omartchevski no "Jornal do Brasil". Apesar da referência amável ao antigo proprietário do jornal e à sua viúva, não publicaram o trabalho. Só posso atribuir isto à nova orientação que o "JB" vem tomando... de conceder mais espaço a matérias de interesse imediato, que sensibilizem todas as classes sociais. É pena, mas como não tenho ingerência na feitura do jornal, do qual sou simples colaborador, faltam-me condições para divulgar o artigo, que aliás é bem interessante de ponto de vista do relacionamento entre os nossos dois países.

Com os melhores desejos de saúde e felicidade, abraça-o cordialmente o seu amigo

Drummond

A carta veio com o artigo "A obra de Fernando Pessoa na Bulgária", assinado por Borislav Boyanov. Imagino que o "da Bulgária" no título chamara a atenção de Drummond, além disso ele conhecia esse pseudônimo meu, pois usei-o no trabalho "Brasil e Bulgária: os vínculos literários", que ele publicou no *Jornal do Brasil* (21/8/72). O poeta facilmente teria adivinhado quem estava por trás do nome falso e remeteu o texto ao autor, anotando a mão:

"Persona" publicação do Centro de Estudos Pessoanos – Porto – outubro 1981 – nº 6.

51

Sr. Carlos Drummond de Andrade, 27/6/1982,
Sófia.
Brasil.

Prezado senhor Drummond,

Muito obrigado pela sua carta de 5 de maio. Eu bem sei que o senhor está ocupado demais para responder com regularidade cartas como as minhas que deve receber em grandes quantidades. Agradeço o interesse do senhor pelo meu artigo sobre o livro de Omartchevski. Lamentavelmente, não pode sair no "Jornal do Brasil". Peço desculpas ao senhor por ter-lhe mandado o artigo, eu, afastado como estou das coisas brasileiras, achava que o lugar do artigo era no "JB" e nem imaginava que isto está fora do alcance do senhor.

Obrigado pelo recorte do meu artigo "A obra de Fernando Pessoa na Bulgária", publicado no boletim PERSONA. Sim sou eu o autor, fiz o artigo estando em Lisboa durante um curso de verão na universidade, com pseudônimo porque houve uma referência a mim mesmo como tradutor de Pessoa. Com esse mesmo pseudônimo assinei o artigo sobre literatura búlgara e brasileira que o senhor publicou no "JB" em agosto de 1972.

Tenho uma revista, "Santiago", órgão da Universidade de Santiago em Cuba, no seu número 44 de dezembro de 1981 há um artigo, "Thiago de Melo y la poesía brasileira", o autor é Luis Suardíaz. No artigo há várias referências ao senhor. Sou amigo do autor, mandou-me um exemplar dedicado. Mas eu posso mandá-lo ao senhor e fico com uma xerox. Está por sair o meu livro búlgaro de poesia. Fiz o prefácio a uma seleta búlgara de poemas maias e astecas, vou traduzir "Popol Vuh".

Cordialmente:
Rumen

P.S. Tenho um exemplar da sua antologia cubana, o senhor conhece a edição?

XLI

Rio de Janeiro, 1 de maio, 1983.

Prezado amigo e poeta Rumen:

Há muito tempo que eu queria agradecer-lhe o oferecimento dos "Poemas no Brasil", mas o excesso de ocupações e também problemas de saúde que vão se acumulando não deram ainda momentos tranqüilos para fazê-lo. Agora, aí vai o "muito obrigado" pela atenção que teve para comigo, mandando-me o livro, que evoca

de maneira duradoura a sua permanência de alguns anos em meu país. Creia que li os poemas com interesse especial, lembrando muitos deles que, por assim dizer, eu ia conhecendo e amando à medida em que eram escritos. E a impressão dessa releitura confirma que não me enganei ao saudar com alegria o aparecimento da primeira voz poética da Bulgária integrada na paisagem física e humana do Brasil. A expressividade deles continua a mesma; a forma concentrada e simples extrai o melhor efeito das vivências e emoções do poeta. Em suma, é um livro que fica na memória da gente. Obrigado pela remessa, e também pelo artigo de Luis Suardíaz que contém benévolas referências a meus versos.

Espero que esteja em boa forma, trabalhando como sempre – e que daí resultem novos artigos, livros e traduções feitos com a mesma competência literária e o mesmo fervor pelas letras como instrumento de aproximação geral.

O abraço cordial de

A mão.
    Carlos Drummond de Andrade

52

México, 25 de janeiro de 1984.

Sr. Carlos Drummond de Andrade,
Rua Lafayete, 60/701,
Rio de Janeiro.

Prezado senhor Drummond,

Há três meses que estou no México com a minha mulher e dois filhos. Sou professor de búlgaro na Universidade Nacional Autônoma do México. Lamentavelmente, este extraordinário país fica tão longe do Brasil como é a Bulgária. A Universidade tem publicado um livro de poemas do senhor. Não sei se o senhor sabe disto. A edição não tem marcado o ano de publicação. A tradutora e autora da nota é Maricela Terán. O livro é parte duma série chamada "Material de lectura", o livro do senhor é nº 45. Se o senhor não tem o livro, eu com muito prazer mando. Mas não trouxe o seu endereço da Bulgária e mando agora só a carta, porque coloco no envelope o endereço de cor, sem ter a certeza de não estar errado. Por favor, confirme o endereço e eu mando o livro logo. Além disso, a revista PLURAL dedicou um número às letras brasileiras e posso mandar o exemplar, é o nº 110 de 1980. O senhor figura com oito poemas. Em espanhol os títulos são: "Ventana", "Es tiempo de buscar", "Secreto", "En medio del camino", "Poesía", "Consuelo en la playa", "Poema que ocurrió", "Confidencia del itabirano", "Manos juntas", "Boca". Tradutor: Rodolfo Alonso.

Cordialmente:
Rumen
que por escrever agora poemas em espanhol
não deixa de querer o Brasil

53

Imagino que junto com a carta anterior teria ido, no mesmo envelope, um cartão postal que representa Yayauhqui Teacatltlipoca, el dios Juez. Não lembro se teria colocado em outro envelope o cartão, para chegar pelo menos uma das duas cartas, com o endereço incompleto. Mas isso não importa, ademais, o conteudo é só o seguinte:

Prezado senhor Drummond,

Desejo-lhe muita saúde, paz e felicidade.
Feliz Ano Novo!

Rumen

Janeiro de 1984,
México.

XLII

Rio, 13 de fevereiro, 1984.

Prezado Rumen:

Foi surpresa agradável sabê-lo no México, de certo modo mais perto da gente, novamente integrado nesta América Latina de que você soube ter tão finas percepções literárias.

Já conhecia a edição mexicana de meus poemas, através de um exemplar que recebi mandado misteriosamente não sei por quem. Engraçado: nunca me consultaram sobre a possibilidade de se fazer essa publicação, nunca recebi um centavo de direitos autorais... Continuo ignorando quem promoveu a edição e quem a autorizou. Você poderia talvez apurar alguma coisa a respeito e comunicar-me? Se não lhe for incômodo, é claro.

A revista "Plural" dedicada à poesia brasileira, essa eu já tinha também. Como sempre, nada de direito autoral pela reprodução dos poemas. Viva a América Latina! De resto, não posso falar mal dela com exclusividade, pois também nos Estados Unidos publicaram uma antologia minha, há tempo, com direitos reservados para a Universidade editora.

Abraço amigo e agradecido do seu

Carlos Drummond

54

México, 2 de março de 1984.

Sr. Carlos Drummond de Andrade

Prezado senhor Drummond,

Fiquei contente de ver que a minha carta chegou mesmo sem eu ter muita certeza do endereço.

O senhor me disse que já conhece e tem exemplares tanto da revista "Plural" com poemas seus, como da pequena antologia editada pela Universidade Nacional Autônoma do México. Mesmo assim, eu resolvi mandar-lhe um exemplar de cada publicação porque já tinha conseguido os exemplares. Vão junto a estas linhas. Vai também um poema meu, nem bom, nem ruim, simplesmente o último, feito em espanhol no México, "Declaración más bien irritada". Quanto a sua antologia, para pedir informação e direitos autorais, o senhor pode escrever ao seguinte endereço:

Sr. Paulo Mora, Centro Cultural Universitario, Dirección Central de Difusión Cultural, avenida Insurgentes Sur, # 3,000, CP 04510, México DF, México.

Eu acho que com tanta cultura no endereço não haverá problemas com os direitos autorais. Posso ser-lhe útil com alguma outra coisa no México? Estou a sua inteira disposição, como sempre.

Cordialmente:
Rumen

Rumen Stoyanov, calle Ayuntamiento 114 G – 402,
Col. Fama, deleg. Tlalpan
ZP – 22, México DF, México.

55

15.11.85, México.

Sr. Carlos Drummond de Andrade
Rua Conselheiro Lafayette, 60/ap. 701
Copacabana, Rio de Janeiro.

Prezado senhor Drummond,

Escrevo-lhe sem ter a certeza de que esta carta chegará às suas mãos: não tenho anotado seu endereço e ponho no envelope o que lembro. Mas espero que mesmo com endereço errado, esta carta chegue.

Estou terminando um artigo, "A poesia de Atanas Daltchev no Brasil", para publicar na Bulgária. Evidentemente, trabalhando neste texto, lembrei muita coisa do Brasil e do senhor. Porque o senhor foi um dos primeiros leitores brasileiros de Daltchev e nas cartas que guardo do senhor há várias referências à poesia dele. No meu artigo cito todas elas. Em cartas de Daltchev a mim também há referências ao senhor. E eu também apelo a elas no meu trabalho. Mas acho que o senhor também deve saber o que opinou um poeta como Daltchev sobre a sua obra. Por isso escrevo esta carta.

Na carta do dia 2/4/74, Sófia, Daltchev escreveu para mim "La apreciación de Andrade sobre mis poemas es algo que acepto como un gran honor y un premio caro. Yo creo a Andrade uno de los poetas más considerables no solamente de América Latina, sino también de toda nuestra época. No olvidaré la extraordinaria impresión de su poema 'Muerte en el avión' cuando lo traducíamos. Cuando tenga una oportunidad, le ruego que le transmita mi viva gratitud y mi admiración por su poesía." Aunque muy tarde, yo cumplo el deseo de Daltchev de hacerle llegar estas palabras Pido perdón... por ter cumprido com tanto atraso isto e igualmente peço perdão por escrever este fragmento em espanhol, o que acontece é que há anos quase não pratico o português e está cada vez pior, por não dizer horrível.

Quis ser muito exato na tradução do búlgaro e por isto apelei para o castelhano.

Não quero terminar estas linhas sem deixar constância da minha mais profunda gratidão pelo muito que o senhor fez para mim como poeta. Eu comecei a escrever poemas no Brasil, em português quase desde o início. Além disto, já tinha mais de trinta anos. E o senhor teve a generosidade de ler os meus poemas, de escrever cartas em que comentava aqueles primeiros passos duma pessoa dum país tão pouco conhecido no Brasil que lá quase se duda se realmente existe. Não sei se eu tivesse a coragem de continuar escrevendo poemas sem o estímulo do senhor. Estava no Brasil, ninguém lá podia ler o que eu fazia em búlgaro, então comecei a escrever diretamente em português para ver se valia a pena, tendo iniciado a poesia tão tarde. Repito: se o senhor não tivesse apoiado com cartas e leituras aquilo, não sei como teria acabado. Mais uma vez, e para sempre, a minha mais profunda gratidão. A ninguém devo tanto na poesia como ao senhor, pelo exemplo, pelo estímulo.

Levo mais de dois anos no México, aqui sou professor de búlgaro na Universidade Nacional Autônoma do México. Fiz três poemas em espanhol, aqui vão. Ficaria muito alegre de saber que esta carta chegou ao senhor, por favor se a receber, não deixe de acusar o recebimento. Pelo que contém, as palavras de Daltchev e a minha gratidão, é a minha carta que mais que qualquer outra ao senhor que quero que seja lida.

Com a minha mais alta consideração:

Rumen Stoyanov

Rumen Stoyanov, c. Ayuntamiento, 114. Ed. G, dep. 402, col. Fama, deleg. Tlalpan, México DF, ZC 22, México.

Junto com a carta mandei a Drummond dois poemas meus, que também são um, os escrevi em búlgaro e traduzi ao português. Uma anotação na página – 1977 –, feita por alguém que processou minha correspondência com Andrade, me orienta que remeti os textos naquele ano. Aqui vão:

"Poeta"

Onde acaba teu ombro e começa o ombro do outro,
onde acaba tua mão e começa o ar,
onde acaba teu pé e começa a terra,
onde acaba tua imaginação e começa a realidade,
onde acaba o sem-fim e começa a matéria,
onde acaba a beleza e começa o amor,
onde acaba a palavra e começa a verdade,
lá começas tu.

"Variante"

Onde amarelece a retama e o vento abrasa as papoulas,
e a alegria estoura em azul e as garotas correm pelo
                                                    [céu,
onde a escuridão afoga em silêncio a tristeza,
e a chuva tropeça negra pelos barbechos,
onde a luz bendiz os homens e os pássaros,
onde a morte ceifa solitária pelos infinitos prados da
                                                    [vida,
lá começas tu.

Das 13 cartas que o polifacetado, incansável e produtivo Antonio Hohlfeldt remeteu a Drummond, cinco têm a ver com o que interessa a este livro:

56

Porto Alegre, 7 de novembro de 1973

Prezado Drummond:

Desculpe a pressa e o papel, mas escrevo da redação, rapidamente, apenas porque me lembrei de você e de um amigo comum, e acredito que você gostará desta lembrança: Ruben Stoyanov, de Brasília, enviou-me, na semana passada, esta nota, que agora publicamos.

No *Correio do Povo* acabava de sair uma nota minha sobre a publicação de poemas drummondianos na Bulgária. A julgar pela data, trata-se dos seis poemas na *Plamak*, nº 6/1973.

Na de 13/12/1974, escrita em Montreal, um fragmento diz:

57

Sei, através do nosso conhecido e amigo comum Ruben Stoyanov, que mais alguns poemas seus foram publicados na Bulgária. Meus parabéns, fico contente.

Seguem-se as outras:

58

Prof. Antonio Hohlfeldt   Porto Alegre, 18 de março de 1979
Caixa Postal 1842
90000 – Porto Alegre – RS – Brasil

Meu prezado Drummond,

Depois de um silêncio meu prolongado, por inúmeros afazeres, venho a tua presença por um motivo bem objetivo: desde sua estada no Brasil, sou amigo pessoal de Rumen Stoyanov, e no final do ano passado, indo à Europa (eu) para a Feira de Frankfurt, a convite do governo alemão, estendi minha viagem até a Bulgária, onde então o conheci pessoalmente, pois minha longa amizade com ele era apenas de correspondência. À minha instância, entregou-me Rumen parte de sua poesia em português, que me entusiasmou muito (nossa amizade, aliás, nasceu desta poesia, que publiquei em parte no Caderno de Sábado) e embora Rumen de saída não visse a coisa com muita simpatia, entusiasmou-se agora, e está interessado no caso. Pediu-me, por isso mesmo, que eu entrasse em contato com você, por dois motivos: 1) que você pudesse me fazer cópia xerox do que tem, enviando-me e 2) me ajudasse com sugestões para encaminharmos o pedido junto ao INL e Embaixada Búlgara e um possível editor.

Eu iria escrever ao Herberto Sales, que inclusive o conhece (a ele, Rumen) mas o Herberto deve estar saindo. Aqui nos pagos a gente não vive a fofoca política, de sorte que não sei quem Eduardo Portella colocará no INL. Indago-te a respeito, pois, e inclusive sobre um possível editor, o Enio? Ou alguma editora melhor? O Hélio Pólvora? Não sei. Aqui, teria eu a URGS, cuja amizade do pessoal editorial talvez me quebrasse o galho. É uma possibilidade. Envio-te xerox das duas cartas que o Rumen me enviou, e abstraindo nossa conversa pessoal, peço-te que se me puderes ajudar, e a ele, te agradeceria muito.

Em breve, te enviarei os dois volumes de uma antologia rio-grandense de literatura contemporânea que acabo de editar aqui pela L&PM. Um abraço, e a amizade de sempre do

Antonio Hohlfeldt

59

Professor Antonio Hohlfeldt Porto Alegre, 19 de maio de 1979
Caixa Postal 10552
90000 – Porto Alegre, RS – Brasil

Meu prezado Drummond,

Recebi sua carta de 16 de abril, em que você, gentilmente, me expunha a situação relativa à possibilidade de edição do livro do Stoyanov. Estou escrevendo para ele hoje, relatando-lhe o acontecido e suas sugestões, e simultaneamente começo a revisar o original que tenho, a ver se está completo, e se, desta forma, poderia enviá-lo diretamente ao Enio para depois seguir para o Mário. Na pior das hipóteses, voltarei a conectar o Sales, pois que creio que se poderia convencê-lo a respeito. A propósito, recebi carta da Embaixada Búlgara que se dispõe a entrar na jogada, dentro de conhecimento dos dados concretos da edição, que evidentemente só terei depois de conseguir a resposta afirmativa de alguém. Em todo o caso, Drummond, agradeço-te a atenção, e deixar-te-ei sempre a par do que estiver ocorrendo neste setor.

Seguem, em separado, os dois volumes de minha antologia. Mas sei que você deve ter muita coisa a fazer, portanto, não se apresse em me escrever a respeito. Um abraço, e a amizade respeitosa de sempre de seu

Antonio Hohlfeldt

(Vê-se claramente que há uma carta de Drummond a Hohlfeldt, datada de 16/4/1979, que cabe no tema deste levantamento.)

60

Professor Antonio Hohlfeldt   Porto Alegre, 22 de julho de 1979
Caixa Postal 10552
90000 – Porto Alegre – Brasil

Meu prezado Drummond,

Desculpe a demora em responder a tua carta tão gentil em torno da poesia do Rumen Stoyanov, mas aconteceu que neste entretempo aceitei trabalhar como coordenador geral da programação cultural da Secretaria do RGS, como o Rubem Fonseca e Nélida por aí, e daí foi aquela tal de confusão, de falta de tempo, etc. Assim que só agora andei escrevendo para o Rumen, com cópias de tua carta e da do embaixador da Bulgária aqui, e estou escrevendo também ao pessoal da Civilização e simultaneamente do INL, especialmente o Herberto Sales, para ver como fica a coisa. Deixar-te-ei, em todo caso, a par de tudo o que for ocorrendo. Com um abraço grande,

Antonio Hohlfeldt

A Hohlfeldt devo muitíssimo pela edição dos *Poemas no Brasil*, pela publicação de outros textos búlgaros, na capital gaúcha, uma amizade intelectual bem frutífera e a troca de dezenas de cartas, entre elas quem sabe quantas relacionadas com esta pesquisa. Aqui cito apenas as anteriores, pois estão no arquivo de Drummond e posso consultá-las.

A questão dos direitos autorais de Drummond deixou pelo menos três cartas dele (como se poderá ver, o poeta escreveu à Agência de Direitos de Autor, em Sófia, porém não disponho desta última) e três de outras pessoas; coloco-as aqui, juntas, porque assim é mais fácil seguir o assunto:

61

AGENCE DE DROITS D'AUTEUR

Téléphones: 87-91-11, 87-28-71   JUS
                                                          AUTOR
Banque Bulgare de Commerce
Extérieur, Compte 421-110-8

PL. Slaveikov 11 – SOFIA – 1000   BULGARIE
Boîte postale 872

    DJALMA BITTENCOURT
    SUPERINTENDENTE
    SOCIEDADE BRASILEIRA
    DE AUTORES TEATRAIS
    AV. ALMIRANTE BARROSO, 97 – 3º ANDAR
    RIO DE JANEIRO
    BRASIL

Votre réf.   Notre réf. I – (ilegível)   Date 4-II-1977

Muy señora nuestra:

    Nos dirigimos hacia Ud con motivo del libro del poeta Brasileño Carlos Drummond de Andrade "Sentimiento del mundo" y de las poesías de Fernando Pessoa, que la editorial búlgara Narodna Cultura quiere editar en 1977.
    Le pedimos mucho que nos informe si Ud tiene los derechos de estos autores o si hay otra Sociedade Brasileira que se ocupa sólo con los derechos de los autores brasileños.
    En espera de sus rápidas noticias respecto a las direcciones de los dos autores, así como de nuestra carta nº VI-G-1615 del 6-X-1976, le saludamos muy atentamente.

                (Assinatura ilegível)
           (Iv. Glovnia)   (V. Kostova)

Adr. Télégr.: Jusautor Sofia

XLIII

Na folha Drummond anotou a mão:

> Carta em 20.2.78 pedindo obter da Narodna Cultura remessa dos exemplares a que tenho direito. Pedir também que me seja remetida cópia do contrato, que a SBAT não me forneceu.
> CDA
> R. que sou o detentor dos direitos autorais de toda a minha obra, e que a edição poderá ser feita, por intermédio da SBAT, com divisão dos direitos entre autor e tradutor.
> 13.3.77   CDA

Alguém, talvez da SBAT, pôs: "Pedir instruções ao Dr. Drummond de Andrade", e provavelmente o escrito pelo poeta seriam as instruções em questão.

XLIV

Carlos Drummond de Andrade

Rio de Janeiro, 9 de dezembro de 1977.

Sr. Djalma Bittencourt
Superintendente Geral da SBAT
Nesta

Prezado amigo,

Em março do corrente ano, a SBAT solicitou-me instruções que a habilitassem a responder consulta da Agence de Droits d'Auteur, de Sófia, sobre propriedade dos direitos autorais do meu livro de poesia "Sentimento do Mundo", que a editora búlgara Narodna Cultura desejava publicar ainda em 1977.

Respondi, em carta de 13 de março, ser eu o detentor de tais direitos, e que a edição poderia fazer-se mediante entendimento com a SBAT, com divisão dos direitos autorais entre autor e tradutor búlgaro.

Nada mais soube a respeito, e eis que acabo de receber carta do meu amigo, o poeta e tradutor búlgaro Rumen Stoyanov, comunicando-me, em data de 26 de novembro último, que o livro em questão fora publicado, há alguns dias, em tradução feita através do espanhol pelos Srs. Alexandre Muratov e Atanas Daltchev, compreendendo poemas extraídos de diferentes obras de minha autoria.

Fiquei surpreendido com a notícia por vários motivos: pela ausência de qualquer informação anterior referente ao contrato de edição; pelo fato de se tratar de antologia, e não do texto integral do livro "Sentimento do Mundo"; e pela tradução indireta dos poemas, que certamente importa em diluição ou alteração do sentido.

Transmitindo-lhe estes dados, fico-lhe grato pelos esclarecimentos que a SBAT puder fornecer-me a respeito do assunto.

Cordialmente, cumprimenta-o neste ensejo o confrade e amigo

Carlos Drummond de Andrade

62

AGENCE DE DROITS D'AUTEUR

Téléphones: 87-91-11, 87-28-71   JUS
Banque Bulgare de Commerce   AUTOR
Extérieur, Compte 421-110-8

Pl. Slaveikov 11 – SOFIA – 100   BULGARIE
Boîte postale 872

Votre réf.   Notre réf. II – 7417   Date 5.4.1978
Monsieur
Carlos Drummond de
Andrade
Rue Conselheiro Lafayette
60, Ap. 701
20 000 Rio de Janeiro
ZC – 37
Brasil

Monsieur,

Nous avon reçu votre lettre du 20 février dernier concernant la publication par les Editions Narodna Koultoura de recueil de vos poèmes intitulé "Sentimento del mundo".

En effet, lors de la conclusion du contrat, nous ne savions pas votre adresse et nous nous sommes adressés à la Sociedade Brasileira de Autores Teatrais, qui nous a confirmé qu'elle vous représente. Le contrat a donc été signé avec cette Société, qui en a gardé un exemplaire. Pour votre évidence nous vous envoyons ci-jointe une copie de l'exemplaire qui nous est destiné.

Le montant des honoraires d'auteur a été versé à la SBAT avec bordereau Nr. 864666/23.XII.1977.

En ce qui concerne les exemplaires justificatifs de l'ouvrage, les Editions Narodna Koultoura vous les enverront dans les plus brefs délais. Nous leur avons communiqué votre adresse.

Nous regrettons infiniment que la traduction de vos poèmes a été fait de l'espagnol. Il faut vous avouer que nous ne le savions pas. Nous vous assurons cependent que dorénavant toute autre traduction de n'importe quelles de vos œuvres sera faite de l'original.

Veuillez agréer, Monsieur, l'expression de nos sentiments les meilleurs.

(Assinatura, ilegível)   (Assinatura, ilegível)
(Iv. Glovnia)   (B. Neltchinova)

Drummond fez na folha a seguinte nota, a mão:

XLV

Agradeci a remessa de uma via do contrato. Pedi providências para apurar por que não chegou à SBAT a ordem de pagamento dos meus direitos autorais. Pedi que se interesse junto à Editora para que me sejam enviados os cinco exemplares do livro a que tenho direito.

9 – 7 – 78
CDA

63

Agence de Droits d'Auteur

Téléphones: 87-91-11, 87-28-71   JUS
Banque Bulgare de Commerce   AUTOR
Extérieur, Compte 421-110-8

Pl. Slaveikov 11 – SOFIA – 100   BULGARIE
Boîte postale 872

Votre réf.   Notre réf. II – 7417   Date le 19.09.1978

M. Carlos Drummond
de Andrade
Rua Conselheiro Lafayette, 60, ap. 701
20 000 Rio de Janeiro
ZC – 37 Brasil

Cher Monsieur,

En réponse de votre lettre du 9 de juin nous avons le plaisir de vous informer que le montant de vos honoraires d'auteur, notamment la somme de 268,74 dollars a été versé de la banque Bulgare du

Commerce Extérieur par l'intermédiaire de City-Bank-New York-cheque 09461/23.12.1977 à la Sociedade Brasileira de Autores Teatrais, av. Almirante Barroso, 97, Rio de Janeiro.

En ce qui concerne les exemplaires justificatifs nous vous les enverrons dès que les Editions "Narodna Koultura" nous les auront remis.

Dans l'attente de vos nouvelles,

Veuillez agréer, cher Monsieur, l'assurance de nos meilleurs sentiments.

(Assinatura ilegível)   (Assinatura legível)
Iv. Glovnia   A. Vassileva

Adr. Télégr.: Jusautor Sofia

A mão, Drummond anotou, em duas oportunidades diferentes:

XLVI

Enviei cópia à SBAT pedindo providências.

25.X.78

CDA

Recebi pela SBAT em 1.XI.78

CDA

Seguem mais duas cartas, inéditas como as anteriores, de Drummond. Não foram destinadas a búlgaros, nem tratam do seu país. O único fundamento pelo qual achei-as cabíveis aqui é que soube delas em Sófia, onde Márcio Catunda, que as recebera, me falou que tem fotos com o magno poeta e mensagens dele. Se de um lado ambas ficam fora do que pretende a pesquisa, por outra, e não com menos direito, formam parte dela: a admiração de Márcio e a minha por

Drummond cruzaram-se na capital búlgara, foram um dos motivos de numerosas conversas e uma das razões da nossa amizade, que deu, entre outros frutos literários, referências ao itabirano na Bulgária.

XLVII

Carlos Drummond de Andrade
Rio de Janeiro, 14 de maio de 1985.

Meu caro Márcio Catunda,

A sua "Confidência" chegou em boa hora para confortar um internado em clínica, acometido de febre, em conseqüência de infecção renal. Ao sair de lá, encontrei o poema tão rico de emotividade e de "cumplicidade" humana: ele me fez um grande bem. A "Folha de Poesia nº 1" foi lida com carinho e deixou ressonâncias.
Obrigado! Um abraço afetuoso do seu

Carlos Drummond

"Confidência" é um poema em prosa (naquela altura inédito) homenageando o mestre, de Catunda. A "Folha de poesia nº 1" era formada por 12 sonetos satíricos, também sem publicar ainda, igualmente do jovem cearense. O poema saiu n'*A quintessência do enigma*, página 37, Thesaurus, 1987, Brasília. O autor dedicou-me um exemplar: "Ao poetíssimo amigo Rumen Stoyanov, este livro que evoca grandes poetas-irmãos, entre os quais o Grande Drummond, com o abraço infinito do Márcio. Brasília, 1-5-2002". Novamente o mineiro é referência, é admiração, é contato em um vínculo búlgaro-brasileiro.

Permita-se-me uma pequena digressão que complementa o já narrado sobre a foto de Drummond e Catunda. Na contracapa da *Quintessência* há uma foto dos dois, tomada na mesma oportunidade em que Sonia Doyle fez a anterior, ou seja, na churrascaria O Porcão, em Ipanema, 1984. Mas agora os retratados estão sorrindo, Drummond de frente, enquanto seu comensal olha de perfil.

XLVIII

CARLOS DRUMMOND DE ANDRADE

Rio, 21.III.1987

Caro Márcio Catunda:

Tive gratos momentos de leitura, ao percorrer "A Quintessência do Enigma", que tão bem reflete sua sensibilidade poética, dando ainda à prosa uma extensão de magia verbal. Obrigado pelo oferecimento amigo. Um abraço cordial do seu

Carlos Drummond de Andrade

64

Aqui vai uma carta de Anderson Braga Horta, mineiro, brasiliense e brasileiríssimo, que me honra com sua amizade há decênios e durante todo este tempo vem, de uma maneira ou outra, tomando parte, aquém e além do Atlântico, em numerosas ocasiões, no estreitamento das relações culturais entre os dois países. Se um belo dia alguém se atrever a escrever um livro sobre os vínculos literários búlgaro-brasileiros, terá de considerar o feito por ele, filho de mãe e pai poetas, num capítulo. Para dar uma idéia, o mais fugaz possível, hei de mencionar que a antologia *Observatório* do poeta Liubomir Levtchev, o primeiro livro traduzido (por Rumen Stoyanov) diretamente do búlgaro ao português (1975), foi revisto e prefaciado por Braga Horta. Ele foi o primeiro brasileiro que participou dos Encontros Internacionais de Escritores em Sófia, o outro, mais tarde, foi Jorge Amado. Com a ajuda de Anderson, em 1981 a Civilização Brasileira editou *Poemas no Brasil*, de Stoyanov. Braga Horta é o cotradutor, junto com Stoyanov, da coletânea *Contos de Tenetz*, de Yordan Raditchkov, Editora Thesaurus, 2004, objeto de muitíssimos elogios.

Brasília, 16 de setembro de 1999.

Meu caro Rumen:

Tenho pensado em sua carta de 27 de abril, na qual você fala nas questões de direito autoral que supostamente empatariam a publicação de seus planejados e interrompidos livros sobre a literatura brasileira e sobre a obra de Drummond na Bulgária. À luz da legislação respectiva, pura e simplesmente, os direitos autorais existem e devem ser respeitados (quer dizer, pagos...). Mas acho que há nuances. Por exemplo, quanto a algumas das traduções publicadas em periódicos é possível que a ação já tenha prescrito. A republicação (em livro, na hipótese) configuraria, é verdade, novo caso. Mas, conforme as circunstâncias da publicação, poderia ser alegado em favor do "réu" o disposto no art. 46, incisos III e IV, da Lei nº 9.610, de 19 de fevereiro de 1998 ("altera, atualiza e consolida a legislação sobre direitos autorais e dá outras providências"):

> "Art. 46. Não constitui ofensa aos direitos autorais:
>
> ....
>
> III – a citação em livros, jornais, revistas ou qualquer outro meio de comunicação, de passagens de qualquer obra, para fins de estudo, crítica ou polêmica, na medida justificada para o fim a atingir, indicando-se o nome do autor e a origem da obra;
>
> ....
>
> VIII – a reprodução, em quaisquer obras, de pequenos trechos de obras preexistentes, de qualquer natureza, ou de obra integral, quando de artes plásticas, sempre que a reprodução em si não seja o objetivo principal da obra e que não prejudique a exploração normal da obra reproduzida nem cause um prejuízo injustificado aos legítimos interesses dos autores."

Em última instância, porém, o que me parece mesmo melhor é você se dirigir aos herdeiros de CDA, ou melhor, ao seu neto, alegar que o poeta o autorizara "a traduzir e publicar poemas seus em revistas e jornais", autorização que, penso eu, deve poder comprovar-se, se não de outro modo, pelo menos como tácita, em virtude da ciência de Drummond a respeito. (Você conhece o livro do Ministério da Cultura/Fundação Casa de Rui Barbosa, nº 6 da série Inventário do Arquivo, relativo ao Poeta? O livro arrola sua correspondência. Você é citado nas páginas que lhe mando por cópia.)

Outra coisa que você pode alegar é que os livros que pretende publicar não têm interesse comercial, não têm sequer a possibilidade de render lucro algum, sendo sua edição movida exclusivamente por interesse cultural, e que a transcrição de versos de Drummond, devidamente traduzidos, atende ao interesse superior de sua maior glória em terras búlgaras.

Acho que você deve tentar. Seria ridículo não termos essa divulgação importantíssima de nossas letras (as de CDA, inclusive e sobretudo) em seu país, por questões de (mínima) pecúnia. Escreva, já não digo ao advogado, mas ao herdeiro, expondo esses interesses superiores. Não se esqueça de mencionar a situação econômico-financeira aflitiva de seu país, de molde a inviabilizar pretensões megalomaníacas em termos do vil metal. Nenhum intelectual brasileiro deixaria de compreendê-lo, salvo se definitivamente besta.

Meu abraço, amigo.

(Assinatura ilegível)

65

De Belo Horizonte, chegou-me uma carta de Roberto Luiz Marques, com data de 29/10/2002:

"[...] Li com entusiasmo o seu texto sobre Carlos Drummond de Andrade e pude tomar conhecimento da grande penetração do escritor mineiro no seu país. [...] Quando recebi sua carta, coincidentemente, surgiu um grande caso sobre Drummond. A agência de publicidade de meu irmão foi uma das empresas que desenvolveu uma série de peças gráficas para as comemorações do nascimento do poeta. Criamos várias peças gráficas, no entanto somente algumas foram aceitas pela empresa organizadora das festividades do centenário, aqui em Belo Horizonte e em outras capitais. Por este motivo, envio ao senhor uma 'papelaria básica' composta de papel de carta e envelope, que produzimos aqui na agência. Se outras peças forem produzidas, terei o maior prazer em enviar ao senhor. [...]."

Não estou em condições de dizer qual é o texto de que fala o remetente, mas, pela enésima vez, dá para constatar que Drummond é motivo de comunicação entre um búlgaro e um brasileiro.

Além de cartas

Além de cartas, Drummond enviou-me livros autografados. São três:

— *Menino antigo* (*Boitempo – II*), José Olympio, 1973, veio com a dedicatória "A Rumen Stoyanov, com admiração, lembrança cordial de Carlos Drummond de Andrade, Rio, agosto 1973".

— *Contos de aprendiz*, José Olympio, 1977, recebi dedicado assim: "Ao caro amigo Rumen Stoyanov, que tão gratas lembranças deixou no Brasil, Carlos Drummond de Andrade, Rio, julho, 1978".

— O último *Discurso de primavera e algumas sombras*, José Olympio, 1979, diz: "Ao caro Rumen, o nosso amigo Paulo Rónai leva o meu abraço afetuoso e minhas felicitações ao casal pelo nascimento do primeiro filho. Carlos Drummond de Andrade, Rio, 13/10/79". O exemplar foi-me trazido por Rónai, que participou de um encontro internacional de tradutores em Sófia. O filho, Momtchil, veio à luz no dia 7 de setembro daquele ano e minha alegria foi tão grande, não só pelo fato em si, como pela sintomática coincidência numérica, que dei a Drummond a notícia e ele, inesperadamente para mim, mandou logo o livro, o que me pareceu um lindo presente não tanto para o felicíssimo pai quanto para o pequeníssimo filho. Naturalmente, eu ignorava que Deus magnanimamente me concederia uma segunda estada no Brasil e que Momtchil e seu ainda inexistente irmão menor estudariam em colégios brasileiros a poesia de Drummond. Sempre considerei e continuo acreditando que não é um mero acaso o nascimento do meu primogênito exatamente no dia em que nasceu o Brasil independente: isso aconteceu para tornar meu compromisso com a terra de Vera Cruz bem especial e ainda mais forte.

A conta, por favor

Poesia completa, Nova Aguilar, Rio de Janeiro, 2002, registra, na sua abundante e detalhada "Bibliografia", que há poemários de Drummond em 13 idiomas estrangeiros. Levando em consideração a quantidade de línguas literárias e a qualidade da poesia drummondiana, a conclusão justa, e triste, é que aquele número é injustamente baixo, que essa obra excepcional merece divulgação muito mais vasta; porém, como é bem sabido, a vida nem sempre é justa e o desconhecimento das letras brasileiras no exterior é uma lamentável confirmação. Quer dizer, a tão escassa, do ponto de vista de seu altíssimo nível, difusão do legado poético do itabirano vai em uníssono com a situação da arte escrita brasileira além do âmbito nacional. Se for aceisa esta constatação, fica ainda mais surpreendente, quase inexplicável, que o búlgaro seja um dos 13 idiomas que abrigaram livros de Drummond. Por que um país com menos de 9 milhões de habitantes traduziu uma coletânea dele e isso não foi feito em terras que, à primeira vista, em razão da proximidade geográfica, étnica, histórica, econômica, cultural e política, ou poder aquisitivo, deveriam tê-lo feito antes dos búlgaros e não o fizeram nem depois deles? Como é possível que uma Itália tenha começado a editar Drummond exatamente dez anos mais tarde que a Bulgária, cujo mercado literário é sumamente limitado populacionalmente? Como uma Rússia, com seus 150 milhões de habitantes, ainda não tem um livro do autor de *Boitempo*? E uma Índia, com seu bilhão de seres humanos? Na China ele tampouco conta com edição individual e figura em uma antologia da poesia brasileira feita pela embaixada pátria. Daremos uma resposta depois, primeiro enumeremos os 13, assim poderemos ver como vai a marcha drummondiana fora da pátria e onde se situa cronologicamente a Bulgária.

Os 13 idiomas que se honraram até agora com livros de Drummond são: alemão (1965, ano da primeira edição), búlgaro (1977), chinês (1994), dinamarquês (2000), espanhol (1951), francês (1973), holandês (1980), inglês (1965), italiano (1987), latim (1982), norueguês (1992), sueco (1966), tcheco (1967). Essa ordem alfabética revertida em função de precedências cronológicas oferece o seguinte resultado: espanhol, alemão, inglês, sueco, tcheco, francês, búlgaro, holandês, latim, italiano, chinês, dinamarquês. Como explicar que o búlgaro seja a sétima língua estrangeira em que aparece um livro de Drummond? Lembremos que em 1962 já surgira o primeiro poema dele em búlgaro. Mas não tenho dados de quando datam as primeiras apresentações avulsas de Drummond em outros idiomas para fazer uma comparação, que permitiria estabelecer com maior precisão ainda o caminho percorrido pela poesia drummondiana mundo afora e, particularmente, o trecho búlgaro como parte da presença do brasileiro além do espaço natal.

No país das rosas

Para obter respostas a essas perguntas devemos remontar ao século IX d.C. Em 855 dois irmãos, monges bizantinos, Cirilo e Metódio, criaram uma nova escrita, posteriormente chamada glagolítica, e traduziram do grego ao búlgaro a Bíblia (seleção de textos evangélicos). E pouco mais tarde começaram a oficiar missas em búlgaro, compondo hinos religiosos e escrevendo obras próprias. Assim, Cirilo e Metódio foram os primeiros escritores, tradutores e compositores búlgaros. E assim, com o búlgaro, surgiu a terceira civilização escrita (após as cultivadas em grego e latim) na Europa: a eslava. Surgira a literatura búlgara, a mais antiga das eslavas, e nascera com a tradução da Bíblia, nada menos. De sorte que a escola de tradução búlgara conta com uma trajetória escrita que vai para 12 séculos de existência, fato que a coloca entre as mais antigas do mundo. Desde meados da nona centúria o búlgaro foi introduzido como idioma litúrgico. O papa Adriano II reconheceu o direito de Cirilo e Metódio, já praticado ao longo de anos, de usar o búlgaro nas liturgias, e os dois oficiaram missa na igreja de São Pedro, em Roma. Com isso o Vaticano admitiu oficialmente o búlgaro como idioma eclesiástico, fato que teve enorme importância para a propagação da fé cristã, principalmente na Europa, mas também na Ásia, onde está a maior extensão territorial da Rússia ortodoxa.

A façanha dos dois irmãos não é coisa que ficou só no passado, ela teve profundas conseqüências para sempre. A tal ponto que em 1985, com uma encíclica, o papa João Paulo II promoveu Cirilo e Metódio a co-padroeiros da Europa, honra que compartem com São Benedito. Do ponto de vista religioso, a Europa une-se sob a proteção dos inventores do alfabeto búlgaro. O Velho Continente constrói sua coesão como Europa das nações, das diferenças culturais, da unidade na diversidade. E essa rica e preciosa diversidade, em boa medida, tem a ver com a dúzia de povos eslavos que atualmente somam 350 milhões de pessoas. A escrita de Cirilo e Metódio foi um escudo sólido que ajudou poderosamente a preservação dos eslavos de serem assimilados, e nesse sentido a obra dos irmãos representa uma contribuição excepcional para a pluralidade étnica e a riqueza cultural da Europa, e da humanidade. Os restos de Cirilo descansam na Basílica de São Clemente, em Roma, e a cada ano, por motivo do 24 de Maio, festa oficial na Bulgária, consagrada à cultura e à escrita, o papa recebe uma delegação búlgara encabeçada pelo presidente. Não se sabe onde foi enterrado Metódio.

Indo em 867 para Roma, os dois passaram por Veneza, e lá, em um concílio local, Cirilo entrou em discussão com os participantes e sustentou o direito dos eslavos de louvarem a Deus na língua deles. O que equivale a desenvolver sua própria cultura na língua escrita natal. Felizmente, o tempo apiedou-se das palavras com que ele levantou sua tese contra a imposição de não fazê-lo em um idioma vulgar: "Acaso Deus não manda chuva por igual a todos? O sol não brilha por igual para todos?" Com essas lindas metáforas retóricas, Cirilo defendeu exatamente aquilo que 11 séculos mais tarde seria oficialmente reconhecido como direito do homem à outridade, direito a ser diferente, a ser ele mesmo, a ser homem livre.

Com a magna obra de Cirilo e Metódio, a cultura búlgara ganhou para sempre um traço fundacionalmente democrático: a partir de 855, os búlgaros passaram a entender o que falavam e escreviam seus compatriotas mais doutos, o que se predicava nas igrejas, pois as palavras na Bíblia, nas missas e nos tratados eruditos eram as do dia-a-dia do povão. Dito de outra maneira, os búlgaros receberam cedo o precioso privilégio de ter acesso mais fácil ao saber. Em 1199, o papa Inocêncio III desaprovou a tradução da Bíblia ao francês e a condenou a ser queimada. Quando Lutero traduziu o Verbo Divino do latim ao alemão, sete séculos mais tarde, isso deu início às sangrentas Reforma e Contra-Reforma. Graças aos dois irmãos, os búlgaros começaram a traduzir cedo e igualmente cedo abriram suas letras para o exterior, porque os tradutores abrem portas, constroem pontes. Assim chegamos a uma das explicações, a básica, de por que Drummond entrou já em 1962 na Bulgária, por que tem presença em cinco livros e vinte edições periódicas: em 855 os futuros santos Cirilo e Metódio prepararam o terreno para desfrutar a tradução um lugar importantíssimo na evolução cultural dos búlgaros. O mestre brasileiro foi, indiretamente, um beneficiado (com todo o merecimento) do que hoje lá em verdade é uma paixão nacional, levando em conta a quantidade de línguas que se conhecem: em um país com menos de 9 milhões de habitantes, vertem-se textos que vão desde o chinês antigo e o japonês antigo até o suaíli dos bantos africanos e o quéchua dos incas.

Até a conclusão desta pesquisa, tinha dados de 61 poemas drummondianos em búlgaro, ao longo de quarenta anos (1962-2002). A maioria está em cinco livros:

Poesia latino-americana (1968)
Mar sempre haverá (1971)
Sentimento do mundo (1977)
Traduções escolhidas (1978)
Solo para quinze vozes (1996)

Um livro, *Crescente* (2000), publicou uma foto inédita de Drummond.

Oito são as revistas que acolheram poesias de Drummond: *Plamak* (1973), *Savremennik* (1975, 1994), *Septêmvri* (1976), *Trákia* (1979), *Panorama* (1990), *Sezôni* (1991), *Leteratura* (1997), *Most* (1998). Mais três estão também comprometidas com a divulgação da obra dele: *LIK* (1981), com a entrevista; *Obzor* (1989), em castelhano, mediante o artigo "Inicio de una presencia"; *Literaturna*

Míssal (1991), onde esse texto saiu em búlgaro. Poemas seus encontram-se ainda em um almanaque, *Prostóri* (1978), e em um suplemento literário, *Svetlostrui* (1981).

Sete jornais divulgaram a obra de Drummond: *Literaturen Front* (1962), *Studentska Tribuna* (1976), *Utchitelsko Delo* (1989), *Az Buki* (1991), *LIK* (1999, 2000), *Auditória* (2000) e *Slivensko Delo* (2000): no primeiro, segundo, quinto e sexto há poesias; no terceiro, um ensaio; no quarto, um comentário; no último, um trecho de entrevista. Quer dizer, vinte edições periódicas pertencem à órbita drummondiana na Bulgária. Temos em búlgaro 62 textos de Drummond; 38 deles foram publicados repetidas vezes:

"Mundo grande" – 4
"Retrato de família" – 3
"Não se mate" – 3
"Consolo na praia" – 3
"Aurora" – 3
"Os ombros suportam o mundo" – 3
"Mãos dadas" – 3
"Eu também fui brasileiro" – 2
"Anedota búlgara" – 3
"Poesia" – 2
"Poema que aconteceu" – 2
"Sentimental" – 2
"No meio do caminho" – 2
"O sobrevivente" – 2
"Confidência do itabirano" – 2
"Menino chorando na noite" – 2
"Privilégio do mar" – 2
"Congresso internacional do medo" – 2
"Procura da poesia" – 2
"Morte do leiteiro" – 2
"O medo" – 2

"Legado" – 2
"A distribuição do tempo" – 2
"Morte no avião" – 2
"Girassol" – 2
"Canção amiga" – 2
"Tristeza no céu" – 2
"Passagem da noite" – 2
"Notícias de Espanha" – 2
"*Science fiction*" – 2
"O poeta escolhe seu túmulo" – 2
"Episódio" – 2
"Verbo ser" – 2
"Comunhão" – 2
"Como um presente" – 2
"Declaração em juízo" – 2
"Fuga" – 2
"Mestre" – 2

Qual a razão dessas repetições? A qualidade da obra drummondiana. A escola de tradução nacional, que vai para 12 séculos de existência, um dos fatores que determinam que no país haja muito interesse teórico e prático pelas realizações estrangeiras no domínio das artes. A intensa e rica vida literária na Bulgária, o que permite publicar um título em várias oportunidades, pois funcionam simultaneamente numerosos círculos de leitores.

Drummond foi traduzido ao búlgaro de três idiomas: francês (1962), espanhol (primeira peça publicada em 1968) e português (início das publicações em 1976). Quantitativamente, esse esforço reparte-se do modo seguinte: um título do francês, 44 do espanhol e 17 do português. Quatro pessoas trabalharam sobre os textos: Mitskov (com o francês), Daltchev e Muratov (com o espanhol), Stoyanov (com o português). A distribuição geográfica dos escritos conduz a seis cidades, nomeadamente Plovdiv, Varna, Russe, Yambol, Sliven e sobretudo Sófia, circunstância que corrobora a afirmação de atividades literárias muito abundantes, não só na capital, mais ainda em face da reduzida população. Mais uma cidade está relacionada com Drummond: Draganovo. Excetuando um caso ("Educação do ser poético"), Drummond é conhecido em búlgaro como poeta, sua prosa não fora vertida àquele idioma. Rastros drummondianos temos em mais quatro livros: *Poetas espanhóis e latino-americanos*, Muratov, 1980; *Sal, água e lágrimas*, Denev, 1998; *À sombra das horas*, Catunda, 1999; *Crescente*, Catunda, 2000; e no *Dicionário da literatura búlgara*, Instituto de Literatura, 1982. Entre livros, revistas, almanaques, suplementos e jornais que têm a ver com Drummond na Bulgária somam-se 26 títulos. Todas as publicações periódicas de maior prestígio e influência no país, na esfera literária, depois da Segunda Guerra Mundial, abriram-se para Drummond: *Plamak, Savremennik, Septêmvri, Panorama, Literaturen Front, Literaturna Míssal, LIK*. O que permite concluir que lá Drummond foi divulgado nas mais altas tribunas periódicas da vida literária nacional.

São 48 as cartas (na íntegra) de Drummond que o presente livro registra, todas elas inéditas e na sua maioria (37) destinadas a Rumen Stoyanov. E resgata para o público três pequenos poemas do mineiro (dois de quatro versos e um de seis), também desconhecidos, escritos respectivamente em vésperas de Natal de 1973, 1978 e 1980. As cartas cobrem mais de quatro décadas, pois vão de 1944 até 1987.

Tudo o que está dito nas páginas dessa pesquisa pode ser reduzido – sem exagero algum – a uma só frase: na órbita internacional de Drummond, a Bulgária não é um país qualquer, ela ocupa um lugar de destaque.

O entorno brasileiro

Obviamente, os textos de Drummond não são os únicos brasileiros traduzidos ao búlgaro. Por se tratar de uma realidade tão pouco penetrável ao interessado em saber das letras pátrias naquele país e no mundo, tem sentido lançarmos um olhar, ainda que rápido, para a presença literária do Brasil na Bulgária; assim, aliás, pode-se perceber com mais nitidez o papel do itabirano no perímetro das letras brasileiras naquele país.

Falta e faz falta um levantamento que mostre o que já chegou à Bulgária em matéria de prosa e poesia do Brasil. Uma monografia do tipo "presença literária do Brasil na Bulgária" seria bem útil. Mas ninguém pesquisou na imprensa búlgara da primeira metade do século XX com o propósito de verificar de quando data o mais antigo texto das letras brasileiras nela, e devemos partir do que se tem à mão por enquanto: em 1938 saiu o primeiro livro brasileiro na Bulgária, *Dona Paula*, contos de Machado de Assis e de Aluízio Azevedo. Pela categoria dos nomes, nada mal como início.

Após a Segunda Guerra Mundial, veio a hora e a vez de Jorge Amado: 12 livros, entre 1949 e 1987. *Cacau* teve duas versões diferentes, do inglês, em 1949 e 1956; *O país das frutas douradas (sic)* (1950) e *O cavaleiro da esperança* (1951) chegaram por via francesa; a partir de *Os subterrâneos da liberdade* (1955), as traduções são do original e as tiragens atingem até 40 mil. Apareceram *Sol do meio-dia* (Alina Paim, 1964), *Vidas secas* (Graciliano Ramos, 1969), *A escrava Isaura* (Bernardo Guimarães, 1988).

Nos anos 1990 o espaço brasileiro começa a ser dominado por Paulo Coelho: *O alquimista* (1997); *O monte Cinco* (1998); *Na margem do rio Piedra sentei e chorei* (1999); *Veronika decide morrer* (2000); *O Demônio e a Srta Prym* (2001); *O manual do guerreiro da luz* (2003); *Onze minutos* (2003), *Zahir* (2005); *O diário de um mago* (2006).

Na prosa estão ainda José Sarney com *Norte das águas* (1989), Adriana Galisteu com *O caminho das borboletas* (1996). É preciso acrescentar *Geopolítica da fome* (Josué de Castro, 1956) e *Visão do mundo contemporâneo* (Ives Gandra Martins, sem data, mas é de 1997 e em russo). Dois livros ampliam o território brasileiro mediante sentenças: o compilado por Luiz Carlos Bravo *Eu gostaria de ter dito isto* (2001) e *Você é insubstituível*, de Augusto Lorge Cury. Não podia faltar Pelé com sua autobiografia homônima (2006). Dois títulos requerem destaque: *Sete contos brasileiros* (2003) e *Outros contos brasileiros* (2005), selecionados e prefaciados por José Augusto Lindgren Alves, naquela altura embaixador em Sófia; bilíngües, ambos constituem a mais considerável amostra brasileira desse gênero literário em búlgaro.

Têm peças avulsas, contos ou crônicas, seja em livros, seja na imprensa: Graciliano Ramos, Guimarães Rosa, Lima Barreto, Monteiro Lobato, Rubem Fonseca, Guilherme Figueiredo, Lygia Fagundes Telles, Moacyr Scliar, Luis Fernando Veríssimo, Victor Giudice, Sérgio Sant'Anna, Wander Pirolli, Herberto Sales, Murilo Rubião, José J. Veiga, Sérgio Faraco, Dias da Costa, Miroel Silveira, Leonardo Arroio, Edilberto Coutinho, Vasconcelos Maia, José Sarney, Otto Lara Resende, Lúcia Aizim, José Mauro de Vasconcelos, Clarice Lispector, Márcio Souza, Dalton Trevisam, Antônio de Alcântara Machado, Rachel de Queiroz, Antônio Fraga, Fernando Sabino, Autran Dourado, Ignácio de Loyola Brandão, Adélia Prado, Ciro dos Anjos, Raduan Nassar, Márcia Denser, Ivan Angelo, Ferreira Gullar, Paulo Mendes Campos, Maria Lindgren. Recapitulando, dá um total de 53 prosadores.

Outros quatro escritores também estão em búlgaro, porém não com ficção: Antonio Hohlfeldt (artigo sobre o cinema nacional), Paulo Rónai (uma entrevista que me concedeu durante sua estada em Sófia), Bento Prado (entrevista da *Folha*) e Luís da Câmara Cascudo. O mestre nordestino tem trechos de *História dos nossos gestos*, curiosamente, em braile, não lembro se os publiquei também na escrita comum. Não vejo por que deixar fora desse inventário, aliás incompleto, uma entrevista de Oscar Niemeyer, tomada por búlgara e publicada em revista búlgara. Aquele texto, destinado a leitores estrangeiros e desconhecido no Brasil, pertence à obra escrita do arquiteto e um dia há de ocupar seu lugar nela. Imagino que nem no arquivo do autor entrou, de maneira que representa um interesse especial para pesquisadores e admiradores de Niemeyer.

Não esqueçamos cinco obras infanto-juvenis: *Os rios morrem de sede* e *O menino e o pinto do menino*, Wander Pirolli, 1982; *O burrinho que queria ser gente*, Herberto Sales, 1989; *Meu pé de laranja-lima*, José Mauro de Vasconcelos, 1983; *Corda bamba*, Lígia Bojunga Nunes, 1989. Três dramaturgos devem ser incluídos também: Alfredo Dias Gomes com *O berço do herói*, peça levada na televisão em 1980, e *O pagador de promessas*, publicada em 1965; Guilherme Figueiredo com *Sócrates, o corruptor da juventude ateniense*; *Don Juan* e *A raposa e as uvas*, publicada em 1971; em janeiro de 2005 foi a estréia do *Auto da Compadecida*, de Ariano Suassuna, no teatro de Silistra, cidade na margem do Danúbio. Dessa classificação fogem três títulos: *Eu gostaria de ter dito isto* (aforismos), compilação de Luiz Carlos Bravo, 2001; *José Carlos de Pinho: um exemplo de vida* (biografia, em português), José Catunda de Pinho, 1999, e *Mitologia brasileira*, 1995. O último é uma adaptação de Evelina Ivanova com base em vários livros brasileiros, o que me faz colocá-lo aqui. Recapitulando: os prosadores brasileiros com pelo menos um texto em búlgaro somam 61.

Os poetas são 21: Manuel Bandeira, Jorge de Lima, Murilo Mendes, Cecília Meireles, Carlos Drummond, Henriqueta Lisboa,

Augusto Frederico Schmidt, Vinicius de Moraes, Odilo Costa Filho, Alphonsus de Guimaraens Filho, Lêdo Ivo, Ferreira Gullar, Anderson Braga Horta, Affonso Romano de Sant'Anna, Chico Buarque, todos eles reunidos na coletânea *Solo para quinze vozes*, 1996, e ainda Mário de Andrade, Joaquim Cardoso, Renata Pallottini, José Sarney, Guimarães Rosa e Márcio Catunda. Fora Drummond, só Catunda tem poemário em búlgaro, aliás, bilíngüe: *À sombra das horas*, 1999. Falando de poesia brasileira na Bulgária, é preciso dizer que são de Catunda ainda o livro *Verbo imaginário*, 2000, com 52 peças em português, que podem ser ouvidas recitadas por ele no disco compacto que forma parte da edição. Mais três CDs, feitos igualmente em Sófia, com poemas/letras do mesmo autor, dessa vez musicados, incluindo várias melodias dele, também contribuem para a presença literária do Brasil na Bulgária.

Está no prelo a coletânea *Doze poetas brasileiros*, sete deles ainda não conhecidos em búlgaro: Manoel de Barros, Paulo Leminski, João Cabral de Melo Neto, Cora Coralina, Francisco Alvim, Horácio Costa e Adélia Prado, que já chegou como prosadora.

Resumindo, a expressão numérica da presença literária do Brasil na Bulgária consiste em (ao menos a documentada por mim) 47 livros e 81 autores. No meio de tudo isso há casos como o de Câmara Cascudo em braile, Ives Gandra Martins em russo, Catunda só em português e, ademais, com quatro CDs, Guimarães Rosa com poemas avulsos. Podem ser vistos como curiosidades, mas nem por isso deixam de significar que a colaboração literária entre os dois países já abrange formas tanto habituais como não tradicionais.

Em pelo menos 46 oportunidades, Drummond escreveu missivas a búlgaros ou anotações referentes a eles: é o que neste momento posso documentar. Mas o número não esgota todas as "cartas búlgaras de Drummond", eu mesmo recebi várias que não figuram no presente livro e espero um dia saiam também. Por conterem referências a poemas meus, eu as separara das outras e, depois de um divórcio, não posso consultá-las. Imagino, não sem fundamento (seria difícil admitir, por exemplo, que ele, autor de milhares de cartas, não comunicou a ninguém a publicação de seu livro em Sófia), que em outras cartas ele terá comentado, de uma maneira ou outra, sua conexão búlgara, de sorte que sua parte epistolar será mais ampla do que estou em condições de provar. Quando aparecer toda a correspondência drummondiana posterior a 1972, dever-se-á procurar mais rastros búlgaros nela. Por ora, 58 são as cartas a Drummond que têm a ver com a Bulgária.

Não posso fechar o capítulo sem acrescentar duas coisas, ambas frisando que na Bulgária o espaço drummondiano é mais extenso do que ficou provado em detalhes. Lá muitas pessoas lêem em línguas estrangeiras e isso oferece chances adicionais de acesso à criação do brasileiro. Ou seja, ela penetra não exclusivamente em búlgaro, senão também por meio de livros, revistas, jornais, suplementos de fora, portanto a presença do itabirano é de fato ainda mais ampla do que se infere apenas com base no que entra por aquele idioma eslavo. Lembremos a antologia cubana a partir da qual Daltchev e Muratov verteram *Sentimento do mundo* e que o último disse que tomou conhecimento de Drummond graças a uma edição francesa. Tendo em mente essa característica do país, o hábito tradicional de dominar falas de outros povos, não seria exagerado ou arbitrário afirmar que, paralelamente ao que ficou documentado aqui, há uma outra presença drummondiana que seria difícil de provar, mas nem por isso deixa de existir. Outro fato de importância crescente é a quantidade de búlgaros que usam o português. Seu número não é nada pequeno e vai aumentando as possibilidades de contato direto com textos do mineiro. A partir de 1975, quando foi iniciado seu ensino, milhares de búlgaros, por uma ou outra razão, têm aprendido o português; muitos estiveram nas ex-colônias africanas, onde trabalharam e estudaram. Em 2006, os búlgaros que fixaram residência em Portugal são mais de 70 mil. Quantos deles freqüentam centros de estudos secundários ou superiores, o que supõe oportunidades de ler algo de Drummond ou a respeito dele, ninguém está em condições de determinar. Ainda menos, quantos búlgaros já o fizeram sem necessariamente ser estudantes. Como os países onde a língua oficial é o português são oito, a quantidade dos búlgaros que hipoteticamente, nos oito, têm ocasião de chegar a Drummond na expressão original dele não é nada desprezível. A divulgação do idioma conta com a ajuda ativa e multifacetada de Lisboa, até mesmo financeira (bolsas, subsídios a traduções, envio de professores). À guisa de ilustração: na Biblioteca Municipal de Sófia, a segunda, após a Nacional, em importância na capital, funciona uma Sala de Leitura de Português. Dois colégios e quatro universidades búlgaras incluíram nos seus programas o ensino do português. É preciso salientar que desde 1992, na Universidade de Sófia, São Clemente de Okhrida, a mais antiga e a mais importante do país, é ministrado curso de graduação em português, e para os alunos é dada, em dois semestres obrigatórios, literatura brasileira, na qual o autor de *Menino antigo* ocupa o lugar que lhe corresponde. Outra universidade, São Cirilo e São Metódio, na cidade de Veliko Tarnovo, também tem curso de graduação em português.

No país do café

No Brasil o tema Drummond e a Bulgária pode ser abordado por intermédio dos seguintes livros (onze), revistas (duas) e jornais (quatro):

Alguma poesia, 1930, Drummond; *Caminhos de João Brandão*, Drummond, 1970, mais quatro reedições, a última de 1987; *Bibliografia comentada de Carlos Drummond de Andrade (1918-1930)*, Fernando Py; *Poemas no Brasil*, Stoyanov, 1981; *Poesia e prosa*, Drummond, 1988; *Carlinhos querido*, Landau, 1994; *Diplomacia em alto-mar*, Leitão da Cunha, 1994; *Inventário do Arquivo Carlos Drummond de Andrade*, Casa de Rui Barbosa, 1998; *Lutar com palavras*, Caminha, 2001; *Poesia completa*, Drummond, 2002; *Quando é dia de futebol*, Drummond, 2002.

Revista de Antropofagia, 1928, com reedição fac-similar, Abril, 1975, São Paulo; *Revista da Academia Brasiliense de Letras*, 1998.

Diário de Minas, 1928; *Correio da Manhã*, 1966; *Jornal do Brasil*, 1972; *Correio do Povo*, 1979, 1983.

Fora do Brasil e da Bulgária, tenho dados só dos seguintes países (mas suponho que haja outros casos que não estou em condições de documentar) em que pode ser rastreado o tema Drummond e a Bulgária:

Itália: *Galleria*, 1961.
Estados Unidos: *MR*, 1965.
Cuba: *Poemas*, 1970.

Argentina: *Amar-amargo y otros poemas*, 1978.

México: *Tambores para empezar la fiesta*, 1992; *Árbol de lluvia*, 1994, livros; *Plural*, 1987; *Momento*, 1988; *Oficio*, 1991, revistas; *Sábado*, suplemento.

A contrapartida

Não seria correto deixar de informar, ainda que brevemente, sobre a presença no Brasil das letras búlgaras. De não fazê-lo a impressão seria que os búlgaros cuidam da divulgação literária brasileira e aqui ninguém dá bola para eles. Isso não é verdade. Obviamente, não vasculharemos a imprensa para trazer à tona as numerosas peças avulsas, apenas enumeraremos os livros, com o propósito de evidenciar que o processo literário não é unilateral, que há reciprocidade nele, o que representa uma sólida base para seu desenvolvimento.

O primeiro livro búlgaro no Brasil data de 1964: *Vinte poemas*, de Nikola Vaptsarov, Ed. Leitura, Rio, tradutora Wânia Filizola. Dois anos mais tarde apareceu outro poemário, *Lodkar*, de Christo Boyadjieff, Ed. Rodna Zemia, Rio. Seguiram-se, do mesmo poeta e na mesma editora, *Sam*, 1971, e *Mosaika*, 1977. Os três são os únicos livros publicados no Brasil em búlgaro. Também de Boyadjieff é *Viagens*, Ed. Artenova, Rio, poemas, desta vez em português. O ano de 1975 foi notável pela publicação de dois poemários, ambos de Liubomir Levtchev: *Observatório* (o primeiro livro vertido diretamente do búlgaro ao português), tradutor Rumen Stoyanov, Editora Montanha, São Paulo; *O caminho das estrelas*, tradutor (do francês) Attílio Cancian. Em 1981, a Civilização Brasileira, Rio, editou *Poemas no Brasil*, de Rumen Stoyanov. Há um outro livro de poesia cujo autor é búlgaro, Nikola Safran. Portanto, temos no Brasil nove livros búlgaros de poesia.

A colheita em prosa é bem mais prolífera. Assim como a de poesia, começa em 1964, com o romance *A nora*, de Gueorgui

Karaslavov, traduzido por Honório Peçanha, Ed. Leitura, Rio. Em 1975 apareceu *O ladrão de pêssegos*, novela de Emilian Stanev, tradutor (do alemão) Lauro S. Blandy, Ed. Montanha, São Paulo. Ambas as obras pertencem ao acervo clássico búlgaro do século XX. Sempre em São Paulo, mas dessa vez por meio da Century Editorial, saíram, em 1992, da autoria de Marguerite Petkova, dois livros curiosos, cujos títulos são quase idênticos: *99 dicas de como conquistar e segurar sua mulher* e *99 dicas de como conquistar e segurar seu homem*. Nos anos 1920, fugindo de repressões assimilatórias, emigraram para o Brasil búlgaros bessarabianos, ou seja, não da Bulgária, senão da vasta região da Bessarábia, hoje na Moldávia e na Ucrânia. Eles e seus descendentes (o professor Dr. João Cláudio Todorov, que foi vice-reitor e reitor da Universidade de Brasília, o pintor Antônio Petikov, entre outros) constituem numericamente o grupo mais relevante da colônia búlgara no Brasil. Um daqueles emigrantes bessarabianos, Stefan Kintchev, que participara na Primeira Guerra Mundial, estabeleceu-se em Cornélio Procópio, Paraná, e nessa cidade publicou suas memórias, *Estranha idéia de um moço*, três tomos. Jorge Cocicov escreveu um livro de 429 páginas com o título de *Imigração no Brasil: búlgaros e gagaúzos bessarabianos* (Legis Summa Ltda., Ribeirão Preto, 2005), no qual, em base de riquíssimo material, incluindo árvores genealógicas, centos de fotos, folclore, cozinha, faz uma investigação impressionante pela abundância de fatos, relativos àqueles búlgaros na Bessarábia e no Brasil.

Dois búlgaros de projeção internacional, Tzvetan Todorov e Júlia Krasteva, estão sendo traduzidos repetidamente no Brasil, e cada um já tem vários livros aqui, os dele somam sete, os dela, seis.

TODOROV, Tzvetan:
As estruturas narrativas, Perspectiva, 1969, São Paulo.
Semiologia e lingüística, Vozes, 1971, Petrópolis.
Estruturalismo e poética, Cultrix, 1976, São Paulo.
Dicionário enciclopédico das ciências da linguagem, Perspectiva, 1977, São Paulo, co-autor Oswald Ducrot.

Linguagem e motivação: uma perspectiva semiológica, Globo, 1977, Porto Alegre.
A conquista da América: a questão do outro, tradutora Beatriz Perrone Moisés, Martins Fontes, 1982, 1999, São Paulo.
Nós e os outros, Jorge Zahar, 1993, Rio de Janeiro.

KRASTEVA, Júlia:
Sol negro: melancolia e depressão, tradutora Carlota Gomes, Rocco, 1989, Rio de Janeiro.
Estrangeiros para nós mesmos, Rocco, 1994, Rio de Janeiro.
Sentido e contra-senso da revolta, tradução Ana Maria Scherer, Rocco, 2000, Rio de Janeiro.
As novas doenças da alma, tradutora Joana Angélica d'Alva Melo, Rocco, 2002, Rio de Janeiro.
O feminino e o sagrado, tradutora Rachel Gitérrez, Rocco, 2002, Rio de Janeiro, co-autora Catherine Clément.
Ensaios de semiologia, Eldorado, s.d., Rio de Janeiro, co-autora Josette Rey Debove.

O detentor do Nobel Elias Canetti, que se naturalizou na Áustria, mas nasceu na Bulgária e lá passou sua primeira e fundacional infância (do que resulta um vínculo entre os dois países, de modo que o trazer aqui não questiona seu lugar nas letras da terra adotiva), tem uma vasta trajetória no Brasil:
Auto-de-fé, Nova Fronteira, 1982, Rio de Janeiro.
Massa e poder, Melhoramentos, 1983, São Paulo.
A língua absolvida, Companhia das Letras, 1987, São Paulo.
O outro processo. As cartas de Kafka a Felice, Espaço e Tempo, 1988, Rio de Janeiro.
Uma luz no meu ouvido, Companhia das Letras, 1988, São Paulo.
O todo-ouvidos: cinquenta caracteres, Espaço e Tempo, 1989, Rio de Janeiro.

O casamento, Institutos Goethe no Brasil, 1989.
O jogo dos olhos. História de uma vida, Companhia das Letras, 1990, São Paulo.
A consciência das palavras, Companhia das Letras, 1990, São Paulo.
A rua amarela, Companhia das Letras, 1992, São Paulo.
O teatro terrível, Perspectiva, 2000.

Mas o campeão de livros búlgaros no Brasil é o naturalizado George Schpatoff, curitibano, redator-chefe de vários jornais, condecorado pela Organização das Nações Unidas (ONU) e pelo papa Paulo VI. Que eu saiba, já foram publicados 11 livros de Schpatoff, alguns com várias reedições, até mesmo no exterior:

Brasil, país do presente.
Os ideais da justiça.
Os leões.
País sem paredón.
Lenda de Vila-Velha.
Desigualdade no país "igualdade".
A face invisível da espionagem.
Eu acuso a União Soviética.
Duelo entre espiões.
KGB: história secreta.
Como enganei a Polícia Secreta (com o título *Como escapei da Polícia Secreta* teve reedições).

A George Schpatoff devem-se outrossim alguns minidicionários.
Dois livros são do então presidente do Conselho dos Ministros e secretário-geral do Partido Comunista Búlgaro, Todor Jivkov (ou Zivkov): *A moderna Bulgária*, tradutora A. Iancheva, Paralelo, 1975, Rio de Janeiro; e *Bulgária contemporânea*, tradução Sofia Press, Alfa–Ômega, 1987, São Paulo.

Christo Boyadjieff, já mencionado entre os poetas, é autor ainda de dois livros de índole político-histórica: *Rakovski: the vanquished socialist*, Rodna Zemia, 1984, Rio de Janeiro; e *Saving the Bulgarian Jews in Word War II*, Free Bulgarian Center, Ottawa, 1989.

Geometria descritiva, de Raiko Petrov, tradutor Sílvio Pergnolato, Montanha, 1975, São Paulo, é o único trabalho das ciências exatas búlgaras vertido no Brasil. *Ginástica facial isométrica*, de Margarete Petkova, Agora, 1989, São Paulo, contém exercícios para manter os músculos do rosto. Da mesma autora é *Tipologia da beleza*, com o sintomático subtítulo "Guia prático para beleza e alimentação", Agora, 1989 (segunda edição), São Paulo. *Escola de campeãs*, de Neska Robeva e Margarita Rankelova, tradutor Geraldo de Moura, Ícone, 1991, São Paulo, traz a experiência de ponta búlgara na ginástica rítmica. Pois Nechka (*sic*) Robeva é a mais famosa técnica no mundo, e a escola búlgara durante decênios foi a mais avançada do mundo. De Tzvetana Papazopva, irmã de Boyadjieff, saiu no Rio um livro sobre crochê. Pela amplíssima repercussão na mídia impressa e eletrônica, um destaque especial requerem os *Contos de Tenetz* de Yordan Raditchkov, cotradutores Rumen Stoyanov e Anderson Braga Horta, Thesaurus, 2004.

Duas tribunas periódicas tiveram os búlgaros no Brasil. O *Boletim Informativo Búlgaro*, em São Paulo, existiu apenas entre julho de 1953 e agosto de 1955. A *Bulgarian Review* teve muito mais sorte, durou, no Rio, justamente trinta anos, de 1961 até 1991, e por causa dessa longevidade ocupa um lugar de destaque na imprensa da diáspora búlgara. O balanço, mesmo incompleto, já não é nada desalentador: (pelo menos) sessenta livros e duas publicações periódicas.

Faltas que espero perdoáveis

Esta pesquisa, foi dito, apesar dos meus esforços não traz todo o material sobre o tema. Cada autor pensa que seu escrito é tão valioso que bem merece pelo menos uma segunda oportunidade (leia-se publicação). Eu também sonho com uma reedição, por isso deixo registro da série de omissões nada desejadas, mas inevitáveis nas circunstâncias em que nasceu o livro. Quanto a uma edição ampliada, faço questão de pôr o ponto muito visível sobre o *i*: ela eventualmente viria em função da relevância, imune ao tempo, de Drummond e não da minha pena, aliás torpe em português. Enumeremos as fontes não aproveitadas, dividindo-as em seguras (a) e supostas (b):

a) – a crônica de Drummond "Outra história", *Diário de Minas*, 24/3/1928, relativa ao tzar búlgaro Ferdinando;
– a entrevista desse ex-soberano que motivou o poeta a escrever a referida crônica e a "Anedota búlgara", *Diário de Minas*, março de 1928;
– a nota de Rumen Stoyanov "Revista búlgara publica poemas de Drummond", *Jornal de Brasília*, agosto de 1973;
– a nota de Rumen Stoyanov sobre a publicação na revista *Plamak* de poemas drummondianos, *Correio do Povo*, novembro de 1973;
– a nota de Rumen Stoyanov sobre a publicação na revista *Savremennik* de poemas drummondianos, *Correio Braziliense*, janeiro de 1975;

- a nota de Rumen Stoyanov sobre a publicação na revista *Savremennik* de poemas drummondianos, *Diário de Brasília*, janeiro de 1975;
- a nota de Rumen Stoyanov "Brasileiros em búlgaro", *Folha de S. Paulo*, 26/2/1978;
- a nota de Rumen Stoyanov sobre a publicação na revista *Savremennik* de poemas drummondianos, *Unitário*, janeiro de 1975, Fortaleza;
- a nota de Rumen Stoyanov "Poesia de Drummond outra vez publicada na Bulgária", *Correio do Povo*, 7/11/1973, Porto Alegre;
- a nota de Rumen Stoyanov sobre a poesia de Atanas Daltchev no *Caderno de Sábado* do *Correio do Povo*, 17/11/1973, Porto Alegre;
- a nota sobre Drummond na antologia *Poesia latino-americana*, 1968, Sófia;
- a nota sobre Drummond na revista *Septêmvri*, nº 1/1976, Sófia;
- a nota de Rumen Stoyanov sobre Drummond no jornal *Studentska Tribuna*, 15/6/1976, Sófia;
- a nota sobre Drummond, que acompanha sua entrevista "Carlos Drummond de Andrade ante o espelho da vida", revista *LIK*, nº 51, 18/12/1981;
- arquivo de Rumen Stoyanov, a correspondência com búlgaros e estrangeiros;
- arquivo de Drummond, a correspondência dele;

b) - arquivos de intelectuais brasileiros como Guilherme Figueiredo, Paulo Rónai, Antonio Hohlfeldt, Fausto Cunha, Armindo Trevisan, Carlos Nejar, etc., que estiveram em contato epistolar com Drummond e Rumen Stoyanov;
- notas sobre Rumen Stoyanov na imprensa brasileira;
- arquivo de Atanas Daltchev;
- arquivo de Alexandar Muratov;
- arquivo da Editora Narodna Cultura, Sófia;
- arquivo de Jus Autor, Sófia;
- arquivo da SBAT;
- imprensa búlgara após a publicação de *Sentimento do mundo*.

Na biblioteca de Drummond deve haver os seguintes livros búlgaros: *Sentimento do mundo*; *Mar sempre haverá*; *Poemas no Brasil* (de Stoyanov, com dedicatória ao poeta); *Poetas espanhois e latino-americanos*; *Poèmes* (de Daltchev, com dedicatória); também as revistas *Plamak*; *Septêmvri*; *Savremennik*, o almanaque *Prostóri*, o jornal *Studentska Tribuna*.

Em duas cartas, Drummond expressou temor de que a passagem dos seus poemas por meio do castelhano implicasse diminuição de qualidade. Claro, nada melhor que entrar diretamente no original, mas o feito por Daltchev e Muratov não desmerece uma qualificação de bem-sucedido: as perdas foram mínimas, dentro do normal, do completamente admissível. Sendo eu tradutor de Drummond, não creio eticamente certo analisar o trabalho deles, mesmo procurando a todo preço imparcialidade.

Como explicar os resultados positivos da dupla? A antologia cubana manteve-se quase literalmente fiel ao português (coisa que observamos tantas vezes entre esses idiomas, em que funciona com toda a naturalidade), o que foi uma grande vantagem para os dois búlgaros; eles tinham consciência de que também deviam ficar o mais perto possível do espanhol, que em tais casos as liberdades são perigosas e hão de ser reduzidas ao inevitável, que é preferível permanecer grudado ao intermediário; dispunham de uma enorme experiência profissional, com milhares de poemas traduzidos de várias línguas e abrangendo autores das mais diferentes latitudes geográficas, cronológicas e estéticas, o que os dotou de invejável intuição no manejo das mais diversas formas de versos. Ignoro quantos homens haverá com monumento em um país estrangeiro por causa dos seus méritos na tradução poética, mas devem ser raríssimos, e Daltchev é um deles: na Hungria há um busto daquele búlgaro que não sabia húngaro, mas verteu de tal maneira o legado do poeta máximo e herói nacional dos magiares, Petofi, que seus compatriotas fundiram a gratidão pública em bronze. Isso não garante nada com respeito ao brasileiro, porém se Daltchev e

Muratov não tivessem penetrado profundamente na poética drummondiana, como poderiam escrever que o mineiro é "um dos maiores poetas do nosso tempo" (1973) e "o mais importante poeta não só da América Latina, senão também da nossa época" (1974)? Sinto não ter posto isso em alguma carta a ele para ficar tranqüilo quanto à altura do seu verbo em búlgaro.

No meio do caminho

No meio do caminho tinha uma pedra
tinha uma pedra no meio do caminho
tinha uma pedra
no meio do caminho tinha uma pedra.

Nunca me esquecerei desse acontecimento
na vida de minhas retinas tão fatigadas.
Nunca me esquecerei que no meio do caminho
tinha uma pedra
tinha uma pedra no meio do caminho
no meio do caminho tinha uma pedra.

O caminho terminou, mas não acabou. Porque é de nunca acabar, como toda grande obra artística. No caminho tinha, tem e sempre terá, além da pedra, muitíssimas outras coisas, coisas dos homens, coisas da vida. Não no meio do caminho, lá, obviamente, está o Brasil, porém em algum canto do tão amplo e comprido quanto frutífero e digno caminho, com repetidíssimas provas, tinha e tem Bulgária. Aquela Bulgária cujo magno poeta Daltchev já em 1974 (!) escreveu: "Considero Andrade o poeta mais importante não só da América Latina, senão também da nossa época".

No caminho literário que une cada vez mais a Bulgária e o Brasil, esse reconhecimento é não menos inesquecível que a pedra de que fala o mineiro. Porque, fora a Bulgária, em quantos, em quais países há uma valorização tão incondicional de sua poesia, tão absoluta e tão limpa na sua admiração, tão nobre no seu desinteresse? Não se trata de uma exaltação, de uma opinião sem fundamento: Daltchev, ao longo de vários decênios, traduziu confrades de dezenas de países e como poucos conhecia a evolução poética do mundo no século XX. E não era um homem de exageros ou oportunista. Nem um quarto de século mais tarde, nem em vésperas do centenário do itabirano, nem na sua pátria encontram-se pareceres que coloquem de um modo tão categórico Drummond na dupla posição do maior poeta latino-americano de todos os tempos e do mais relevante poeta da época no planeta. Sendo o búlgaro o sétimo idioma ao qual está vertido um livro de Drummond, um idioma em que este conta com uma presença de mais de quarenta anos, permitam-me dizer: a Bulgária tem um lugar bem merecido no egrégio sentimento drummondiano do mundo. E em sentido contrário: na Bulgária há um sentimento de Drummond. Que é um sentimento do Brasil.

Na Bulgária a presença do poeta não é um fato acabado, é um processo iniciado há mais de quarenta anos e que continua em vigor, mais poderoso que a morte. É por isso que a conta búlgara de Drummond, felizmente, fica sem pagar: há contas impagáveis, pois em razão da incrível solvência poética do credor toda nova geração quer entrar com sua própria parcela. Este livro é nada mais que um testemunho de que a conta búlgara do Dono da Pedra permanece aberta.

Este livro foi composto em Minion Pro 11/14,2
no formato 140 x 210 mm e impresso na Alliance Indústria Gráfica Ltda.,
no sistema off-set sobre papel AP 75 g/m², com capa em papel
Cartão Supremo 250 g/m².